叶水涛＼著

论语教育哲学

海峡出版发行集团
福建教育出版社

图书在版编目（CIP）数据

论语教育哲学/叶水涛著. —福州：福建教育出版社，2024.6（2024.9重印）
ISBN 978-7-5334-9951-8

Ⅰ.①论… Ⅱ.①叶… Ⅲ.①《论语》—教育哲学—研究 Ⅳ.①G40-02

中国国家版本馆CIP数据核字（2024）第080115号

Lunyu Jiaoyu Zhexue
论语教育哲学
叶水涛 著

出版发行	福建教育出版社
	（福州市梦山路27号 邮编：350025 网址：www.fep.com.cn）
	编辑部电话：0591-83727542 83726908
	发行部电话：0591-83721876 87115073 010-62024258）
出 版 人	江金辉
印 刷	福建省地质印刷厂
	（福州市金山工业区 邮编：350011）
开 本	710毫米×1000毫米 1/16
印 张	15.5
字 数	222千字
插 页	2
版 次	2024年6月第1版 2024年9月第2次印刷
书 号	ISBN 978-7-5334-9951-8
定 价	42.00元

如发现本书印装质量问题，请向本社出版科（电话：0591-83726019）调换。

序

水涛先生以其所著《论语教育哲学》一书示余，嘱余作序而后梓之。余尝闻有识之士之言曰，教育哲学乃未来中国哲学之新生长点也。心甚然之，亦有心为之而力不能企。今得水涛先生赐书读之，抑何幸耶！

放飞思绪，穿越时光，遥想二千年前人类文明之轴心时代，中国之孔子，希腊之苏格拉底，印度之释迦牟尼，希伯来之先知，多少思想巨人，一时并起，形成世界历史上盛况空前的"哲学突破时代"。这些哲人，皆以其学诲人，示人以为学之方，导人以希贤希圣、成己成人之路，即今日之所谓教育家者也。孔子一生，以办学为主，学而不厌，诲人不倦；《论语》一书，多论及教育，大义微言，尤具卓识。其说云，"知之者不如好之者；好之者不如乐之者"，正是希腊人所谓"爱智慧"之意。此"爱智慧"之学，即哲学也。孔子自称"哲人"[①]，哲人即哲学家。古人训哲为"智"，训学为"效"，为"觉"（"以觉悟所不知"），则一个"学"字，实兼"知与行"或"理论与实践"二义者也。孔子像苏格拉底一样自认为无知而去努力求知，也都主张化理论为德性以造就高尚的人格。如此看来，虽谓其学之精髓乃教育哲学亦可。中国教育注重道德人格之培养，正是二千年孔子教育思想熏陶的结果。水涛先生有鉴于此，故着力发挥孔子教育

---

① 中国上古典籍中即有"哲人"概念，如《尚书·伊训》有"敷求哲人，俾辅于尔后嗣"之说。据《史记·孔子世家》，孔子临终前慨叹悲歌："泰山坏乎！梁柱摧乎！哲人萎乎！"

哲学之精义，实在是一件功德无量的工作。

放眼宇内，俯瞰中西，三千年未有之大变局之后复继之以百年未有之变局。要因应此种变局，确实是到了中国哲学尤其是孔子的教育哲学大放异彩的时候了。

自1918年斯宾格勒《西方的衰落》一书问世，百年来和之者众矣。和之者虽不乏望文生义者，但现代西方文明弊病丛生、危机四伏却也是事实。20世纪20年代罗素考察中国，之所以会说中国人民是世界上"唯一特别虔诚地相信智慧比红宝石更珍贵的人民"（the only people in the world who quite genuinely believe that wisdom is more precious than rubies）[①]，就在于他亲眼看到了中国学者君子人格之温润如玉、高贵庄严，亲身感受到了中国普通民众的淳朴善良、至诚无欺，从而慨叹那同样是教人做君子、做好人的苏格拉底传统在西方的衰微。到了20世纪60年代，在美国和法国更发生了以大学生为主体的如火如荼的"反文化（anti-culture）运动"，欲举二千年积累之文明成果、道德规范尽行扫荡之。虽时过境迁，但至今余风犹在，且又有愈演愈烈之势。近又闻哈佛大学校长亦被爆出剽窃丑闻，真可谓斯文扫地，于今为烈了。这一切，岂非教育出了大问题乎？面对这一严重危机，如今西方的有识之士既试图从他们自己的文化传统中汲取合理因素来救救他们的孩子，也在孜孜以求地从中国文化中寻找疗治西方文化弊病的良药。当此之时，向世界传送来自中国的好声音，不正是当代中国哲人大有可为之时乎？

我国自1949年以来，教育事业突飞猛进，从旧社会过来的数亿文盲一扫而空，如今高等学校毕业生每年以一千多万计，岂非中国历史上空前未有的奇迹？然而，我们在看到巨大成就的同时，也要看到缺点和不足，勇于正视我们自己的问题而设法予以改进，这也是文化自信的题中应有之义。善哉雅斯贝尔斯之言曰："直到今日，人类一直靠轴心期所产生、思

---

① Bertrand Russell, *The Problem of China*, London, George Allen & Unwin Ltd, 1922, p. 225.

考和创造的一切而生存。每一次新的飞跃都回顾这一时期，并被它重燃火焰。……轴心期潜力的苏醒和对轴心期潜力的回忆，或曰复兴，总是提供了精神动力。"[①] 水涛先生有见于此，着力于从优秀传统文化中发掘我国教育事业新的伟大复兴的精神资源，阐发孔子教育哲学之精义，实在具有非常重大而深远的意义。这既是对我国教育事业的贡献，也是中国人对世界的贡献。

中国古人注释典籍历来有两种态度或方式，一曰"我注六经"，这基本上是汉学家所采取的态度，或曰历史学家的态度；二是"六经注我"，这基本上是宋学家的态度，或曰哲学家的态度。这两种态度，并不限于诠释《诗》《书》《礼》《乐》《易》《春秋》六经，也体现在包括《论语》在内的十三经注疏上。鉴于这两种态度各有利弊，所以一些以"通"或"达"为学问之最高境界、以"闻道"为治学之终极目标的学者总是试图把这两种态度结合起来，顾炎武、戴震等人提倡的由音韵训诂以通字义、由字以通其词、由词以通其道的方法，就是一种很高明的方法。但在实际运用中要把这种诠释学方法做到尽善尽美也很不易，蔡元培先生就指出即使精审如戴震也不免有牵强附会之处。

或许是有鉴于此，今人傅伟勋先生《作为一般方法论的创造的诠释学》提出了诠释的五个层次理论：（1）"实谓"层次，即"原思想家（或原典）实际上说了什么"；（2）"意谓"层次，即"原思想家要表达什么"或"他所说的意思到底是什么"；（3）"蕴谓"层次，即"原思想家所说的可能蕴涵是什么"；（4）"当谓"层次，即"原思想家（本来）应当说出什么"或"创造的诠释者应当为原思想家说出什么"；（5）"必谓"层次，即"原思想家现在必须说出什么"或"为了解决原思想家未能完成的思想课题，创造的诠释学者现在必须践行什么"。这一诠释学的理论和方法，如今已被中国哲学界的很多学者奉为治学之圭臬。

---

① （德）雅斯贝尔斯著，魏楚雄、俞新天译：《历史的起源与目标》，华夏出版社1989年版，第14页。

水涛先生诠释《论语》，我以为他实际上也是采用创造性诠释的方法。他既在"实谓""意谓"这两个历来汉学家、历史学家所特别重视的层次上下了很大功夫，言必有征而力戒浮词，务求立论真确可信；更在"蕴谓""当谓""必谓"这三个历来宋学家或哲学家特别注重的阐发"微言大义"的层次上下了很大功夫，思绪飞扬而不离根本，务求推理合乎逻辑、理正而词顺。其下笔也，纵横千载，驰骋古今，集众家之说而辨其得失，其中多有独具只眼之处，真可谓既得古人所云"言孔子之必言之言"之深意，又可谓洞悉现代哲学创造性诠释方法之神髓也。通过创造性诠释，扬弃旧时代的局限性，以顺应新时代之潮流，合乎培育现代新人之需要，孔子对于当今的中国和世界才能成为真正的"圣之时者"。

水涛先生教书育人并从事教学行政工作数十年，积累了丰富的实践经验，深知教师工作之甘苦，维护师道尊严、坚守专业良知之不易，故能对孔子教育哲学之精义有格外深切的体认，亦能对运用孔子教育哲学来解决教学实践中的新问题提出自己的真知灼见，这是如今很多入门未久的年轻教师所做不到的，更是那些泛泛谈论孔子学说的局外人所做不到的。这是水涛先生《论语教育哲学》一书的又一特别可贵之处。读之，可谓开卷有益；践行之，将有终身受用不尽之效。所以，我愿向广大教育工作者推荐此书，希望其能对进一步繁荣我国的教育事业发挥出巨大的作用。

是为序。

许苏民
2024 年元月 5 日于南京大学

导　言

　　《论语》是孔子及其弟子的言行的汇编，计20篇，约500章。（杨伯峻《论语译注》为512章，钱穆《论语新解》为499章，日人宫崎市定著《宫崎市定读论语》为499章。）作为儒家经典之一，《论语》不仅影响古代的政治和社会制度，也对中国传统文化产生了深远的影响。作为教育经典，《论语》提供了儒家教育的理论基础和实践指导，它强调培养全面发展的人，倡导道德修养和社会责任，影响了中国教育的发展，对培养人的品质和塑造社会价值观起到了重要的作用。"半部论语治天下"，这话虽是夸张之辞，但足见这部经典的历史地位和社会影响之广大。

　　《论语》问世以来，注家蜂起，著作汗牛充栋。皇侃的《论语义疏》、朱熹的《论语集注》、刘宝楠的《论语正义》、程树德的《论语集释》等，是承先启后划时代的代表作；杨树达的《论语疏证》、杨伯峻的《论语译注》、钱穆的《论语新解》、李泽厚的《论语今读》等是当代最有影响的著作，新近出版的如刘强的《论语新识》、王曦的《论语绎读》等，有许多新见解和对前人的超越，其他名家大作更是数不胜数。这些著作虽各有建树和精妙，但就总体而言，主要是译注、疏证、义解，这三种传统的路径。从特定的理论视角逐章作诠释的，如李泽厚从文化哲学角度剖析探究的，这样的著作似不多见。本著着眼孔子作为伟大思想家和教育家的历史地位，结合《论语》文本内在的逻辑结构和意义生成，尝试对《论语》第一、二篇40章，汇合译注、疏证、义解和诠释，从教育哲学的角度逐章进行阐述。盖所谓经典，都是常读常新，因读者及视角的不同，"横看成岭侧成峰，远近高低各不同"，摇曳多姿。《论语》作为中华文化的经典，有着丰富的文化内涵和意蕴，正可从不同角度解读和阐述，借此可以说明中华文化有自己独到的哲学体系，有源远流长的丰富教育思想。

黑格尔认为，孔子不是哲学家，《论语》不过是一些"处世格言"。然而，这些"处世格言"却关乎人作为本体存在的价值体认。

康德在《纯粹理性批判》中说："因为道德哲学具有高于理性所有一切其他职位的优越性，古人所谓哲学家一词一向是指道德家而言。即在今日，我们也以某种类比称呼在理性指导下表现出自我克制的人是哲学家，并不管他的知识如何有限。"（参看蓝公武译本第570页，商务印书馆，北京）。这不有些近似孔子和《论语》中的话语么？哲学不是思辨的认识论或本体论，也不是语言治疗的技艺，而是在这个人—世界中的"以实事程实功"的自我建立。①

中西方哲学在以人为中心的基础上，关注的焦点和研究方法存在一定的差异。西方哲学更注重理性和科学的分析，强调普遍性和客观性；而中国哲学更注重内心修养和道德伦理，强调人的主体性和人际关系。

《论语》首篇《学而》，南宋朱熹认为此篇"先言自修，而后亲师友"，他认定该篇："乃入道之门，积德之基，学者之先务也。"② 清代崔述《论语余说》也认为，《论语》首篇之大义为教人"学为仁而已矣"，"故首章言学，次二三章即言仁也"。"仁"的境界如何才能达到？孔子认为仁者并非天生，须臾也离不开后天的学习。以"学"求"仁"，以"知"达"仁"，是孔子教育思想的基本原则，也是孔门师生不懈的精神追求。《论语》首篇开宗明义，记孔子论学，揭示人生的意义。"学而时习之"，是时间的角度；"有朋自远方来"，是空间的角度；"人不知而不愠"，是超越的角度。始于自主学习，经由相互切磋，进而豁然感悟，这是求知的历程，

---

① 李泽厚著：《论语今读》，生活·读书·新知三联书店2008年版，第28页。
② （宋）朱熹著：《四书章句集注·论语集注》，中华书局2011年版，第47页。

也是意义获得的过程，始终伴随着生命成长的喜悦。2018年，第24届世界哲学大会在北京召开，会议主题是"学以成人"。"学以成人"，即学以成"仁"，正是《论语》教育哲学的核心思想：人通过学习和思考，不断成长和进步，追求真理和智慧；通过学习和反思，促进思想的成熟与深化，明白个人的责任和生命的意义。冯友兰先生说："在中国哲学史中，孔子实占开山之地位。""孔子的行为及其在中国历史上之影响，与苏格拉底的行为及其在西洋历史上的影响，相仿佛。""其建树之大，盖又超过苏格拉底矣。"[1]

"仁"是儒家的核心理念。"仁者爱人"，表达对人生命的关爱、对人主体性的高扬、对人价值的尊重。"仁"是发自内心的真诚，"巧言令色鲜矣仁"。"仁"的意愿须付诸实践，仁心须见诸行动，作为主体的自我行动，成仁的愿望植根于内心的自觉。孔子把孝悌作为仁的基础，敬爱父母兄长是实现仁德的第一要求。仁者爱人，爱心从血缘伦理亲情发端。孝悌是"仁之本"，一个人如能做到"入则孝，出则悌"，推而广之，"泛爱众"，既欲立己，又能立人，就能达到仁德的境界。孝悌作为基础道德诚然是传统社会的要求，但只要存在家庭，就有亲情，敬爱父母兄长是人生的基础课程，仁爱之心由此发育，情感因而丰富和发展，责任意识得到培养。由父母及祖先，"慎终追远"，保持由衷的虔诚和敬畏，庄重地履行祭奠仪式，个人的道德品性得到培育，社会的道德风尚更为淳朴和厚重。

孔子注重知识的学习，更注重学以致用，强调将学习到的知识运用于社会实践中，这意味着教育要回归生活，符号知识的学习要与生活世界相勾连，话语的意义要在实践中得到检验。"敏于事而慎于言，就有道者正焉"，便是"好学"。"信近于义，言可复也"，言行一致，是学习的基本要求。"信"是基本的人格修养，须在生活历练中得到培养。"与朋友交而不信乎？"曾子以此作为每日三省之一。对上"主忠信"，做事"敬而信"，

---

[1] 冯友兰著：《中国哲学史（上）》，华东师范大学出版社2011年版，第15、35、38页。

日常交往"谨而信",在孔子的教育思想中,"信"与"孝悌"一样,是重要的教学内容,也是实践"仁"的一个重要的道德规范。"信"不仅见于人际交往,更在于自尊和自信,从"人不知而不愠",到"不患人之不己知,患不知人也",这一自信贯穿《学而》篇的始终。

《论语》倡导以学求仁,"孝悌""忠信"之外,特别地强调"礼"。"礼之用,和为贵",论述礼的功用,要旨在认知与情感上的和谐、行为的恰到好处。"恭近于礼,远耻辱也",礼是与人交往的准则,也是人格尊严的保证。从"富而无骄",到"富而好礼",是人精神境界的跃升。黄式三《论语后案》:"无谄无骄,质美而自守者能之;乐与好礼,非道学自修不能及此。"学习过程是如切如磋、如琢如磨的修炼,学以成人不可能一蹴而就。礼与仁的关系,是孔子教育思想中最为重要的一对关系。礼是人们的行为准则,体现了社会对人的外在约束,仁则是人的本质,是修己、爱人的内在自觉性。匡亚明先生说:"仁是礼的内在的主导因素,是孔子思想体系的核心。礼则是人的外在表现形式,因此,在孔子思想体系中,仁与礼密切联系在一起。"[①]"德辉动于内,礼发诸外",一个品德高尚的人,因为内心有德的光芒,所以在行为举止中能够自律。教育以立德树人为宗旨,关键正在培养道德自律。

孔子是人类轴心时代的伟大思想家,同时又是一位伟大的哲学家、教育家和政治家。孔子志在匡世济民,但从政的时间比较短,五十岁时,曾任鲁国的中都宰、司空,后又升迁为司寇。五十五岁时,孔子被迫离开鲁国,开始长达十四年的周游列国的活动,宣传他的政治主张,但终不见用。孔子从事教育活动的时间相当长,相比较而言,教育成就远比政治成就辉煌。孔子从事教育,依然怀抱政治理想,培养德才兼备的政府官员,旨在建成仁政德治的理想社会。因此,孔子的教育思想和政治理想是紧紧交织在一起的,渗透并贯穿于教育活动的过程中和细微处。真正意义上的教育正是为了解决现实与理想之间的矛盾而产生的,教育的方向和目的也

[①] 匡亚明编:《孔子评传》,南京大学出版社1990年版,第197页。

是由相应的理想人格和理想社会所决定的。正如钱穆先生所言："孔门论学，最重人道。政治，人道中之大者。"① 社会理想的实现要靠人们的自觉活动，需要大量道德上的理想人物为之努力奋斗，否则理想只能是空中楼阁。

马一浮说："《论语》有三大问目：一问仁，一问政，一问孝。"② 在首篇论学之后，《论语》接着便编排了论政的内容，这是顺理成章的。《为政》篇收录了孔子关于政治、教育的重要言行。孔子的政治观，其实也是他的教育观，孔子论政，着眼点还是在培养人。"为政以德"，如群星之拱北辰，孔子对德治社会美好情境的描绘，正是培养学生的政治抱负和社会理想。"思无邪"，是对未来执政者的道德要求，也是净化思想的教育要求。"道之以德，齐之以礼"，是仁政德治的基本原则，也是训导民众的理想路径。孔子所要告诉学生的是，无论自我的德性养成，还是良好民风的营造，都有一个进德修业的学习过程。从"十有五而志于学"，到"七十而从心所欲不逾矩"，孔子的夫子自道，用切身体会来说明，人的精神成长、以"学"求"仁"，有一个由浅入深、就近至远的过程，说明学习于政治才干之培育的重要，以及学以成仁的长期性和阶段性。

《为政》开篇论政，接着继续论孝。与《学而》篇比较，此篇论孝更为具体深入："无违"，是奉养父母的基本孝道；"父母唯其疾之忧"，是行孝的重要准则；"敬"，则是发自内心的爱，充满诚意的自觉担当，孝心由是内化为人的道德品性。显然，孝道包含"养""敬"两个方面，而后者更被强调。"色难"，则是孝心的由内而外。敬重父母，做到始终和颜悦色，是最为难能可贵的品行。这是一个人的道德自律，可迁移和升华为公共服务的奉献精神。《为政》篇论孝，从四个不同的角度，层层提升学生的精神境界。孔子论政，教导学生，为什么反复强调"孝"？凯伦的《轴心时代》有这样一段话："孔子却把每个人都看作一系列不断扩展的同心

---

① 钱穆著：《论语新解》，生活·读书·新知三联书店2012年版，第21页。
② 马一浮著：《马一浮集（第一册）》，浙江古籍出版社、浙江教育出版社1996年版，第159页。

圆的中心,而他或她与其中的每一个都密切相关。我们每个人的生活都是在家庭中起步的,因此家庭之礼是教育我们超越自我的开端,但是这种教育不能止于家庭。君子的视野应不断扩展。通过关心父母、妻子和兄弟姐妹而学到的东西使他的心胸更加宽广,于是便会同情越来越多的人:首先是他所邻近的生活圈子,然后是他的国家,最终是全天下。"[①] 对父母没有孝心,对祖先没有敬意,对兄长没有温情,这样的人如何能成为胜任的执政者?怎能真诚地奉献、热情地服务于社会和民众呢?后儒提"以孝治天下",《论语》或许是其思想的源头。

"为政以德",即为政以德为先,强调对民众进行道德教化。这并非要取消刑罚,而只是反对"不教而诛"。然而,教化者须先受教育,立己方能进而达人,"其身正不令而行"。因此,"君德"或"官德",须通过教育得到培育。孔子教学生,重点不在知识的授受,而是各种能力的培养、是非善恶的分辨,重在道德品质的提高,以及社会责任的担当。如愚而不愚的颜渊,是好学深思、举一反三的典范;"温故"是为"知新","不器"意在创新和突破;学思结合是学习的最好方式,"知之为知之,不知为不知",则是学习应有的诚实态度,也是一种个人品德修为。此外,何谓君子、如何辨别君子与小人、如何避免思想过激、如何谨言慎行等,凡关涉人格修养的,都是学习与思考的内容。孔子教学生,决不限于书本知识,更不限于书本诵读,当然也没有什么考试,今天所谓的教育回归生活,正可以追溯到孔子的《论语》。"孔夫子特别重视在当前的情境中、在过去未来的交融中生成一种当场的理解,而这个理解往往主要不在于一种现成答案的获得,而在于你思想的灵敏性的开启。但这并不是说孔夫子这里就没有一种更高更深或超越的追求,好像孔夫子只是一个世俗的、机敏的教书先生(像黑格尔描写的那样),因为孔夫子这儿一样有极为高远、高洁的品性,甚至能为真理献身的品行、德行,因为问学或学问本身就蕴含着这

[①] (英)凯伦·阿姆斯特朗著,孙艳燕等译:《轴心时代:人类伟大思想传统的开端》,上海三联书店2019年版,第258页。

种德行，这种德行或德性不是像康德说的那样，按照形式规则被规定下来的，也不是依据苏格拉底或柏拉图说的理念得到定义，对于孔夫子来说这是不可能的。"①

孔子论学，不仅是总结学习方法，也不仅是揭示教育规律，而是与论政紧密结合，始终围绕立德树人展开。"言寡尤，行寡悔"，意味着不折腾，这是执政者的基本素养，也是执政的基本理念。"举直错诸枉"，这是维持公平、取信于民的基本要求，也是执政的基本原则。"孝""友"是执政者的基本道德，也是学生应有的核心素养；"施于有政，是亦为政"，即使不从政，也能发挥政治影响，教化君主和民众。"人而无信，不知其可也"，再次强调"信"的重要。"大车""小车"，隐喻个人信誉和政府公信力，二者紧密关联，孔子因此谆谆教诲学生。"虽百世可知也"，意味着教育是民族文化的传承，学生应有历史责任的自觉担当。孔子向学生明确指出，历史文化总是有所传承、有所革新并不断发展的，这是一条永恒的法则。马一浮说："孔子'祖述尧舜，宪章文武'，梦见周公，告颜渊以四代之礼乐，答子张以殷周损益'百世可知'，皆明从本垂迹，由迹显本之大端。政是其迹，心是其本，二帝三王，应迹不同，其心是一。"② 谁说孔子是文化保守主义者呢？

《为政》末篇，强调"见义不为，无勇也"，这是对整篇的总结和深化。儒学之价值不在思辨，而在义无反顾的生命实践。孔子教学生，似有两点最值得称道，一是人格修养，一是道义担当。孔门儒学，至大至刚，仁智勇，是为三达德。文天祥的绝命辞："孔曰成仁，孟曰取义；惟其义尽，所以仁至。读圣贤书，所学何事？而今而后，庶几无愧！"正气浩然，掷地有声。舍生取义，勇者不惧，这种刚猛自强的精神，是中华民族最为可贵的民族精神。"教育是一个民族的'神经系统'，是一个民族的传统和

---

① 张祥龙著：《孔子的现象学阐释九讲——礼乐人生与哲理》，华东师范大学出版社2009年版，第33页。

② 马一浮著：《马一浮集（第一册）》，浙江古籍出版社、浙江教育出版社1996年版，第163页。

期望的最好的表达。"① 教育的重大使命在传承和表达民族文化，保存和光大民族文化的精神基因。民族文化传统是现代教育的文化土壤，也是现代教育的精神根系。联合国教科文组织曾得出结论说："现代人有一种头晕目眩的感觉：一方面是世界化，他们看到而且有时承受这种世界化的各种表现；另一方面是他们在寻根、寻找参照点和归属感。他们在这两者之间左右为难。"② 无论面对多少思想的或现实的漩涡，教育都必须寻求其根据。寻找精神家园，为现代教育"寻根"，是教育哲学的天职，而《论语》是中华教育思想的源头所在，又是现代教育哲学的根系所在。钱穆先生说："今天的中国读书人，应负两大责任：一是自己读《论语》，二是劝人读《论语》。"③

对《论语》发端定调的开首两篇作诠释，发掘和揭示《学而》《为政》的教育哲学意蕴，可以进一步体察孔子教育思想的博大精深，增进我们的文化自信及继往开来的文化自觉。霍华德《教育的哲学基础》说："孔子十分重视教育，但他相信培养德性高于教授知识和技能。这种德性是实用的，表现在处理人与其父母的关系上。子女必须服从父母，尊重父母获得的人生智慧。一个人如果遵守这些原则和其他正确的原则，就能成为君子——一个真正的'士'，德性也就发展了。……社会如果推行这些品行，将会成为一个以正义和智慧为原则的新社会。孔子从来不试图去创建一个宗教，他既不强调宗教实践、神、救世主、牺牲，也不强调救赎；相反，他强调的是此时此刻，以及为人民服务。他的目标是教育人成为一个好的父亲、母亲、儿子、女儿、朋友和国民。孔子认为，每个人都应该努力发

---

① （美）丹尼尔·贝乐著，赵一凡等译：《资本主义文化矛盾》，生活·读书·新知三联书店 1989 年版，第 140 页。

② 联合国教科文组织总部中文科译：《教育——财富蕴藏其中》，教育科学出版社 1996 年版，第 2 页。

③ 钱穆：《孔子诞辰劝人读论语并及论语之读法》，见钱穆著《劝读论语和论语读法》，商务印书馆 2014 年版，第 2 页。

展自身直至达到完美。"①牟宗三说："孔子并不把仁当做一个概念来下定义，也不是从文字上来训诂，他是从你的生活来指点，当下从心之安不安来指点仁。这就不是用知识的态度来讲仁。所以孔子的话大家很容易了解，他的话具体、亲切、真切。"②

---

① （美）霍华德·A.奥兹门著，石中英等译：《教育的哲学基础（第九版）》，上海教育出版社2023年版，第90页。

② 牟宗三著：《中国哲学十九讲》，上海古籍出版社2005版，第38—39页。

目 录

01　学而时习之/1

02　君子务本/7

03　巧言令色/13

04　三省吾身/19

05　道千乘之国/24

06　行有余力，则以学文/29

07　贤贤易色/35

08　无友不如己/41

09　慎终追远/47

10　温良恭俭让/53

11　三年无改于父之道/59

12　礼之用，和为贵/65

13　因不失其亲/71

14　可谓好学也/76

15　告诸往而知来者/82

16　不患人之不己知，患不知人也/88

17　为政以德/94

18　思无邪/100
19　道之以德，齐之以礼/106
20　吾十有五而志于学/112
21　孟懿子问孝/117
22　父母唯其疾之忧/123
23　至于犬马，皆能有养/129
24　子夏问孝/135
25　如愚与不愚/141
26　人焉廋哉/147
27　温故而知新/153
28　君子不器/158
29　先行其言而后从之/164
30　君子周而不比/170
31　学而不思则罔，思而不学则殆/175
32　攻乎异端，斯害也已/181
33　知之为知之，不知为不知/187
34　言寡尤，行寡悔/192
35　何为则民服/198
36　使民敬、忠以劝/203
37　子奚不为政/209
38　人而无信，不知其可也/214
39　虽百世可知也/219
40　见义不为，无勇也/225

01

学而时习之

　　《论语》是儒家的传世经典，主要记载孔子及其弟子的言行。现存《论语》共20篇，21000多字，杨伯峻的《论语译注》，把它分为510章（节）。《论语》一书，内容非常广博，始终如一贯穿着"仁"的思想学说。从《论语》本身来考察，则可以用一个"学"字来概括。它字字句句、事事处处，无一不在教人如何为人处世，如何学做人，在成人（仁）上下功夫。

　　《学而》是《论语》的第一篇。开篇第一章三句话——

　　子曰："学而时习之，不亦说乎？有朋自远方来，不亦乐乎？人不知而不愠，不亦君子乎？"

　　"说"，通"悦"。"愠"，恼怒。孔子说："学习知识而能经常复习、演习与实习，不是很令人高兴的吗？有学友从远方赶过来，不是很快乐的事情吗？人家不了解你，你也不恼怒，这不就是君子（风度）吗？"

　　余家菊《教育哲学论稿》评价说：

　　"《论语》最注重'学'字，它第一章开宗明义便说明立教的宗旨，首先说明学的重要性，中国人一向重视学，而不太重视信仰，也不重视'率性而行'，都不外是深受孔子《论语》的影响。第二，《论语》极重视'合群'，所以说：'有朋自远方来，不亦乐乎？'第三，是提倡'尽其在我'精神，所谓"人不知而不愠"，就是'正其谊而不谋其利，明其道而不计其功'，也就是所谓'只管耕耘，不问收获'，也就是说'只管努力，不问报酬'之意，伯夷叔齐的精神，就是这种精神，介之推不言禄也就是这种精神，乃至岳飞、文天祥、史可法，都是这种精神的结晶。这种精神便是中国人几千年来所以能够顶天立地的基本原因。"①

此说有欠妥处。中国人固然重视"学"，也有信仰，重率性。《中庸》开首三句话："天命之谓性，率性之谓道，修道之谓教。"

当代哲学家叶秀山评论说："《论语》第一句话为'学而时习之，不亦说（悦）乎'，说得是何等平实，孔门弟子把这样平实的话作为师训集成的开宗明义第一言，可见万世师表亦从平实处入手。"②叶秀山认为，孔子这三句话是对学生说的，意思是：你们来我这里，当然是"学"，但不仅是"学"，而且要"习"；即不仅要学理论、学道理，而且——也许更重要的，要"练习"。"有朋自远方来，不亦乐乎"，是表示对学生的欢迎；"人不知而不愠，不亦君子乎"，是要弟子们和睦相处。叶秀山说："《论语》头三句话，乃是孔门的'校规、校训'，是孔子对学生的开场白，所以被学生们放在卷首。"③这样的解释不失为一家之言，但似乎稀释了孔子话语的文化内涵，降低了《论语》首章的道德境界。

杨树达《论语疏证》说："时习而说，学者自修之事也；朋来而乐，以文会友之事也；不知而不愠，实为德性坚定之人矣。孔子之言次第极分明也。"④杨树达的注释，简明扼要，切中肯綮。"学而时习之"，强调的不仅仅是学，而且要注重"习"的功夫。孔子谆谆教导学生，学习不但要"温习"和"复习"，并要实际地锻炼和练习，作为一种"演习"，是为造就社会有用人才，所谓"学而优则仕"。

---

① 余家菊著，余子侠编校：《教育哲学论稿》，华中师范大学出版社2008年版，第121页。
② 叶秀山："学而时习之"及其他，载《开放时代》1996年第1期，第12—17页。
③ 叶秀山："学而时习之"及其他，载《开放时代》1996年第1期，第12—17页。
④ 杨树达著：《论语疏证》，上海古籍出版社2013年版，第2页。

长期以来人们一直认为，中国传统教育是教师中心，实行的是灌输式教学。然而，孔子的这三句话，实实在在打破了这种偏见。学以成人，是中国传统教育的主旋律，《论语》开篇不提"教"，接连三句说的都是"学"，这就是最好的证明。当下的教育改革，课程改革的深化，尤为强调以学为中心，课堂教学的关注点，从教师的"教"，转向学生的"学"。然而，所谓的"学"，该有怎样的态度，以什么样的方法，体现怎样的过程，有怎样的价值意蕴？

追溯到 2500 多年前的孔子，《论语》开篇这三句话何等地清晰。"学而时习之"。其一是强调学，人不学不知道，显见学习的重要；其二是强调时，时时学，而非三天打鱼两天晒网；其三是强调习，反复练习，学用结合，而非浅尝辄止。"有朋自远方来"，同声相应，同气相求，志同道合，前来切磋学问。"独学而无友，则孤陋而寡闻"（《礼记·学记》），显见友朋之重要。"有匪君子，如切如磋，如琢如磨。"（《诗经·卫风·淇奥》）——既有学业的交流，又有人格的互塑，意义非同一般。"人不知而不愠"，潜心研究，而非广泛交际，人们对你的了解就少；学问越是精深，能理解的人自然不多。阳春白雪，和者盖寡。读书做学问，是"为己之学"，而非"为人之学"。行走在进德修业的生命之途，面对各种非难、误解或嫉妒，有什么好生气的呢？

如果说学而时习之，强调的是自主学习；那么有朋自远方来，则是合作学习；人不知而不愠，耐得寂寞，坐得冷板凳，则是一种研究性学习。这里有教师中心吗，有灌输式教学吗，有被动的学习吗？没有。人们总以为，自主学习、合作学习、探究性学习，这些都是新的教育理念，是课程改革从国外借鉴来的。殊不知，孔老夫子在 2500 多年前就提出来了。

中国传统教育下，学生一定痛苦不堪吗？从《论语》的三句话中，我们分明可以看到，无论自我学习、相互学习，还是探究性学习，贯穿始终的是乐在其中，其乐无穷。这种快乐，是与学问的长进、人格的提升，紧紧连在一起的。学而时习之，贵在自主学习，重在知识和能力的习得，促进知识向能力的转化。有朋自远方来，贵在合作学习，于质疑问难的智慧碰撞中产生新的知识，体现谦逊的学习态度和省察的学习方法。人不知而不愠，是一种平和从容的情感态度，蕴含着学习者的自信与自尊，及以君子自许的价值观与学习目标。

本章三句话，层层递进，从连贯的三件事中，表达了读书的乐趣，称道友谊的乐趣，及注重修养而不求闻达的乐趣，贯穿着学以成人（仁）的精神追求。这三句话，揭示了终身学习的三个历程。第一句话，是青少年时期的立志学习，重在激发学习的热忱，养成学习的习惯。第二句话，是人到中年的共同学习，有弥足珍贵的朋友之情，有道德文章的相互切磋。第三句话，是天命之年以后，有丰富的人生阅历，而又学有所成，因而事理通达，正所谓"精神到处文章老，学问深时意气平"。三句话，三个不同侧面，第一句话重在"时"，学习是志业，贯穿生命的全过程。第二句话重在"来"，来学而非送教，从自学到共学。第三句落脚于"君子"，是学习的目标，也是人生的理想。三句话，三层意思，前后连贯，一气呵成。

"学习是通过学生的主动行为而发生的；学生的学习取决于他自己做了些什么，而不是教师做了些什么。"[①]《论语》这三句话，它所包含的人生哲理，所体现的教育思想，与现代课程理论非常契合。西方课程论权威学者拉尔夫·泰勒强调，教育的真正目标不是看教师做了什么，也不是学生所要学习的内容，"而是要使学生行为方式发生有重大意义的变化……学校教育目标的任何陈述，都应该是陈述要学生发生的变化"。[②] 这种学生行为重大的变化实际上是指学生形成了支撑其行为发生重大改变的习惯或素养。

那么，什么样的课程才能促进学生素养形成或行为发生根本改变呢？泰勒认为是"学习经验"。"学习是通过学习者所具有的经验而发生的；就

---

① （美）拉尔夫·泰勒著，施良方译：《课程与教学的基本原理》，人民教育出版社1994年版，第49页。

② 同上，第34页。

是说，学习是通过学习者对他所处的环境作出反应而产生的。"[①] 孔子的论述比较于泰勒，语言更为凝练，表达更有层次，意蕴更为丰富，更有人文色彩。学习不仅是一种认知活动，还蕴含着学习者的情感；学习不仅是符号化的，也是生活化的。学以成人，学习归根到底在成就人，佐助学习者精神生命的成长，获得成长的意趣与幸福。

学生到孔子那里"学"什么呢？"学而时习之"，"学"与"习"紧密关联。日本学者宫崎市定认为，所谓"学习"，是指习"礼"。其实不然，或失之偏颇。孔门四教：文、行、忠、信，后世学者将德行、政事、文学、言语，视为孔门四教。孔子主张"博学"，诗、书、礼、乐、射大概都教。《中庸》说是"致广大而尽精微"。当然，孔子所教、学生所学，主要课程大概两类：一是"仁"，一是"礼"。"仁"侧重在道理方面，"礼"侧重在"实习"方面。孔子之后，孟子崇"仁"，荀子隆"礼"，孟子被视为孔学正宗，学以成仁是孔学的主旋律。

《论语》开篇三句话，包含丰富的教育哲学意蕴：学生是学习的主体，学习是一种愉悦的体验，因而，没有兴趣就没有学习，要让学生体验到成长的乐趣，而不是精神的负担与苦恼。学习和成长需要合作伙伴，学习过程伴随对话与交流，思想的碰撞和智慧的分享，有利于互相启发，促进共同进步。孔子认为人是可以不断学习、成长和进步的，而这种学习、成长和进步的过程是由人自身的努力和自我实现所决定的，这是一种人本主义的教育观。从认识论的角度看，孔子认为只有通过不断的学习和实践，才能获得真正的知识和智慧。孔子的这三句话，价值论上体现出的是一种诚意正心的道德观，认为君子应有"为己之学"的境界与风范，不为他人的评价所左右，保持内心的平静和从容。

明朝中叶的泰州学派开创者王艮自学成才的故事，颇能印证《论语》首章的意蕴。据王艮《年谱》记载，王艮七岁入乡塾，十一岁因贫辍学，在家打理家务，随父烧盐。十四岁时，他失去母亲。十九岁时，为了生

---

① 同上，第49页。

存，贩运私盐到山东出售。二十五岁这年，贩盐经过曲阜孔庙时，看到很多人参拜，随人流走进孔庙，忽觉心中豁然开朗，于是"瞻拜感激，奋然有任道之志"[1]。从曲阜回到家以后，王艮开始发愤读书，"日诵《孝经》《论语》《大学》，置其书袖中，逢人质义"[2]。而立之年的他，在住房后面建一小屋，闲暇时坐里面读书、弹琴、唱歌，与人论说经书，多用自己的观点，不拘泥于"传注"，却能把道理讲得明明白白。

王艮作有《乐学歌》："乐是乐此学，学是学此乐。不乐不是学，不学不是乐；乐便然后学，学便然后乐。乐是学，学是乐。呜呼！天下之乐，何如此学；天下之学，何如此乐。"[3]《乐学歌》是他矢志学习的切身体验。三十八岁时，王艮拜王阳明为师，先是慕名而往，继而反复论辩，经七日，才"大服"。王阳明万分感慨，视他为知音。王艮在王阳明门下八年，一直担负着亦生亦师的双重角色。王阳明故去后，王艮开宗立派，弘扬阳明心学，特立独行，成为伟大的平民教育家。孔子学以成仁的教育思想，在王艮身上得到充分体现。

---

[1] 《王心斋先生遗集》卷三《年谱》。
[2] 同上。
[3] 《王心斋先生遗集》卷二《乐学歌》。

02

君 子 务 本

有子曰："其为人也孝弟，而好犯上者，鲜矣；不好犯上，而好作乱者，未之有也。君子务本，本立而道生。孝弟也者，其为仁之本与！"

有子：孔子的学生有若，相貌很像孔子。孝弟（tì）：孝顺父母，敬爱兄长。弟，通悌。

有若说："他的为人，孝顺父母，敬爱兄长，却喜欢冒犯上级，这是很少有的；不喜欢冒犯上级，而喜欢作乱的人，是没有的。君子重视根本，根本建立了，道义就产生。孝顺父母，敬爱兄长，这就是仁爱的根本吧！"

这一章出自有若之口，传递的是孔子一以贯之的思想："孝弟为仁之本。"钱穆先生说："孔子教人学为人，即学为仁。……由其最先之心言，则是人与人间之一种温情与善意。发于人心，乃有仁道。"[1] 宋代程颐说："孝弟顺德也。"[2] 所以古人常常"孝""顺"连称。程颐认为，孝悌是"行仁之本"，而非"仁之本"。"仁"是孔学的核心概念，作为"元德"，不是孝悌所规定的。孝悌是行仁的出发点。

李泽厚说："孔学儒家教义的特征之一……首先强调的正是这样一种

---

[1] 钱穆著：《论语新解》，生活·读书·新知三联书店2012年版，第6页。
[2] （宋）朱熹著：《四书章句集注·论语集注》，中华书局2011年版，第50页。

'家庭'中子女对于父母的感情的自觉培育,以此作为'人性'的本根、秩序的来源和社会的基础;把'家庭价值'置放在人性情感的层次,来作为教育的根本内容。"①一个人如果能孝敬父母、尊重兄长,那就有了实践仁德的根基。有了这种根基,就不会惹是生非,更不会干违法犯罪的勾当。《大学》云:"家齐而国治。""不好犯上"则"家齐","不好作乱"则"国治"。《孝经》云:"事父孝,故忠可移于君;事兄敬,故顺可移于长。"意思是在家为孝子,在朝为忠臣,两种角色可以自然转换,齐家、治国,进而平天下,使天下归仁。

《战国策》记有一个故事:孔子弟子曾参,居住在费地,费地有同名者杀人。有人告知曾参母亲,说:"曾参杀人。"曾母说:"我儿子不会杀人。"依然织着布。一会儿,又有人来说:"曾参杀人。"曾母不信,神色自若地织着布。杨树达对此评论说:"曾子之母不动者,知曾参孝子,必不为非法之事也。"②说:"爱亲,孝也;敬兄,弟也。儒家学说,欲使人本其爱亲敬兄之良知良能而扩大之,由家庭以及其国家,以及全人类,进而至于大同,所谓亲亲而仁民,仁民而爱物也。"③从孝敬父母出发,老吾老以及人之老,幼吾幼以及人之幼,推而广之,就能爱他人,爱家乡,爱祖国,爱满天下。

孝行被视为人的知识修养、良心和爱心的表现,具有重要的道德和伦理意义。孝心不仅体现了对父母的尊敬和关爱,也能够使人具备良好的社会公德,并遵纪守法。教育是培养人的品德和道德的重要途径,通过强调孝行的重要性,可以促使人们形成正确的价值观和行为准则。就人的社会价值而言,西方以知识为本位,知识越渊博,越受人尊重。中国以道德为本位,品德越高尚,越受人推崇。苏格拉底认为知识就是美德,人们的错误和恶行往往源于无知,而只有通过知识的追求和智慧的获得,人们才能实现真正的美德。孔子思想的核心是"仁",认为通过道德修养而成为

---

① 李泽厚著:《论语今读》,生活·读书·新知三联书店2008年版,第33页。
② 杨树达著:《论语疏证》,上海古籍出版社2013年版,第3页。
③ 同上,第4页。

"仁人"，这是人生的最高目标。作为教育家的孔子，始终把德育作为最基本的教育内容，把加强学生的道德修养作为首要任务。

个体道德的生长点在哪里呢？作为人的一种自然情感，孝悌所反映的是子女对父母、下对上、幼对长的一种天然的恭顺之德。孝悌作为进德修业、学以成仁的基础，其核心内涵是"爱"。人们常说，没有爱就没有教育，教师要有仁爱之心，但教师德性是怎样发端的，仁爱之心的根源在哪里？中华民族的伦理文化，发端于血缘亲情，其核心是"孝"。《孝经》说："夫孝，德之本也，教之所由生也。"《管子·戒篇》云："孝悌者，仁之祖也。""孝"，被认为是最高的美德，仁爱的基础，做人的根本。因而，孝是教育的根基、教师应有的德性，也是成就一个人的核心素养。

诺贝尔和平奖得主德雷莎修女曾说过："爱自己的孩子是人，爱别人的孩子是神。"一代师表斯霞老师，其教育思想的核心，以"童心母爱"称著，其伦理基础正是母慈子孝文化传统的现代转换。著名儿童教育家李吉林，放弃上大学而当一名小学老师，最为朴素的想法是，有了一份稳定的工资，可以回报相依为命的母亲。她们内心世界的充实，秉性的善良，都与亲情、仁孝密切相关。作为中华民族优秀传统文化的核心内容，孝悌需要通过教育去传承和发扬光大。一个在孝悌氛围中长大的人，他的内心一定是温柔的，他的情感世界一定是丰富的，仁民爱物的高尚情操容易得到生长。

孔子倡导孝行，不仅是为了家庭建设，更是为了推行他"仁"的教化。孝行作为家庭伦理的范畴，体现了对父母的敬爱和尊重，同时也培养了人们对他人的关心和同情心。孔子认为，通过孝行的实践，可以培养和扩展人们的仁心，使之不仅限于家庭关系，而是延伸到社会中的各个方面。教育是助人成仁的事业，仁的根子扎在健全的家庭关系里，无论爱孩子，还是爱父母，爱心都可以迁移与推广，转化为对教育事业执着的爱，扩充为对祖国由衷的爱。2022年10月11日，"王铁军教授教育管理思想研讨会"在南京召开。王铁军教授执教40多年，著作等身，桃李满天下。尽管受新冠肺炎疫情影响，会议规模有所限制，但闻讯赶来的弟子、专家学者仍济济一堂。人们感佩王教授治学之严谨、学术成果之丰硕；称道他谦和的君子风度、爱生之关切之情；他事母至孝的亲情故事，尤为人们交口称赞。

从家庭到社会，从"孝"到"仁"，是一个循序渐进的过程。古文《尚书》云："立爱惟亲，立敬惟长，始于家邦，终于四海。""仁者人也，亲亲为大。"父母爱孩子是一种天性，但作为孩子的第一个老师，父母之爱要遵循教育规律。孩子爱父母，是一种亲情，也是一种社会责任，这种情感和责任需要得到教育的培育。君子有成人之美，而非成人之恶。培育学生的孝心，是君子的"务本"，也是教育伦理的基本要求。墨子无视亲子血缘关系的心理基础，极端地推行无差别的"兼爱"，表面看来境界很高，实则如李泽厚所言："是小生产劳动者的一种常见的乌托邦意识。"[①]孝心是爱心的表现。一个连自己父母都不爱的人，就很难无条件、超功利地去爱别人。从这一意义上看，"君子务本，本立而道生"，不仅在传统社会是有根据的，在当下现实生活中也完全没有过时。

当下有一种普遍倾向，父母对孩子有太多的爱和付出，但孩子对父母的孝心和责任感却没有得到相应的培养。另一方面，是父母对孩子爱的异化，操劳太多，管制太多，甚至越俎代庖，使孩子失去成长试错的机会，被剥夺了自然生长的权利，孩子的社会情感同样地不发达，不丰富。孝悌之教缺失，仁爱之心得不到培养，引发亲情扭曲，已成为严重的社会问题。中央电视台《今日说法》栏目报道：2009年4月9日，北京通州辛庄村，有一位81岁的柴姓老人，她生养了四个儿子和一个女儿，而这些子女经济条件都很不错。然而，令人遗憾的是，没有人愿意赡养老太太，最终她孤独地饿死在自己的小土坯房中。这段文字揭示了一个令人痛心的现象，即在某些家庭中，尽管子女们经济条件优越，却缺乏对年迈父母的赡养和照顾。这种缺乏家庭责任感和关爱的情况不仅仅是个别现象，而是一

[①] 李泽厚著：《中国古代思想史论》，生活·读书·新知三联书店2008年版，第58页。

个更广泛的社会问题。这引发了对家庭价值观和道德观念的反思，同时也需要社会各个方面的关注和解决。

"鸦有反哺之义，羊有跪乳之恩"，动物尚且如此，何况人呢？感恩是良心的体现，是行孝道的基础，为人子须知感恩，不善待父母，不尽心赡养父母，这不仅是道德的沦丧，也是人生的失败。一个缺乏孝悌之心的孩子，是有严重人格缺陷的孩子。一个自私而情感冷漠的人，很难立足于社会，也就很难有幸福人生。因而，无论学校教育，还是家庭教育，重知识而不重人品，都是本末倒置。分数并不重要，重要的是完善人格的培养，重在爱心和责任的培育。"孝弟也者，其为仁之本与！"

教育以立德树人为宗旨。追溯人类道德行为的历史，孝正是道德的本源，道德缘于孝是在人的感情发展中形成的。孔子说："夫孝，德之本也，教之所由生也。"[①]孝是道德之根本，也是教人如何做人的根本。在远古人类，最原始的情感是对父母抚育之恩的一种感激。古人在长期的劳动生存过程中，逐渐积累了一定的行为规范，尊老爱幼、感恩回报等最原始的道德便由此产生了。因此，孝德的本质是一种爱与敬的情感与行为，是人们实践道德的起点。唐君毅先生说："对父母之自然之孝，亦为我与一切生命相感通之开始点，或对一切人尽责任之开始点，一切仁心之流行之泉源与根本。"[②]

现代学校教育倡导孝德，是否会禁锢学生的思想，泯灭学生的创新精神呢？其实，"不犯上"，基于血缘伦理亲情的爱；"不作乱"，基于对公序良俗的敬畏；由此生发开去，才有个人的自律与社会的和谐。敬老敬贤，克己复礼，并非是对个性的压抑，更非人性的扭曲。孝顺恭敬，奉公守法，并非愚孝愚忠，维护等级森严，对上级和权威的盲从。荀子在阐发孔子孝道时说过："可以从而不从，是不子也；未可以从而从，是不衷也。……传曰：'从道不从君，从义不从父。'此之谓也。"[③] 这是对孔子孝道思

---

① 《孝经·开宗明义章第一》。
② 唐君毅著：《中国文化之精神价值》，九州出版社2021年版，第143页。
③ 《荀子·子道》。

想更完整的认识，与儒家恻隐之心和是非之心的精神是完全一致的，这对完善学校的教育伦理和学生的道德人格有深刻的启迪意义。

学校教育强调孝德有现实的针对性，因为孝德在形成过程中，不仅能丰富学生的爱心、同情心、关怀和感恩等基本情感，还可以潜移默化地改变人的气质，促进个体一系列内在品德的形成，以及外在行为习惯的养成。孝德教育的目标是培养学生的道德情感和品质，使其不断升华和完善。在物质欲望强烈和人性异化普遍的现实背景下，以人伦关系为中心而不是以利益关系为中心所立起来的社会秩序，更有利于社会的稳定并体现人文关怀和人道主义精神，学校教育在这方面要成为社会的精神高地，成为一方净土。宋儒胡瑗说："致天下之治者在人才，成天下之才者在教化，教化之所本在学校。"[1]

---

[1] （宋）张栻撰，邓洪波校点：《张栻集（二）》，岳麓书社2010年版，第568页。

03

巧 言 令 色

子曰:"巧言令色,鲜矣仁!"

孔子说:"满口说着讨人喜欢的话,满脸装着讨人喜欢的面色,(这样的人)'仁德'是不会多的。"

"巧言",就是花言巧语。"令色",就是伪善的神色。人为什么要花言巧语呢,为什么要做出巴结人的神色呢?无非是为了掩饰自己,意在损害别人,或为了从对方获取利益。《论语》前一章说"仁",孝悌是仁的根基。这一章则说"不仁",不仁表现为巧言令色。巧言令色,说到底是为人的虚伪,有私心,别有图谋。一个正直的人,内心坦荡的人,说话也罢,脸色也罢,无须刻意做作。朱熹说:"好其言,善其色,致饰于外,务以悦人,则人欲肆而本心之德亡矣。"[1] 人为什么巧言令色,巧言令色有什么危害?朱熹认为,这是个人私欲的膨胀,造成德性和德行的消亡。它所危害的,不仅是巧言令色者自身,而且危害所讨好的对象,更严重的是毒化了社会风气。张居正说:"其丧德于己耳。若究其害,则又足以丧人之德。"[2] 首先是自己仁德的丧失,进而祸害别人,让别人也丧失仁德。

巧言令色,之所以有市场,乃至大行其道,首先是因为人性的缺陷。

---

[1] (宋)朱熹著:《四书章句集注·论语集注》,中华书局2011年版,第48页。
[2] (明)张居正撰:《四书直解》,九州出版社2010年版,第61页。

人无不喜欢听好话、受赞扬,获得拥戴。人总爱寻找意气相投的人,笑脸相迎的人,排斥意见相左的人,总力图通过别人来确认自己,证明自己。"人不知而不愠",真正达到这一境界,有充分自信与独立人格,很难,这样的人很少。此外,现实社会生活中,人与人之间,地位有高下之分,话语权有大小之分,操控的资源有多少之分,这就决定着一些人可以支配另一些人,乃至决定另一些人的命运。因而,处于高位的人,身旁少不了言行不一的人、阿谀奉承的人。诸葛亮《出师表》说:"亲贤臣,远小人,此先汉所以兴隆也!远贤臣,亲小人,此后汉所以倾颓也。"这里所说的小人,无一不是巧言令色之徒。鲁迅笔下的王金发,由绿林好汉一跃而为绍兴光复的都督,于是整天被别有用心者簇拥着,捧得昏昏然忘乎所以,以致丢了脑袋。

巧言令色作为一种人格缺陷,也多见于生活中的文过饰非,希图因此减免道义的责任。袁世凯称帝时曾授命黄远生作文捧场,黄在万般无奈之际作了一篇"似是而非""不痛不痒"的文字加以搪塞,友人劝他这样应付实不妥当,总以不作为妙。他沉吟半晌,为难地说:"我们的实在情形,难道旁人不知?横竖总有人体谅我的。"及至他出走美国,在致梁漱溟的信中,再三表白自己过去处境之艰难,说:"窃闻士大夫之立身也,不畏斧钺之及其身,惟恐不见容于君子。"[①] 筹安会"六君子"之一的杨度,在替袁世凯称帝作吹鼓手时,遭到了举国舆论的一致指责,他本人未尝没有自毁人格的惭愧,但仍振振有词地掩饰,依然认定救国之方不在共和,而在君宪,以自欺欺人。这实在是"鲜矣仁"!

巧言令色或是中国旧文人的痼疾,一些看似坦率的谈吐,或曲折委婉的文字,其实都包含着掩饰,掩饰内心的卑怯,逃避责任的担当。周作人自认脱俗,可淡然从容地游戏人间,于侃侃而谈中似能化俗为雅。即令日后屈辱附逆,为国人所不齿,也要拼命维护自我的良好感觉。对自己的堕

[①] 黄远生:《与梁漱溟书》,载黄远生著《游民政治》,陕西人民出版社2013年版,第57页。

落，他不辩一词，却几次援引"倪元镇为张士信所窘辱"的故事——"绝口不言，或问之，元镇曰，一说便俗"。①好像"他们处世与附敌的一切'无所谓'而又一切都'深有理由'似的"②。鲁迅辛辣地指出："中国的文人，对于人生，至少是对于社会现象，向来就没有正视的勇气。""不敢正视各方面，用瞒和骗，造出奇妙的逃路来，而自以为是正路。"③缺乏知识分子应有的社会责任感和道德义务感，逆来顺受，苟且偷安，貌似还有许多的遁词和借口。顾炎武曾引用宋人刘挚说："一号为文人，无足观矣。"④又说："士大夫之无耻，是谓国耻。"⑤

中国儒家贬斥巧言令色，主张"修辞立其诚"。"诚"是儒家的重要概念，也是儒学伦理的核心价值。在儒家的观念中，"诚"指内心的真实和坦诚，及思想的纯粹和为人的正直。诚意正心、光明磊落，是正人君子的基本人格。心底无私天地宽，无须费心献媚讨好，而能增进人际理解和信任，促进个人和社会的和谐发展。巧言令色是一种表面的技巧，而真正的美德在于内心的仁爱之心。王阳明认为，只有通过事中磨炼的实践，才能成为真正的仁人。《传习录上》记载："（徐）爱曰：'如今人尽有知得父当孝，兄当弟者，却不能孝，不能弟。便是知与行分明是两件。'先生（阳明）文曰：'此已被私欲隔断，不是知行的本体了。未有知而不行者，知而不行，只是未知。'"⑥巧言令色的弊端在口是心非，是言行不一的双重人

---

① 周作人：《读〈东山谈苑〉》，载钟叔河编《周作人文选（卷三）》，广州出版社1996年版，第176页。
② 冯雪峰：《谈士节兼论周作人》，载冯雪峰著《乡风与市风》，河北教育出版社1994年版，第78页。
③ 鲁迅：《论睁了眼睛看》，载《鲁迅全集（第一卷）》，人民文学出版社2005年版，第241页。
④ （清）顾炎武著，郑若萍注译：《日知录·文人之多》，崇文书局2014年版，第149页。
⑤ （清）顾炎武著，郑若萍注译：《日知录·廉耻》，崇文书局2014年版，第2页。
⑥ （明）王守仁撰，吴光、钱明等编校：《王阳明全集·传习录（上）》，上海古籍出版社1992年版，第4页。

格。王阳明说:"凡谓之行者,只是著实去做这件事。"① 即知行合一,实实在在地做事,而非说得天花乱坠。

"修辞立其诚"不仅是一种道德品质,也见诸学者的学术风范。历史学家严耕望做学问之认真严谨细致,有如集腋成裘,一丝不苟、持之以恒。他的名著《唐代交通图考》整整做了四十年。严先生的学问是有迹可循的,他也有先入为主的框架,但不是先做论文,而是先做资料长编。有这样的功夫,后人就这个课题而言,想超越他不容易,最多是拾遗补阙。他做《魏晋南北朝佛教地理稿》,把所有能找到的佛教庙宇、高僧等,逐一编排。他做《两汉:太守刺史表》,排比资料,考订异同。严耕望先生的体会与经验,都浓缩在《读史三书》中,值得阅读。著名儿童教育家李吉林老师,情境教育研究这一个课题,整整做了四十多年,一字一句写了三十本书。从严耕望到李吉林有一个学术共性,即认真细致和踏实笃行,因而能在寻常材料中发明新见解,在新见资料中发现新问题,在发明、发现中开辟新境界。

程颐说:"知巧言令色之鲜仁,则知仁矣!"② 懂得巧言令色之不仁,就懂得什么是仁了。"仁者,人也。"教育作为成就人的事业,首要任务是培养人的德性,完善学生的道德人格。人格总是外化于行为过程之中,人格要义的"诚"和"真",无不体现为人的一言一行。儒家的"诚意正心、格物致知",无不表现为直率本真、知行合一,无任何矫揉造作、虚伪矫饰之情态。大道直行的处世方式与人的个性相关,更与人的价值观念紧密关联,它应转化为学校教育的指导思想。陶行知先生提倡:"千教万教,教人求真""千学万学,学做真人"。③ 教育以"真诚"为基本原则,以培养真人为基本目标,与种种虚伪和做作划清界限。这种"真"是道德意识

---

① (明)王守仁撰,吴光、钱明等编校:《王阳明全集·答友人问(丙戌)》,上海古籍出版社1992年版,第208页。
② (宋)朱熹著:《四书章句集注·论语集注》,中华书局2011年版,第48页。
③ 陶行知著:《小学教师与民主运动》,载《陶行知全集(第4卷)》,四川教育出版社1991年版,第528页。

的自然流露，其言行举止无不出自内在的良知。基础教育作为养成教育，为学生的终身成长打下生命的底色，教师则需要言传身教、立己达人，自觉带领学生求真、向善、崇美。

学以成人（仁），无论在中国还是外国，是教育的普遍规律，也是一种普适性价值。不撒谎逢迎须从娃娃抓起。儿童教育家、心理学家阿德勒说："人的心理总是充满着有活力、有目的的追求。儿童自出生起，就不断地追求发展，追求伟大、完善和优越的希望图景，这种图景是无意识形成的，但却无时不在。这种追求，这种有目的的活动自然反映了人具有独特的思考和想象能力；这种有目的的追求主宰了我们一生的具体行为，甚至决定了我们的思想，因为我们的思想绝不是客观的，而是和我们所形成的生活目标和生活方式是一致的。"[1] 这段话告诉我们，人心向善是一种天性，关键在于教育引导得及时与恰当。导向于善，而不是恶，导向于真，而不是伪，这是教育的基本伦理，也是教师的基本责任。"师者，所以传道授业解惑也！"无论对于学生，还是各色人等，教师都要秉持师道的尊严。不管对什么人，处于什么情境，教师都不该有任何谀辞与媚态。教师是学生的楷模，"正人必先正己，己不正焉能正人"？

教学是一种道德活动，教师总处于多个个体的关系中，道德正是植根于这种关系中。道德是高度情境化的，道德判断和决定不能简化为一般的原则，而是必须与人的特殊境遇相关联。教师的工作是改变人的工作，每个教学努力都会形成某种教学目标和结果。教师的工作总是处于不断的道德判断之中，教学实践的过程中包含着太多的道德因素，因此教师职业也被称作良心职业。马克斯·范梅南认为："教育学也总有伦理道德的一面。教育行为意味着你应试图去分辨什么对孩子好，什么对孩子不好。"[2] 教师要在"好"与"不好"之间作出抉择，这种抉择对孩子的影响往往是非常

---

[1] （奥）阿德勒著，彭正梅译：《儿童的人格教育》，上海人民出版社2006年版，第2页。

[2] （加）马克斯·范梅南著，李树英译：《教学机智——教育智慧的意蕴》，教育科学出版社2001年版，第59页。

深刻的，是对孩子"可能知道什么"和"可能成为什么样的人"的意向性和指向性。从这个意义上说，好教师要有仁爱之心，有理想信仰，有道德情操。诚如陶行知所言："捧着一颗心来，不带半根草去。"为人师表者，言行一致并表里如一，这是最为基本的职业伦理。与巧言令色相反，真正做到言为心声，拒绝一切空话和套话，这方面陶行知先生是光辉榜样。

04

三 省 吾 身

曾子曰:"吾日三省吾身:为人谋而不忠乎?与朋友交而不信乎?传不习乎?"

曾子:曾参(shēn),字子舆,孔子晚年弟子。曾子说:"我每天主要在三个方面反省自己:为别人谋划效劳,有没有尽心尽力?与朋友交往,有没有诚实守信?老师传授给我的以及我将传授给学生的知识和品德,有没有认真研究并努力践行?"

"人""朋友"泛指自我之外的他人,"传"则是前人思想的载体,三者通过生活中的交往活动和文化传承等,展示了个人与其他社会成员的关系,这种关系的建立和维系在社会中起着重要的作用,帮助个人与他人建立联系并传承前人的智慧和经验。在这里,反省的主体是"我"("吾"),然而,反省的对象则指向"我"("吾")之外的他人。"日三省吾身"在一定程度上体现了个人的自我认同,但实际上,这种自我认同是以社会的认同为内容的。换句话说,个人的认同是在社会认同的框架下形成的,个人需要符合社会的归属和规范。这种思想路线确认了个人作为社会成员的身份和角色,强调了个人与社会的互动关系。

《论语》上一章从反面讲,巧言令色有违仁道;本章从正面讲,三省吾身以进德修仁。"三省吾身"之"三",有两种解释:一种解释为"多",另一种认定为"三"。两种说法都有道理。从反省的次数着眼,解释为

"多"：一天反省三次，似乎太机械。从反省的事情着眼，解释为"三"：主要围绕三个方面，检点与省察。"传不习乎"之"传"，也有两种解释：一是对老师的传承，一是传授给学生。都可以说通。联系本章具体语境，及回顾前面三章，"传"有继往开来的意思，传授给学生的成分更多，但也包含着对老师的要求。

忠：主心，尽己之谓忠。信：主言，在己之谓信。忠是做事的态度，尽心竭力，坚定不移。信是为人的准则，言必信，行必果，义无反顾。"忠"，中心为忠，存乎心而发诸外，表里如一。为人谋，忠于职守。"三军可夺帅，匹夫不可夺志也"，此为"忠"。在儒家思想中，忠是一种高尚的道德情感，是人格品质的重要体现。"春蚕到死丝方尽。"忠表现为对国家、家庭或个人的责任与义务，鞠躬尽瘁，死而后已。岳飞的"精忠报国"，是中国传统文化中"忠"的典范，他的一生，始终坚持自己的信仰和对国家的忠诚。

与朋友交，言行一致，此为"信"。"君子一言，驷马难追"，事关个人信誉。"虽千万人，吾往矣"，此为勇，也是"信"。儒家的"信"，是指对道德规范和个人承诺的信守。在儒家思想中，"信"是人格塑造中不可或缺的一部分，它要求人们恪守诚信，不欺骗、不虚伪、不背信弃义，以此树立社会良好的道德风尚。儒家的"信"，能够锻炼人的自我约束能力，塑造出诚实守信的人格。"信"还能够提高人的自我意识和责任感，促进人与人之间的互信和合作，增进社会的和谐稳定。

关于"传"的释义，朱熹《四书章句集注》："传，谓受之于师。"皇侃《论语集解义疏》："凡有所传述，皆必先习，后乃可传，岂可不经先习而妄传乎？"元人郭翼《雪履斋笔记》说："曾子三省，皆指施于人者言，传亦我传乎人。传而不习，则是以未尝躬试之事而误后学，其害尤甚于不忠不信也。"清人焦循《论语补疏》进一步申论皇侃之说："己所素习，用以传人，方不妄传，致误后学，所谓'温故而知新，可以为师'也。"

"传不习乎"，这句话的深刻意义在于，它告诉我们只有通过实践和学习，才能真正掌握某种技能或知识，将其变成自己的财富。"传不习乎"

一句话，强调了继往开来的重要性。这句话告诉我们，只有通过传承前人的知识和经验，才能不断发展和进步。此外，传承也是一种文化自觉和认同的表现。我们的先人留下了许多宝贵的文化遗产，这些文化遗产是我们的精神财富，也是我们的文化根源，我们要自觉传承和发扬光大。

"传不习乎"，是师道的继承与弘扬，见诸日常兢兢业业的践行。"传"是"忠"与"信"的融合。教育是薪火相传的事业，自己学问精湛、准备充分，才能教好学生，因此，需要反复研究、在实践中不断探索。以己昏昏，不能使人昭昭。"传不习乎"，要旨在"诚"，否则，谬种流传，误人子弟。无论做事的态度，还是说话的准则，终须落实于做人与成仁。于学生而言，对老师的教导和做人的道理，既要不断温故知新，更要不断创新实践。

无论老师传于己，还是己传于他人，都涉及教育的薪火相传。传而能习，呼应《论语》首章的"学而时习之"，其实质乃"知行合一"。王阳明的良知说，当受到曾子此言的启发。其门人所编《传习录》，正取曾子"传不习乎"之义。儒家学说没有终极神圣的上帝，对人性体认的多少和深浅，决定于体认者的道德水平和人格境界，因而自觉性成为内省的重要条件。这种内省不仅是理性认知，也是一种情感体认。荀子《劝学篇》说："君子博学而日参省乎己，则知明而行无过矣。"

朱熹《四书章句集注》云："曾子以此三者日省其身，有则改之，无则加勉，其自治诚切如此，可谓得为学之本矣。"曾子的这一思想对中国古人的影响很大，许多历史名人都曾自觉对照实践，不仅深刻自我反思，而且真诚听取批评意见。曾国藩曾在日记里写道："早起，高诵养气章，似有所会，愿终身私淑孟子。虽造次颠沛，皆有孟夫子在前，须臾不离，或到死之日可以仰希于万一。"[1] 表达自己时时反省的意愿，以期长养浩然之气。赴京城做官后，曾国藩认识了理学家倭仁。倭仁给曾国藩提了两条意见，一是学会"研几"，所谓"研几"，就是要看重细节；二是要写日

---

[1] （清）曾国藩撰：《曾国藩全集（第16卷）》，岳麓书社2011年版，第114页。

课,即每天要做些自己认为必须做的事,坚持不懈。这两条意见曾国藩奉行了一生。

邵蕙西与曾国藩是知己朋友,道光二十三年二月十二日,他直言不讳地批评曾国藩:"一曰慢,交友不能久而敬之也;二曰自是,谓看诗文多持己见也;三曰伪,谓对人能作几副面孔也。"邵蕙西的批评很有点辛辣。曾国藩在日记中如实记录此事,还感叹道:"直哉,吾友!吾日蹈大恶而不知矣!"[①]正面肯定了朋友的批评,因而也就能客观地省察自己。

通过反省,从而明辨是非,再以情感来体认正确的道理,人格境界就能得以提升,正所谓"求仁得仁"。儒家的内省,大体有两条路径,程朱理学是由物及心,阳明心学是由心及物。世间万物都包含"理",朱熹认为格物可以致知。然而,王阳明格竹七日,累得吐血,却一无所得。后来流放贵州蛮荒之地,某日深夜忽豁然开悟,史称"龙场悟道"。无论程朱理学,还是阳明心学,内省都必须自觉,这是一种内心的自省。

人生来未必愿意自省,但却必须自省。人更愿意"率性而为",结果往往是对社会规范的破坏。内省使人区别于动物,只有通过内省,以正确的价值观约束自己,人生才是有意义的。《中庸》云:"天命之谓性,率性之谓道,修道之谓教。""教"带有规训,也启发内省,引导学生进德修业,是"博学、审问、慎思、明辨、笃行"的过程。《国语·鲁语下》云:"士朝而受业,昼而讲贯,夕而复习,夜而计过,无憾而后即安。"

正是伦理价值现象对生命的激发,以及生命对伦理价值现象的感悟,才在人的心灵深处萌生出人生态度。正是在人生态度的引领下,才有道德意义上的个人行为。价值态度产生于人对生命本身的观照和直觉,或许正是在这一点上,体现了道德行为的原生态和发展性。曾子的"吾日三省吾身",并非纯粹的思辨,而是切切实实地践行。儒家实践的形成并非无意识的,而是自觉的,并且有着深刻而坚实的哲学思想基础。儒学将认识和实践分别称为"知"和"行",这两方面的结合是儒家思想的核心,旨在

[①] (清)曾国藩撰:《曾国藩全集(第16卷)》,岳麓书社2011年版,第155页。

通过知识的积累和实践的应用来培养人的品德和修养。孔子主张"行笃敬",朱熹主张"致知力行",王阳明提出"知行合一"说。

教师职业的特点,包含不间断的自我省察;师德修养和专业能力的提升,其原动力来自自身的反思。教师所从事的工作充满着愿景,对学生充满着期待和渴望。因而,他们需要不断观照自身的内心世界,检点和改进自身的教学行为。教师职业,意味着持续的自我审视、自我建构和自我革新。为此,有这样一个著名的教师发展公式:经验+反思=成长。曾子认为每天都要反思自己的言行,找出自己的缺点和不足,以便及时改进。这说明自我反思对于个人成长和进步至关重要,师生都应该养成自我反思的习惯,不断发现自身问题和不足,以便及时调整自己的思想和行为。

曾子在"吾日三省吾身"中反复强调"日",表达了精进不止的态度。教育者应该激发学生的进取精神,引导学生不断追求进步和完美,持续提高自己的能力和素质。人的存在是不完美的,但人有不断完善和进化的可能。教育的目的就是帮助学生不断完善自己,实现自我超越。人的认识是一个不断深化和扩展的过程,需要通过不断反思和思考来实现。为人谋而不忠,与朋友交而不信,这些都是违背人伦价值观念的行为。君子有成人之美,不成人之恶。教育的功能在长善救失,帮助学生树立正确的价值观念,培养良好的道德与思想品质。

"吾日三省吾身",贵在一丝不苟,持之以恒。学校教育中,无论于教师的教,还是学生的学,无论学业的切磋,还是德性的修炼,都需要有这样一种专注,一种锲而不舍的精神。荀子在《劝学》中说:"积土成山,风雨兴焉;积水成渊,蛟龙生焉;积善成德,而神明自得,圣心备焉。"

05

道千乘之国

子曰:"道千乘之国,敬事而信,节用而爱人,使民以时。"

道:同"导",治理。乘(shèng):兵车,古时一车四马为一乘。

孔子说:"治理一个千乘兵力的大国,政事应敬慎,言行须诚信;节制财用,爱护百姓;民力的使用,应适合时令。"本章论政,承接上几章,由为学、修身而及治国,体现儒家的内圣外王,核心依然是"仁"。

孔子认为,治理国家,须敬事、守信、节用、爱人、惠民,做好这五件事,才算仁政德治,是政通人和的理想境界。为什么这样说呢?朱熹《四书章句集注》有一个解释:"上不敬则下慢,不信则下疑,下慢而疑,事不立矣。敬事而信,以身先之也。……盖侈用则伤财,伤财必至于害民,故爱民必先于节用。然使之不以其时,则力本者不获自尽,虽有爱人之心,而人不被其泽矣。"

孔子所处的时代,兵车的多少,标志着国家的强弱。千乘之国,是比较强大的国家。但孔子理想中的国家,不在兵车的多少,而在民生,在民心的向背。他所主张的是,治国先须治心,治人先须治己,君王须事事处处体现仁爱。如朱熹所解释的,统治者如果做事没有敬意,老百姓做事必然怠慢;统治者不讲信用,老百姓就不会信服;既怠慢又不信服,事情怎能做好呢?做事敬慎,言而有信,统治者必须以身作则。此外,统治者生活奢侈,必然会损害老百姓。如果爱护老百姓,那么统治者先要厉行节约。即使如此，如果使用民力不当，对老百姓的爱护还是没有落到实处。

孟子后来倡导的"仁政""民本"思想，大抵萌发于此。长期以来人们总认为，儒家思想是统治者的思想，是为统治者服务的，认为孔子设计了很好的统治方法，让统治者更好地对付老百姓。从这一章的内容看，无论孔子的立意，或者说话的口气，我们分明可以感觉到，孔子只是规劝统治者，乃至警告统治者，而不是站在他们的立场上。孔子言说的对象是君主，是统治者，但统治者的利益并非孔子所关心的。孔子所期待的，是统治者行仁政、走正道、利天下百姓。

明末清初的思想家顾炎武，将统治者的宰割天下、鱼肉百姓，类若"率兽食人"，称之为"亡天下"，认为更甚于亡国。其思想源头可以追溯到孔孟。从这个意义上说，孔子思想所体现的是一种人道主义精神，他念兹在兹的是仁政德治。孔子认为，爱人必须延伸到惠民，应然包含着惠民。"使民以时"，即根据农时使用民力，尽量保障百姓的正常劳动和生活。尽管统治者未必能做到，或者事实上根本做不到，但孔子是有这理想的，倡导学以成仁，推己及人，创造仁政爱民的和谐社会。在2500多年前，这是非常可贵的人文关怀，是崇高的人文精神。

孔子治国理念的人文关怀，集中体现在仁政爱人。何为仁政爱人？《说苑·政理》记载说："武王问于太公曰：'治国之道若何？'太公对曰：'治国之道，爱民而已。''爱民若何？'曰：'利之而勿害，成之勿败，生之勿杀，与之勿夺，乐之勿苦，喜之勿怒，此治国之道，使民之谊也，爱之而已矣。民失其所务，则害之也；农失其时，则败之也；有罪者重其罚，则杀之也；重赋敛者，则夺之也；多徭役以罢民力，则苦之也；劳而扰之，则怒之也。故善为国者，遇民如父母之爱子，兄之爱弟，闻其饥寒，为之哀，见其劳苦，为之悲。"这些论述与孔子仁政爱人思想一脉相承。

治国理政要讲信用，政府才有公信力。领导人讲信用，个人才有良好的声誉，具有个人魅力。杨树达《论语疏证》转述了一则故事：晋文公率兵攻打某城，与朝中士大夫约定，十天为期。十天到期，没能打下来。晋文公下令收兵返回。据城中谍报人员的消息，该城最多再支撑三天。左右大臣劝晋文公，敌方粮尽力竭，我们再等等。晋文公说，即使打下这座城，但违背了约定，失去了信用，"吾不为也"。于是，领兵返回。晋文公如此守信，城中人很感动，决定投降晋国。古人的这种贵族精神，今天的我们很难理解，孔子对此也很感慨并作了记录。

孔子关于如何治国的四个要点，可移于对教育事业的观照，对于发展教育、管理学校，不无启发和借鉴意义。陶行知先生说，要以整个心做整个的校长。校长的心，着眼点在人，而不是物，应心系师生，而非考分和升学率。校长是学校的灵魂，灵魂深处要有对师生的爱，有人文关怀。校长要讲信用，切忌言而无信。一所学校，校长之威，缘于师生的信，表态随意轻率，或朝令夕改，最有损于校长的威信。

千乘之国的治理之道，以仁德为基本原则。学校管理，无论规模大小，均以立德树人为宗旨。敬事而信，是发展教育的根本态度，治理学校的基本准则，也是教师职业的基本伦理。敬，对生命的敬畏，对事业的敬慎，有一种如临深渊、如履薄冰的审慎。教育是千秋之伟业，既是最大的民生事业，更关乎民族与人类的未来；教育既担负着生命成长之神圣，又担负着无数家庭对孩子幸福人生的期待，非兢兢业业、谨慎虔诚、用心专一，决计办不好教育，管不好学校。当校长，做教师，要有对人世、对人事的一份虔敬，言行一致，表里如一。教育者，学高为师，身正为范，言为心声。

管教育须节用而爱人。这是施政的原则，也是为政的立场。对于地方政府而言，有限的财力，必须有节制地使用。该用钱的地方很多，但不能挤占教育经费，不能不惠顾教师生活，且须实质性提高教师待遇。作为校长，着眼点在大楼，在教育设施，这无可厚非。工欲善其事，必先利其器。但着眼点更要在教师，在教师队伍建设，在教师生活的保障、困难的解决，在教师的培养、才干的充分发挥……校长教师之于学生，须有无差别、无等级的爱，这是一种博爱。孟子曰："爱人者人恒爱之，敬人者人恒敬之。"这是一种教育伦理，师生和谐的前提，也是教育秩序的保障。

学校，同样有"使民以时"的问题。减轻学生负担是一个永恒的话题，尤其在当下"双减"的背景下。特别需要引起注意的是，要切实减轻教师的精神负担和工作负担。学校不可能替代社会培训机构，不可能把其职能全部承担起来，更不应该转移给教师。文武之道，一张一弛。按照教育作息，不过分辛劳教师，不加重教师分外的负担，这是校长的仁爱之心，更是全社会应有的仁爱之心。

以上四点是一个完整的逻辑链条。从理论到实践，从思想到行动，人际之间以仁爱贯之。雅斯贝尔斯说："教育是人与人精神相契合，文化得以传递的活动，而人与人的交往是双方（我和你）的对话和敞亮，这种我和你的关系是人类历史文化的核心……所谓教育，不过是人对人的主体间灵肉交流活动……"[①]《论语》由"学习"发端，"学习"是以人际交往为基础形成的，"学习"即便是从个体出发又归结为个体，却是在个体与个体的碰撞之中发生的，建构起人际关系的社会性，实现自我修养的伦理性。由学以成人，到仁政爱民，这是儒家的推己及人、立己达人。

"道千乘之国"之"道"，是为人处世的准则和道德标准，作为教育的理想境界，"道"是合规律性与合目的性的统一。千乘之国的治理需要以"道"为基础，这是因为"道"可以引导人们进行正确的决策和行为。教育的目标就是要帮助学生掌握正确的道德准则，使其在成长过程中能够遵循"道"，实现自身的完善和社会的和谐。

"敬事而信，节用而爱人，使民以时。"既可视作学校管理的基本原则，也是教育教学的基本准则。敬师重教、诚实守信，不仅是社会公德，也是校长的个人修养。教育者应以敬畏之心看待生命成长，以仁爱之心善待每一位学生，让学生感受到自己被尊重和重视。学校减轻学生负担的同时，也要减轻教师的工作负担和精神压力。教育者要有对学生的信任和信心，让学生在信任中成长。在教育过程中，教育者还应该注重节约资源，爱护环境，关心学生的身心健康，促进学生全面和谐的发展。孔子的三句

---

① （德）雅斯贝尔斯著，邹进译：《什么是教育》，生活·读书·新知三联书店1991年版，第2—3页。

话也传递了一种教育价值观：在教育过程中，教育者应该注重培养学生的自我约束和社会责任感，让学生在成长过程中有正确的价值导向和道德引领。

本章的"敬"，在《论语》中第一次出现。这种敬建立在尊卑有序的基础之上，是一种道德修养和行为准则。在日常生活中，"敬"泛指为人做事的态度，如敬老敬贤、爱岗敬业等。教育应注重对学生的品德教育，培养他们对师长、父母和国家的敬爱之心。儒家的敬也包括了对他人的尊重和关爱，这种敬的精神是建立在人际交往中的，学校教育应培养学生的社交能力，注重对学生的情感教育，让他们学会尊重他人并互敬互爱。

本章的重点在"爱"——"爱人"。人类世界是个体命运的共同体，一切人的生存都是类的生存。如何使人世间多一些友爱与合作，少一些仇恨和争斗；多一些生命的情趣和欢乐，少一些精神的冷漠与呆板？回归儒家的仁爱和爱人，让爱占领全部日常生活，是人们最值得选择的一条正道和坦途。只有爱才是一切生命、生存和生活的本质，才一如既往地贯穿于人类生活的始终，真正保护和推动个体生长与社会进步。

在学校教育中，敬与爱水乳相融。"天地不仁，以万物为刍狗。"作为一个自发过程，大自然并不爱惜和敬畏生命。大自然孕育和产生着生命，又毫无意义地毁灭着它们。但是，自然生命在人那里达到了自觉，人的自觉程度取决于所受的教育。诺贝尔奖得主施韦泽认为，人所有德性的根据在于："只有人能够认识到敬畏生命，能够认识到休戚与共，能够摆脱其余生物苦陷其中的无知。"[1] 敬畏生命并在力所能及的范围内佐助生命成长，这是教师职业的规定性。这种奉献给生命成长的大爱，教师视为自己最大的幸福。

---

[1] （法）阿尔贝特·施韦泽著，（德）汉斯·瓦尔特·贝尔编，陈泽环译：《敬畏生命》，上海社会科学院出版社2003年版，第20页。

06

行有余力，则以学文

子曰："弟子，入则孝，出则弟，谨而信，泛爱众，而亲仁。行有余力，则以学文。"

根据康有为的解释："谨者，行之有格也；信者，言出至诚也；泛，博也。"[①]

孔子说："做学生的，在家要孝顺父母，外出要尊敬师长，谨慎且守信用，博爱民众，亲近有仁德的人。如此修行有余力，再在书本文字上用心。"本章孔子论述品德与学习的关系，以道德为本，以学问为末。朱熹的老师尹彦明说："德行，本也；文艺，末也，穷其本末，知所先后，可以入德矣。"[②]孔子从引导人成仁出发，指出作为一个学生，必须重视道德修养，把修炼德性，成为仁人放在第一位。在家要孝顺父母，这是做人的根本。在外要尊重师长，言行谨慎，爱岗敬业，这是立身处世的原则。对人要讲信用，有博爱之心，能广泛地与人友好相处，亲近有道德修养的人。在这样的躬行实践中，还要留有时间和精力，用于学习文献知识。所见《论语》注本，"行有余力"，均解释为事情做完后还有精力，就去学文献。然而，没有精力呢，那就不学？

[①] （清）康有为著：《论语注（一）》，广西师范大学出版社2016年影印版，第41页。

[②] （宋）朱熹著：《四书章句集注·论语集注》，中华书局2011年版，第49页。

强调道德实践的优先，这无可厚非，但学不可以已，学文不是可有可无的。此处的"文"，一般解释为古代文献，包括孔子所整理的《诗》《书》《礼》《易》《乐》《春秋》等，怎么可以有余力就去学，没有余力就不去学呢？"文"，即使解释为文艺，也依然不是可学可不学的。"兴于诗，立于礼，成于乐"，文艺于人德性培育之重要，无可置疑。人的学习过程，是道德生长的过程，也是知行合一的过程。割裂知行关系，将德性与问学对立起来，似乎不合孔子的原意，且与《论语》首章相冲突。比较而言，把做一个品德高尚的仁人放在第一位，学习文献知识放在第二位，有本有末，先本后末，这样的解释是可以接受的，但如果推到一个极端，似乎有余力就学，没有余力就不学，这显然是不恰当的。

本章围绕人的成仁进行阐发，由"君子务本"生发开去，呼应《论语》的前面几章。孝悌是根本，是道德生长的根基。由在家，到外出；由孝父母，到尊师长；从血缘亲情之爱，到尊老尊贤之爱，由近及远，推己及人，这是爱的迁移与扩张。"谨而信，泛爱众，而亲仁"，这三句话，承前面两句而来。言行谨慎而非放肆，爱岗敬业而非轻率，有如面对自己的父母。言行一致，话语谦恭，守规矩，讲信用，有如面对自己的兄长，这是为人做事的态度和进德修业的准则。"泛爱众，而亲仁"，这是将爱进一步扩张，从比较亲近的师长，推广到更远更多的人群。

"泛"是广博，泛爱就是博爱。这一博爱，与西方的博爱不同，没有上帝信仰，但有血缘基础，是从亲情之爱扩张而来。《论语》多处提及"爱人"，"泛爱众"是超越具体家族、种族、等级和时代的，是基于现实而又超越现实的，是对人类总体的"大爱"。因为有"泛爱众"的思想，没有统一宗教传统的中华民族，同样可以有宗教式的虔诚。"泛爱众"作为一种博爱，成为凝聚中华民族的情感纽带，是中华优秀传统文化的重要精神基因。"爱人"作为人类的必然选择，是人类在历史实践中建立起来的理性。"仁者爱人"，"爱人"与"亲仁"是连在一起的。

朱熹云："仁者，爱之理，心之德也。为仁，犹曰行仁。"① 仁的实质是爱，爱是实践仁的心理表现。朱熹这一思想，从孟子的"恻隐之心"发展而来。人由此而区别于动物。没有"泛爱"和"大爱"，人类社会就是动物的丛林世界；离开了人际之间的仁爱，社会的和谐稳定就无法实现，生活的美好就没有可能。"行有余力，则以学文。"重在分辨"学"与"行"的关系。《论语集注》说："洪氏曰：'未有余力而学文，则文灭其质；有余力而不学文，则质胜而野。'愚谓力行而不学文，则无以考圣贤之成法，识事理之当然，而所行或出于私意，非但失之于野而已。"② 洪氏之言较为符合孔子的原意——求仁得仁，尊德性而道问学；文质彬彬，然后君子。

孔子在"泛爱众"之后，接之以"而亲仁"（亲近有仁德之人）。"泛爱众"只是情感教育之普遍化，尚非人格修养之最高阶段，求学之人如欲进德修业，则必须有一向上提升的力量。"亲仁"便是"下学上达"的必由之路。"亲仁"，同样有推己及人的意义，不局限于亲近仁人，感受其道德的高尚，接受他的教化，也包括将仁德爱心扩散，惠及更多的人，回应"泛爱众"。对于教师而言，就是要爱岗敬业，爱学生，爱所有的学生。

人民教育家于漪老师说："教育事业是爱的事业。师爱超越亲子之爱，友人之爱，因为它包含了崇高的使命感和责任感。"③ 师爱不是一种单向的爱，不仅仅是爱的义务。教师的仁爱之心，带来自身境界的提升。"对孩子的爱心，可以使教师变得聪明起来。"这岂不是一种"亲仁"？是"泛爱众，而亲仁"的现代化，一种教育阐释。教师之爱，有"自由的愉悦"，意味着"感性的情感"，在审美活动中经由反思性实践，自我蜕变成"超感性的情感"。先天不自由的、被动、感受的情感，自我蜕变成自由、主动、享受的情感，这是康德式的"情感领域的哥白尼式革命"。

《论语》这一章，主要讲了三层意思：其一是为学的次第；其二是知

---

① （宋）朱熹著：《四书章句集注·论语集注》，中华书局2011年版，第48页。
② （宋）朱熹著：《四书章句集注·论语集注》，中华书局2011年版，第49页。
③ 于漪著：《于漪语文教育论集》，人民教育出版社1996年版，第709页。

识与德性的关系，其三是知与行的关系。为学的次第，先强调悌的重要，再强调谨言慎行和信实的重要，以"泛爱众，而亲仁"为重心，最后说到"行有余力，则以学文"。马一浮《〈孝经〉大义》说："一言而可该性德之全者曰仁，一言而可该行仁之道者曰孝。"又引《孝经钩命诀》孔子曰："志在《春秋》，行在《孝经》。"故云："一切行门皆从孝起，大用无尽，会其宗趣，皆摄归于孝也。"[1]《论语》何以屡言孝悌？盖因父子兄弟之间，基于血缘伦理的亲情，是人最日常的感受，及切身的情感体验。无论从认知角度阐发孝道，还是从情感角度培育孝心，都是自然并便捷的，对年轻人的道德教化，由孝悌入手最为方便而有效。由"孝悌"到"谨而信"，再到"泛爱众"，最后至于"亲仁"，是孔学"下学而上达"的过程，"仁"则居于核心地位。

本章"行有余力，则以学文"，先贤和时贤对此争论较多。这里的关键其实在为学的次第，孔学向来主张以德行为本，故于此强调先立乎其大者，而后再来研习古典文献，二者相辅相成。"学文"并非可有可无，朱熹说："力行而不学文，则无以考圣贤之成法，识事理之当然。"[2]《礼记·经解》说："其为人也，温柔敦厚，《诗》教也；疏通知远，《书》教也；广博易良，《乐》教也；洁静精微，《易》教也；恭俭庄敬，《礼》教也；属辞比事，《春秋》教也。"诵读六经，固然是学文，但学文的目的却是砥砺人的品性。班固说："游文于六经之中，留意于仁义之际。"[3]可见古人的认识是相当明确的。

学文不是为了广见闻，而是为了养育德性，明白做人的道理。换言之，人文知识的学习，要有效转化为人文素养，这是儒家的知识观和素养观。知识是外在于人的东西，是材料和工具性的；知识进入人的认知主体，渗透于日常生活与行为，才能称之为一个人的素养。人文素养的核心

---

[1] 马一浮著：《马一浮集（第一册）》，浙江古籍出版社、浙江教育出版社1996年版，第213页。

[2] （宋）朱熹著：《四书章句集注·论语集注》，中华书局2011年版，第49页。

[3] 《汉书·艺文志》。

是人文关怀，是爱人，即儒家的"亲仁"。"孝悌""谨而信""泛爱众"等，正是知识向素养转化的前提和基础。否则如王阳明所言："记诵之广，适以长其傲也；知识之多，适以行其恶也；闻见之博，适以肆其辩也；辞章之富，适以饰其伪也。"[①]

"行有余力"，既是"学文"的前提，也是"亲仁"的延伸，意谓从"孝悌"到"谨而信""泛爱众"，都是"行"，是身体力行，而非泛泛而论。"行有余力，则以学文"，重点强调"行"，强调知与行的一致性。儒家哲学对知行关系有深入的探讨，朱熹主张："致知力行：论其先后，固当以致知为先；论其轻重，则当以力行为重。"[②] 王阳明提出"知行合一"说，认为"致良知"既是在思想上探索最高的善，在精神上追求最高的境界，为求仁得仁的实践过程。

王阳明心学重视道德践履，但并没有否定知识的价值，而是强调了知识学习的重要性：人只有自觉地成为认知主体，才能获得客观性的知识；而人也只有在追求知识的过程中，才能真正认知主体。但在追求知识的过程中，人们需要保持一种平衡，避免陷入私欲的困扰而失去本心和天理。虽然知识的广博和才力的增长可以提升人们的认知能力，但如果只注重知识的独立性和客观性，而忽视了道德和伦理的约束，就有可能迷失自己的本心和与天地万物的关系。阳明心学强调道德主体的挺立乃是"第一义"，意味着个体要通过内心的觉察和修养，破除自我的私欲执着，达到与天地万物为一体的境界。

人是社会性存在，人需要与他人相处，并实现和谐共处。孟子强调人性本善，认为人天生具备良好的品质和道德观念，但需要通过教育的引导和培养来完善和发展。荀子强调人性本恶，因而教育是塑造人性的关键，通过正确的教育和规训，人们可以克服自己的邪恶本性，培养出高尚的品德和行为。《论语》这段话，同样涉及人的"存在"和"行为"。存在是人

[①] （明）王守仁撰，吴光、钱明等编校：《王阳明全集·卷二·传习录（中）·答顾东桥书》，上海古籍出版社1992年版，第63页。

[②] 《朱文公文集·答程正思》。

类最基本的现象，行为则是人类对存在的反应和表现。孔子所强调的品德和学习，是人类行为的两个方面。从"存在"来看，孔子认为存在的意义在于行善并博爱民众。同时，孔子也强调"学文"的重要性，认为学文可以帮助人们更好地理解生命的意义，予"存在"以人文关怀，从而培育仁爱的道德素养。

07

贤 贤 易 色

子夏曰:"贤贤易色,事父母能竭其力,事君能致其身,与朋友交言而有信,虽曰未学,吾必谓之学矣。"

子夏是孔子的晚年弟子,以尊敬和贤德闻名。贤贤易色中的两个贤字,一个是动词,表示对他人的尊敬;另一个是名词,表示贤德的品质。易也有两个含义,一个是轻易,表示轻视;另一个是改易,表示改变。

子夏说:"对妻子,重贤德,不重容貌,侍奉父母,能尽心竭力,服事君上(国家),能舍生忘死,同朋友交往,能诚实守信。这样的人,虽说没学习过,我一定说他已经学习过了。"

《论语》前一章说"亲仁",本章便标举"贤贤"。这两章结构比较相似,都是前面谈"行",后面谈"学"。前一章以"行有余力,则以学文"收束,本章则以"虽曰未学,吾必谓之学"结尾。相同的含义是:行即是学,指的是实践与行动,而有德行则是指具备学问。行得好表示学问掌握得好。反过来说,如果只是学习书本知识而不实践,只会空谈而不能真正运用,就不能算是学得好。学习不仅需要掌握知识,更需要将其运用于实践中。毛泽东说:"如果有了正确的理论,只是把它空谈一阵,束之高阁并不实行,那末,这种理论再好也是没有意义的。"① 他还说道:"读书是学习,使用也是学习,而且是更重要的学习。"②

本章在理解上分歧最大的,是对"贤贤易色"一句的解读。"贤贤"的含义分歧不大,无论对妻子,还是其他人,看重的都是德性贤能。"贤贤易色"放在一起说,对象不同,"易色"的意味也就不同。一种是泛指,推崇贤德之人,见贤思齐,肃然起敬。对道德高尚、学问高深之人,由衷地敬佩,因而,脸色神情显得谦恭而和颜悦色。一种是专指,专指对妻子的敬重,重其贤德而非外貌容色。杨伯峻认为专指妻子,他说泛指贤德之士则显得空泛。康有为也持此说,以为本章乃子夏之"四句教",分别言及夫妇、父子、君臣、朋友四伦。《周易·序卦传》云:"有天地,然后有万物;有万物,然后有男女;有男女,然后有夫妇;有夫妇,然后有父子;有父子,然后有君臣;有君臣,然后有上下;有上下,然后礼仪有所错。"就五伦而言,夫妇实为"人伦之始""王化之基",而后方有父子、兄弟、君臣、朋友之序,修齐治平之道。子夏的言下之意是:明人伦、知贤贤,即为有学问。

夫妇之伦在贤,父子之道在孝,君臣之道在忠,朋友之道在信,子夏一一道来,但落脚点仍在"行"与"学",强调行重于学,指出行本学末——"虽曰未学,吾必谓之学矣。"对此,朱熹《论语集注》特列一条:"吴氏曰:子夏之言,其意善矣。然辞气之间,抑扬太过,其流之弊,将或至于废学。"③ 朱熹所担心的是,压抑学而高扬行,是否会误导学子,有碍下功夫明天理。他认为,上一章孔子所言恰当,"行有余力,则以学文",倡导的是"学"。子夏"虽曰未学,吾必谓之学矣",着眼点却在"未学"。朱熹认为,这样说可能会有流弊,子夏在认识上不及孔子。人的认识均来源于实践,这话原则上是对的,但推至极端,则有偏颇。人不可能

---

① 毛泽东:《实践论》,载《毛泽东选集(第一卷)》,人民出版社1991年版,第292页。
② 同上,第181页。
③ (宋)朱熹著:《四书章句集注·论语集注》,中华书局2011年版,第50页。

事事直接经验，大量的认知是通过学习间接知识的获得，过分强调实践经验，否定书本知识，否定符号学习，否定知识学习的连续性，会造成很大的灾难。凭手上的老茧上大学，或许也是"虽曰未学，吾必谓之学矣"。但从另一角度看，子夏所强调的，却又非常重要。在学与行的关系上，读书是为了明理，学是为了成仁，须结合生活实践，才能获得精神成长。为读书而读书，食而不化，成为书呆子，那就走向了学习的反面，学就等于没有学。

"贤贤易色"亦可由夫妇关系推而广之，指君子修身所秉承的一种"克己复礼"之精神。孔子说："吾未见好德如好色者也。""好色"是人的本能，一种原始的欲望。"好色"并非专指女色，包括声色犬马的奢华等。春秋之时，礼崩乐坏，巧言令色之徒层出不穷，以致好谀悦色之风甚嚣尘上。"好德"即是修身，修身内蕴于心，外显于言行，不只是埋头读书。君子修身，须以贤贤好德之心，取代好谀悦色之心。君子进德修业，见诸事父母，事国君，与朋友交往，能尽心竭力、见危授命、言行一致。从这一角度去理解，"贤贤易色"一句，显然是全章的总纲，做不到这一点，后三点都难做到。"贤贤"不仅是对人的道德要求，也是建构理想社会的要素，是"德治"社会的起点。"贤贤"既是理想，也是自律，更是力行。无论对于个人的进德修业，还是法治和谐社会的建构，均不在怎么说，而在怎么做，在身体力行。班杜拉的社会学习理论告诉我们，人的精神成长中需要榜样的引领，效法什么样的榜样就会得到什么样的成长。"贤贤易色"，意味着见贤思齐，从善如流。

古人认为知有两种，一种是见闻之知，一种是德性之知。见闻之知是外在的，德性之知是内在的。德性之知的形成，需要有内心的体验，由见闻之知转化而来。通过知识学习与躬行，变化人的气质和德性，这就是修身。钱穆先生说："上章孔子言学，先德行，次及文，故《论语》编者次以子夏此章。或谓此章语气轻重太过，其弊将至于废学。然孔门论学，本以成德为重,后人分德行与学问而二之,则失此二章之义矣。"① 知识学习是重要的,道德修养离不开道德认知,由此而能知行合一。康有为说:"盖学者,穷物理之所以然,审时世所当然,变化无端,唯义所在,诚非拘一节者所能议也。然生当乱世,不为恶俗所染,皎然不欺其志,虽出于美质,笃行而学者实亦不过如此。"② 国外,波兰尼的意会认知理论认为,传统科学观和现代性哲学认识论中的一些概念,如客体、认识与对象、感性认识与理性认识,这些是死去的二元概念,不应再使用。相反,我们应该关注自身所处的认知和行动的场境,并意识到每一次认知和行动都是具体而实际的,而不是抽象的概念。以此,我们应该摒弃一些过时的概念,关注当前的实际情况,认识和行动都应该基于具体的场景和情境。

中国古人求学,讲究次第先后,本末终始。《大学》称:"物有本末,事有终始,知所先后,则近道矣。"这种序分先后而非二元对立的思想,与波兰尼的理论很切近。波兰尼明确指出:"在每一项认知行为中,都融进了一个知道什么正在被认知的人的充满热情的贡献。"③ 这里的充满热情是有针对性的,它否定了逼真性认识和客观主义的假想,强调了认知活动的建构者是具体存在的科学家。每个科学家都是在特定的时间和空间中存在的,并且是在特定的社会生活情境中。因此,科学活动的进行不应该抽象化为一个人类主体的活动,而应该关注具体的科学家和他们所处的社会生活情境。这段话的意思是,科学活动是具体的、实际的,不应被抽象化和客观化,科学家不可能完全排除自己身上的情感、价值取向和个性化的认知视角。波兰尼强调默会知识的重要,这使我们自然联想到,人的知识学习是一种精神发育,包含着道德成长,不仅是认知的,也是情感体验的,融入个性化的行为习惯之中。

---

① 钱穆著:《论语新解》,生活·读书·新知三联书店2012年版,第11页。
② (清)康有为著:《论语注(一)》,广西师范大学出版社2016年影印版,第43页。
③ (英)波兰尼著,许泽民译:《个人知识——迈向后批判哲学》,贵州人民出版社2000年版,第3页。

《论语》这一章，概而言之主要三点：其一尊贤崇德，态度虔诚而自律；其二孝忠信念兹在兹，身体力行；其三学以成人，善德行而非广见闻。

"贤贤易色"一句，不管从哪一角度理解，"贤"都居于中心地位，是核心价值。无论是对贤良的崇敬，因敬仰而面色谦恭，还是娶妻重德轻貌，都有共同的情感倾向和道德自律。康德有一名言：在我上者灿烂星空，道德律令在我心中。贤贤者，见贤思齐，从善如流。社会心理学家班杜拉认为，人的精神发育和生命成长的过程中，要有楷模人物的参照和引领。有怎样的楷模人物作为榜样，能否虔诚地学习和仿效，决定着一个人的成长速度和能够达到的思想高度。贤贤易色，重德而轻色，强调个人德行之重要，品格高尚远胜容貌美好。贤贤易色，中国古代不乏高洁之士。据《朱子语录》记载，某下雪天，杨时去拜见老师程颐，适逢程颐打盹小睡，杨时恭恭敬敬肃立门外，待程颐醒来发觉，门外下雪已一尺多深，这就是程门立雪的典故，核心精神在敬师尊贤。诸葛亮娶妇，虽丑，但德才兼备，二人相敬如宾，琴瑟和鸣，这一佳话见诸《三国演义》。"非淡泊无以明志，非宁静无以致远"，诸葛亮贤贤易色的精神境界由此略见一端。

教育以立德树人为宗旨，德性萌发于原生家庭，孝悌是德行的起点。学生成长不能或缺家庭教育，家庭教育不是父母的耳提面命，而是日常生活中的潜移默化，点点滴滴培养孩子的个人责任。对父母尽孝道的过程中，学生会有一种自我确认的道德感，家国情怀自然而然地升华出来。"三十功名尘与土，八千里路云和月"，岳飞壮怀激烈的报国之志，人们自然联想到岳母刺字的故事。孝与忠总交织在一起的，忠臣孝子从来是中国人的道德楷模，尽管不同时代有不同内涵，但忠孝普遍受到人们的赞扬，被视为道德人格的核心素养。忠是忠于职守，而非一家一姓，所谓"从道不从君"。"言而有信"，则是一个人的基本操守，也是立身处世的基本规范。当下，从熟人社会过渡到陌生人社会，市场经济中的人际交往，如果言而无信，没有契约意识，将寸步难行。《论语》反复强调孝忠信，强调从孝敬父母起步，由近及远，培养一个人的道德品行。这种培养贯穿于日常生活中，见诸具体行动中，寓道德认知于道德实践之中，强化知行合一的道德体验。

《论语》本章引发争议最多的，是"虽曰未学，吾必谓之学矣"。既然未"学"，何以称之为"学矣"？王阳明《传习录》有一段论述："道必学而后明，非外讲学而复有所谓明道之事也。然世之讲学者有二：有讲之以身心者，有讲之以口耳者。讲之以口耳，揣摸测度，求之影响者也；讲之以身心，行著习察，实有诸己者也。知此，则知孔门之学矣。"[①]道必学而后明，道是需要讲才后明的，但不是外在的讲和学。孔门的学问是反求于自己的学问，是身心之学，不是讲之于口耳的，而是身体力行的体察与反思，这与杜威教育哲学中的"社会学习"观很相符。杜威认为人在与他人的交往中学习和成长。"虽曰未学，吾必谓之学矣。"子夏强调，即使没有书本知识的学习，而有知行合一的道德修养，也可以认为是学习。这一教育思想强调了人的社会化，强调了终身学习和自我提升的重要性，这也是当今学校教育改革的重要目标之一。

---

① （明）王守仁撰，吴光、钱明等编校：《王阳明全集·传习录（中）》，上海古籍出版社1992年版，第75页。

08

无友不如己

子曰:"君子不重,则不威;学则不固。主忠信,无友不如己者。过,则勿惮改。"

孔子说:"君子,如果不庄重,就没有威严;即使读书,所学的也不会巩固。要以忠和信两种道德为主。不要跟不如自己的人交朋友。有了过错,就不要怕改正。"以上是杨伯峻的译文,译得比较简练和准确。但"学则不固"之翻译,似为欠妥。"学",并非只是"读书";"不固",不仅是知识的不巩固。本章的主旨是:人都可成为君子,但不重,则不威。孔子曾叮嘱子夏说:"汝为君子儒,不为小人儒。"君子是怎样一种境界,该如何修炼才能达到?本章首标"君子"二字,尔后的五句话,从不同的角度描述君子的形象、修为和个性特征,要点在"重"和"威"。

"君子不重,则不威",谈君子的立身。"重",稳重而不随意,持重而不轻率,庄重而不轻浮。这既是人外在的形象,也是内在的气质。《法言·修身篇》:"或问何如斯谓之人?曰:取四重,去四轻。曰:何谓四重?曰:重言,重行,重貌,重好。言重则有法,行重则有德,貌重则有威,好重则有观。是言君子贵'重'也。""威",形象威严,有威仪,有威信,所谓不怒而威,显示君子该有的一种风度与气象。一个人假如举止轻浮,说话随意,见解浅薄,做事不踏实,如何能让人尊敬,更何谈威严?在众弟子眼里,孔子既有"温良恭俭让"的一面,也有"温而厉,威而不猛，恭而安"的一面。子夏说："君子有三变：望之俨然，即之也温，听其言也厉。"① 这是孔子的"君子风度"，更有一种"圣贤气象"。李泽厚认为，这里的"威"该解释为"权威"，不宜作外表容颜的庄重威严讲。因为，后世好些人装出一副威严面目，道貌岸然，煞有介事，其实内心猥琐，行为卑劣，是所谓"假道学"。作为一家之言，可供参考。

"学则不固"，谈君子的为学。"固"有两种解释，如果承上文"不重则不威"，可理解为学习不能巩固，游谈无根，或见异思迁。那么，"君子不重，则不威；学则不固"。这"固"便作"稳固""巩固"解；"不固"，即学风不踏实，学问不厚重。因而，不权威，不庄严，言谈举止没有大家风范。"学则不固"，如单独作一句，则可理解为君子求学，能通达权变、举一反三，而不固陋偏执。有学者认为，将"固"解为"巩固"，通是通的，但未免失之于浅陋。其实，联系上下文，我们很容易看出，不"威"、不"固"是在同一语境里，"威"是褒义，"固"也应该是褒义。况且，"则不固"，显然呼应"则不威"。结构相似，语意相连，学"不固"，所以不"重"，也不"威"。人不学不知道。人皆可为尧舜，但一定是学有所成。没有学问支撑而装腔作势，便是李泽厚所痛恨的假道学。将"固"理解为"固陋偏执"，反而失之牵强。

"主忠信"，谈君子的为人。人的个性才干多种多样，为人处世涉及方方面面，但最根本的是要有忠信的品质，即以忠信为主。做事忠心耿耿，全力以赴；为人表里如一，诚实无伪，这样才能得到人们的信任和敬重。东汉郑玄说："主，亲也，为主之意。"朱熹说："人不忠信，则事皆无实，为恶则易，为善则难，故学者必以是为主焉。"② 忠是行为，信是言语。行则坚定执着，言则诚实守信，这是一个人最为基本的品质，也是最为重要的人格特征。人难免有各种缺点，但忠实不欺、言而有信，这两点不能或缺。主忠信在己不在人，重在言行一致，身体力行。孔子说："十室之邑，

---

① 《论语·子张》。
② （宋）朱熹著：《四书章句集注·论语集注》，中华书局2011年版，第50页。

必有忠信如丘者焉，不如丘之好学也。"① 可见"忠信"乃"德"之基础与核心，有了忠信之德，方可安身立命于人世间，因而是普适性的道德要求。

"无友不如己者"一句，谈君子的交友。这句话引发的争议最多。南怀瑾认为，孔子这话说得不对，找朋友一定要找超过自己的，那就意味着不可能找到朋友。因为，如果谁都这样想，那么比你高明的人也就看不上你，不愿与你交朋友。这话听上去似乎很有道理，其实不是南怀瑾的发明，前人也有这样的议论。按照南怀瑾的逻辑，明明白白，孔子是说错了；"无友不如己者"，的确不能作为普遍要求。然而，还原到真实生活的情境里，人有向善之心和向上之意，这不能说不该有吧。大数学家华罗庚有一句名言"弄斧到班门"，认为切磋学问得找比自己高明的人，亦师亦友。作为一种意愿，不甘平庸，"友"作为动词，作为自勉，努力寻找比自己高明的人做朋友，而不是朋友圈的人都是比自己高明的。况且，寸有所长，尺有所短，学人之所长，"三人行必有我师"，有这种态度和眼光，"无友不如己者"，不是可以普遍追求吗？自己放下身段，比自己高明的朋友到处都有。钱穆先生释此句称："孔子之教，多直指人心。苟我心常能见人之胜己而友之，即易得友，又能获友道之益。人有喜与不如己者为友之心，此则大可戒。"②

"过，则勿惮改"，谈君子的修己。人非圣贤，孰能无过？"君子之过也，如日月之蚀，过，人皆见之，更，人皆仰之。"文过饰非，还是知错必改，最能衡量一个人精神境界的高低。过错缺陷在所难免，关键在于如何修正己过。颜回因为"不迁怒，不贰过"被孔子赞为"好学"，视为修身之典范。联系以上的话，友之如己，或不如己，标准在重、威、固、忠信，此外还有对待己过的态度。孔子曾感叹："已矣乎！吾未见能见其过而内自讼者也。"③ "惮"者，畏也，怕也。改过非客观上不能，而是主观

---

① 《论语·公冶长》。
② 钱穆著：《论语新解》，生活·读书·新知三联书店2012年版，第12页。
③ 《论语·公冶长》。

上不愿，甚至不敢。说到底，内心是抗拒的，闻过则喜很难做到。中国当代著名哲学家邓晓芒在《论康德哲学对儒家伦理的救赎》一文中说："并不是说，人只要抱有一颗赤诚之心，就可以做到完全真诚而没有伪善之意；而是说，哪怕再真诚的人，也有可能完全听任自己的直接感觉（如同情心）而忽视了将道德法则的普遍性要求作为内心唯一的动机，这就不可避免地堕入伪善。"[①] 孔子的感叹，与邓晓芒的论述，有相当的一致性，但两人角度有所不同。

"君子不重，则不威"，强调权威和个人魅力的重要。在学校管理或教育教学中，校长如果没有权威，不能做到令行禁止，学校就会一盘散沙，没有基本的教育秩序。教师如果没有威信，不能赢得学生的尊重，教学工作就不能有效展开，这些都是无可置疑的。校长的威望越高，学校越能够办好；教师威信越高，教学质量越好，这同样是无可置疑的。校长的威望哪里来，教师的威信哪里来？显然，并不完全是职务和地位所带来的。所谓"亲其师而信其道"，师生亲近校长，相信校长，自然就会听从校长，也就意味着校长有威望。同样，学生亲近老师，相信老师，自然就会听从老师，这意味着老师有威信。校长和教师的威望和威信，体现的是一种个人的尊严，是一种人格的影响力。师道之尊严，重点在这"道"上，源自校长教师的道德修养。当下有一种观念比较流行，认为要"让学生站在教室的中央"，意谓教学活动中学生是主体，教师只是组织者、引导者，即所谓"平等中的首席"。强调学生是学习的主体，激发学生内在的学习愿望，优化教学情境并让学习真正地发生，这些都是无可非议的。然而，从学为中心到学习者为中心，显然与杜威的儿童中心论一脉相承，在教育实践中隐含着某种偏颇。

所谓"让学生站在教室的中央"，所谓"平等中的首席"，都有淡化教师作用、贬损教师地位的倾向。将教学等同于教育，以教学规则涵盖教育

[①] 邓晓芒：《论康德哲学对儒家伦理的救赎》，载《探索与争鸣》，2018年第2期，第64—70页。

规则，以知识学习取代人格影响，是这一观念错误的要害所在。教师于学生而言，彼此的人格是平等的，但教育活动中的地位和责任是不对等的。"师者，所以传道授业解惑也。"教师之于学生，既有言传，也有身教；既有知识教学，也有道德培养和人格影响。"学为人师，行为世范。"学校教育不同于个体自学，教师闻道在先，作为专业教育工作者，担有教化和规训学生的职责，有道德示范的义务，倘若放弃这一角色定位，也就意味着放弃了责任担当，把自己降格为学生的同伴，混同于一般的学生，其结果必然"不重，则不威"，教师威信降低的同时，教育工作的有效性必然下降，学校的教风和学风都会受到严重损害。校长与教师的关系也是如此，行政管理的基本准则是下级服从上级，否则任何单位都不能正常运转，会失去最为基本的秩序。

"学则不固"，师长没有人格的庄重，没有学问的厚重，就难以引领和示范莘莘学子。教者失于浅表，学者难免敷衍，道德认知便无从内化，道德实践就缺乏自觉，如此之"学"，即为"不固"。程子曰："今人不会读书，如读《论语》，未读时是此等人，读了以后又只是此等人，便是不曾读。"[1] 没有变化学生的气质、固化和积淀为人格修养，这样的学习类若未学，学以成人的意愿沦为空想。鲁洁教授说："道德学习的本质，不是知识学习，而是生活的、实践的学习，当然，道德教育并不排除'道德之知'的学习，而是认为这种'知的把握'必须以达到某种实践境界为前提。"[2] 鲁洁教授的这一段论述，有助我们对"学则不固"的理解，及与"君子不重，则不威"的关联。

"君子不重，则不威"，是本章的核心思想，整章围绕这句话展开。一个人，尤其是领导者，如何有君子的风范，既"重"且"威"，甚至能一言九鼎、众望所归？这取决于个人道德修养，也取决于个人的专业水平。"主忠信"，是基本人格，也是行事的准则，决定事业的成败。春秋时鲁国

---

[1] （宋）朱熹著：《四书章句集注·论语集注》，中华书局2011年版，第43页。
[2] 鲁洁著：《回望八十年——鲁洁教育口述史》，教育科学出版社2014年版，第251页。

的费邑宰南蒯，欲以费邑叛鲁降齐，占卜得"黄裳，元吉"，"以为大吉也"。但子服惠子坚决不同意，斥责他说："忠信之事则可，不然必败。"认为服从于积极和正义，才能称"元吉"；而叛乱之事，与正义事业相反，所以"签虽吉"，但不可行。"主忠信"，指忠于职守，真诚守信，有理想信仰，能知行合一，这样的校长教师，当然会有威信和威望。"无友不如己"，这是非常重要的道德自律。"近朱者赤，近墨者黑。"无论校长还是师生，均须认识到人际环境的重要，及伙伴品行影响的重要，而能见贤思齐。"过，则勿惮改"，不断检点和反思自己的言行，敢于正视自己的失误和过错，虚心接受批评和建议，才能不断改进和提高自己。朱熹引游氏言："君子之道，以威重为质，而学以成之；学之道，必以忠信为主，而以胜己者辅之。然或吝于改过，则终无以入德。而贤者亦未必乐告以善道，故以过勿惮改终焉。"[①]

[①] （宋）朱熹著：《四书章句集注·论语集注》，中华书局2011年版，第50页。

09

慎 终 追 远

曾子曰："慎终追远，民德归厚矣。"

曾子说："慎重办理父母丧事，追怀祭祀历代祖先，民间的道德风尚就会变得忠实淳朴厚道。"

"慎终"指丧礼，"追远"即祭礼。朱熹说："慎终者，丧尽其礼。追远者，祭尽其诚。"① 无论丧礼祭礼，真诚的态度是共同的。朱熹说："盖终者，人之所易忽也，而能谨之；远者，人之所易忘也，而能追之：厚之道也。故以此自为，则己之德厚，下民化之，则其德亦归于厚也。"② 大意是，父母已经死了，子女可能会忽视，却能郑重地为他们办丧事；远代的祖先，后人不容易再想起他们，却能够认真追思祭祀，这是非常仁厚的道德品质。统治者倘能带头以身作则，这种仁厚的道德品质，必然能够感化老百姓，民风会变得淳厚起来。

《学而》前面八章：第一章谈为学，第二章谈孝悌，第三、四、五、六章谈忠信，一以贯之的是"仁"。自本章开始，主要谈礼。孔子之学，仁本而礼末，仁内而礼外。孔子以诗、书、礼、乐教弟子，曾说："兴于《诗》，立于礼，成于乐。"③ 丧礼与祭礼，为极为重要的礼仪。李泽厚说，重视丧礼，是远古先民的共同特征。当人知道埋葬死者，或给死者以某种

---

① （宋）朱熹著：《四书章句集注·论语集注》，中华书局2011年版，第50页。
② 同上。
③ 《论语·泰伯》。

丧葬形式，即人的族类自觉的开始，是人的文化心理的开始。追怀死者的丧葬礼仪，具有情感兼理知的重要功能。儒家将此传统加以理论化和理性化，使它转向内心，形成"仁—礼"结构。外在为"礼"（人文），内在为"仁"（人性），以此为人道之本。

孝悌为仁之本。钱穆说："生人相处，易杂功利计较心，而人与人间所应有之深情厚意，常掩抑不易见。惟对死者，始是仅有情意，更无报酬，乃益见其情意之深厚。故丧祭之礼能尽其哀与诚，可以激发人心，使人道民德日趋于敦厚。"[①]如果说丧礼多哀感，那么祭礼则主敬畏。"国之大事，在祀与戎。"[②]祭礼比丧礼更具宗教内涵，于敦厚风俗更有实效性及根本性。《礼记·祭统》说："祭者，教之本也。""慎终追远"，关乎礼与政教之关系。

"慎终"之"慎"，不仅有慎重的意思，也有戒慎的意思。"邻有丧，舂不相。里有殡，不巷歌。""临丧则必有哀色，执绋不笑。"[③]的这些明确规定，体现了丧礼之"慎"。"慎终"，是一种深层次的"慎独"。丧礼的规定有什么意义呢？换一个角度看，儒家慎独的修养功夫，就是通过这种礼节训练、情境感染而逐步培养起来的。葬礼作为理性凝聚的基本形式，在中国文化中具有根本性的意义。"追远"是祭祀久远的祖先，而久远的祖先与自己已经没有情感联系，只有理性的追思，因此，祭祀久远的祖先表现更多的是从情感中升华出来的理性，这种理性比对父母的情感往往更具有历史的合理性和普遍性，对于建构社会规则和价值准则往往更有意义。

"慎终"和"追远"是两种不同的态度，但它们共同构成了一个以情为基础、以理为主导的完整机制。其中，"慎终"强调对有情感联系的先人的态度，即对已故的亲人、朋友等的敬重和纪念，这种情感联系是基于亲缘关系或者其他深厚的情感纽带。而"追远"则侧重于对无情感联系的先人的态度，即对祖先、历史人物等的尊敬和学习。这种追忆和尊敬是基于对历史传承和文化积淀的认同和重视。两者相互制约和促进，通过对先

---

① 钱穆著：《论语新解》，生活·读书·新知三联书店2012年版，第12—13页。
② 《左传·成公十二年》。
③ 《礼记·曲礼》。

人的敬重和学习，人们能够更好地理解和传承传统文化，同时也能够从先人的经验教训中汲取智慧，为现实生活提供指导和借鉴。

中西方在这一点上有不同路径。康德认为，个人对幸福的追求是社会生命力的源泉，也是人的自由意志最初的对象。要谈论人的向善的禀赋，首先要考虑的是人的动物性的生命。人的理性则被归属于"人性的禀赋"，这涉及人的人性，也就是人作为有理性的动物。人的理性能够保障人对动物性生命的追求，它所发展出来的科学和艺术使人类脱离了动物的自然状态，进入到文明社会。对幸福的追求，奠基于动物性的欲望，通过理性而达到现实的成功，这有明显的功利色彩。

钱穆先生说："葬祭之礼，乃孝道之最后表现。对死者能尽我之真情，在死者似无实利可得，在生者亦无酬报可期，其事超于功利计较之外，乃更见其情意之真。明知其人已死，而不忍以死人待之，此即孟子所谓不忍之心。于死者尚所不忍，其于生人可知。"[①] 从一开始就摆脱了功利性，融合了情感和理性，是对现象世界的超越。"慎终""追远"，首先要求上层和国君去做，然后上行下效，渗透交融，这是中国文化传统的一大特色。而之所以能上行下效，在于儒学一开始就重视通过"教化"，使上下协同一致。李泽厚说："儒学的观念、范畴远不是只供个体思辨的理论，而主要是供群体实践的法则。"[②]

"仁者爱人"，没有爱就无所谓教育。"爱人"是社会教化的最重要内容。"孝悌"作为儒学的根基，伦理亲情则是爱的出发点和生长点。父母之爱子女是天然的本性，子女也自然对父母有爱敬之心。儒家昭示这种爱心，并强化这种情感，使之形成一种根深蒂固的观念。儒家并不信鬼神，何以对待祭祀祖先没有半点含糊？《大戴礼记·盛德篇》说："丧祭之礼，所以教仁爱……秋祭祀之不绝，致思慕之心也。夫祭祀，致馈养之道也。死且思慕馈养，况于生而存乎？"对祖先的追慕活动有一种表率作用，使

---

① 钱穆著：《论语新解》，生活·读书·新知三联书店2012年版，第13页。
② 李泽厚著：《论语今读》，生活·读书·新知三联书店2008年版，第42页。

人们无形中受到感化，尤其是年轻人。因而儒学始终抓住"孝"的观念，把它贯彻于人的一生，慎重处理生命的终结和追忆祖先的行为，以此增强人们的道德情感和社会荣誉感，从而使民德归厚。

一种道德学说的生命力，及道德教育的有效性，均取决于道德之知能否有效过渡为道德之行。西方哲学家休谟认为，道德行为不是由理性决定的，理性不是道德的源泉，离开情感的驱动，理性完全没有驱动力。新儒家代表人物牟宗三注意到，作为道德根据的理性本身必须具有活动性，道德主体必须有所活动，倘若只讲道理而没有活动，也就无法直接产生道德，不能成为道德自律。王阳明曾说："意之所在便是物。如意在于事亲，即事亲便是一物。"[①] 意之在物既是一个意向（意指向对象）的过程，又是主体赋予对象以意义的过程。对缺乏伦理、道德意识者来说，亲（父母）只是一般对象意义上的存在（自然层面的物），只有当具有道德意识的心体指向这种对象，亲（父母）才作为伦理关系上的一方而呈现于主体，亦即对主体来说才获得伦理存在的意义。伦理的关系并不仅仅以静态的形式存在，它常常体现、渗入或形成于人的行为过程。

2005年底，国家发布《国务院关于加强文化遗产保护的通知》，并很快遴选出了"第一批国家非物质文化遗产名录"，计518项。其中包括：祭孔大典（山东省曲阜市），黄帝陵祭典（陕西省黄陵县），炎帝陵祭典（湖南省炎陵县），大禹祭典（浙江省绍兴市），等等。中华民族的伟大复兴，是我们共同的责任和义务。作为一种道德认知和道德情感，作为各种基本的规范和品性，学生个体不会自然发育起来，正是生活情境中的各种仪礼，让学生获得陶冶和精神成长。无论是清明的扫墓，对祖先和先烈的祭祀，还是一些传统节日，各种活动仪式，都是教育学生的很好时机。人的神圣感、责任心、道德自律、群体的凝聚力、集体的归属感等，就是这样不断地培养起来的。

---

① （明）王守仁撰，吴光、钱明等编校：《王阳明全集·传习录（上）》，上海古籍出版社1992年版，第6页。

"慎终追远",如何能使"民德归厚矣"?黄宗羲指出:"人生坠地,只有父母兄弟,此一段不可解之情,与生俱来,此之谓实,于是而始有仁义之名。"[①] 亲子、兄弟之间固然具有以血缘为纽带的自然之维,但作为家庭等社会关系的产物,它更是一种社会的人伦;仁义则是一种义务,其具体表现形式为孝、悌、慈等等。亲子间的责任关系不同于自然界中基于进化过程形成的长幼关系,它是人自身的选择的结果。这种选择不仅仅体现在个体的行为上,而是在人类发展的漫长过程中形成的,是历史进化的结果,并得到了社会的认可和确认。这种社会选择和确认以有形或无形的方式约束着每一个社会成员。亲子间的责任关系基于家庭和社会对亲子关系的重视和规范,父母对子女的责任和关爱,以及子女对父母的尊敬和孝顺,都是社会选择和确认的结果。这种责任关系的形成和维持,有助于家庭的稳定和社会的和谐,同时也是传承和发展社会价值观的基础。

在古人看来,天地是人之本,因而对天地也应该有孝敬之心。广义的"孝"就是"仁民爱物",与自然万物相调谐,中国古人奉此为理所当然的信念、安身立命的根据,从这点出发,就会对世界充满爱心,民胞物与,"仁被万物"。中国古代的生态学也正建立在这一基点上,曾子曾述孔子的话说:"断一树,杀一兽,不以其时,非孝也。"[②] 充分体现了古代东方的道德智慧。

儒家思想与宗教信仰密切相关,它们共同塑造了中国古代文化的基石。慎终追远是对祖先的尊敬和追思,这是中国传统宗教信仰中重要的一部分。孔子强调慎终追远,意味着对祖先的感恩之情和尊重,将这种宗教情怀融入教育中,有助于培养学生对祖先和传统文化的敬畏之心。历史是人类思想智慧的结晶。慎终追远是对历史的回顾和思考,它提醒人们传承优秀的传统,发扬光大,以推动社会的进步。孔子的这句话体现了历史意识的培养,让学生了解历史,认识历史的重要性,从而更好地理解现实和

---

① (明)黄宗羲著:《黄宗羲全集(第一册)》,浙江古籍出版社 2012 年版,第 95 页。

② 《礼记·祭义》。

未来。慎终追远是对祖先的尊重，也是对人的尊重。教育不仅要注重学生的知识和能力培养，更要注重培养学生的道德品质、情感素养和人格塑造，使他们成为有社会责任感和担当精神的人。

任何时代、任何国家的教育，都带有本民族文化的印记，承担着继承与弘扬民族文化的重任。教育重在培养人的德性，德性的核心要素是仁。"君子有成人之美"，教人成仁是教师的责任。如何引导和教诲学生，重要的途径是以文化人，以文育人。在中华传统文化的语境里，孝是人立身处世的基础，也是修炼成仁的根本。孝心的培育不能依靠抽象概念的说教，而要在具体的生活情境中，而养老送终则是两项基本义务。奉养则尽心竭力，送终则真挚虔诚，这是一个人道德素养最直接的体现。对先祖的追思，则让我们有一份敬畏之心，以此教学生，荣宗耀祖而非肆意妄为，也就成为一份历史责任。

10

温良恭俭让

子禽问于子贡曰："夫子至于是邦也，必闻其政。求之与？抑与之与？"子贡曰："夫子温、良、恭、俭、让以得之。夫子之求之也，其诸异乎人之求之与！"

子禽问子贡说："老师到了哪个国家，必然听得到那个国家的政事，是打听来的呢？还是别人主动告诉他的呢？"子贡说："老师用温和、良善、恭敬、节制、谦逊的美德取得它的。老师的求得它，大概不同于别人的求得它吧！"

孔子何以能与闻各国政事？本章通过子禽的问，子贡的回答，概括出孔子具有温、良、恭、俭、让五种美德，刻画了孔子的风度、性格和道德修养。这五种美德有怎样的意蕴呢？《十三经注疏》曰："敦厚润泽谓之温，行不犯物谓之良，和从不逆谓之恭，去奢从约谓之俭，先人后己谓之让。"此处"俭"，不能训为"节俭"。温和是神色，善良是品行，恭敬是态度，谦让是风格，均指性格情态，"节俭"是生活方式，相提并论不协调。"俭"，朱熹训为"敛"，意谓收敛、节制。孔子这些美德是怎样得来的呢？一言以蔽之，这是学习的结果。

孔子说："十室之邑，必有忠信如丘者焉，不如丘之好学也。"[①] 学什

---

① 《论语·公冶长》。

么？孔子所学是古典文献，后来他删改整理出六经，这就是《诗》《书》《易》《礼》《乐》《春秋》。《礼记·经解》说："其为人也、温柔敦厚，《诗》教也；疏通知远，《书》教也；广博易良，《乐》教也；洁静精微，《易》教也；恭俭庄敬，《礼》教也；属辞比事，《春秋》教也。"孔子从学习、修订六经中汲取营养，在自我修养中总结提炼，形成温、良、恭、俭、让的五种美德。东汉王充说："温良恭俭让，尊行也。有尊行于人，人亲附之，则人告语之矣。"①你以温良恭俭让的态度对待人，尊重人，人们自然也就尊重你，信任你，愿意将内心展示给你。

儒家是积极入世的，有强烈的参政愿望。子贡恭维老师，话语很委婉，强调老师的美德与风度使国君倾慕，却并未否定还是"求之"的，事实上孔子是非常主动、积极地要求参与政治的。后世儒家多强调"通经致用"，具有积极参与政治和社会活动的共同特征，不同于消极出世的佛家和道家。这传统正是孔子所开创的。从子禽与子贡的对话中，我们分明可以感悟到，孔子非常期待在政治上有所作为，他的美德只有在人际关系中才能得到完全的彰显。范仲淹的"先天下之忧而忧，后天下之乐而乐"，就是儒家入世精神的继往开来。《礼记·曲礼上》说："入竟（境）而问禁，入国而问俗，入门而问讳。"孔子"至于是邦，必闻其政"，正是"入境问禁，入国问俗"之结果，体现孔子的好学。《学而》开篇："学而时习之，不亦乐乎？"学的是什么，习的是什么？日本学者宫崎市定认为，学的是礼，习的也是礼。仁见诸内心世界，重在体悟；礼是外在的规范，需要学习。仁又外显于礼。孔子所以精通礼乐，重要原因在于勤学好问，所谓"子入太庙，每事问"。"温良恭俭让"，正是向人讨教应有之态度，必备之礼仪。

所以能"至于是邦，必闻其政"，受到国君的信任，是因为孔子学问高深，又能虚怀若谷，待人接物，时时处处，"温良恭俭让"，有一种谦和境界与高广气象。《礼记·曲礼上》云："夫礼者，自卑而尊人。"《中庸》

---

① 《论衡·知实篇》。

说："君子之道，辟如行远必自迩，辟如登高必自卑。"两个"自卑"，均体现出对他人的尊重，而这正是"礼"的要义。近世以来，众口一词，抨击"礼教吃人"，温和谦让之风不再，文质彬彬几成迂腐的代名词。学生之怒怼老师、子女之违逆父母，甚至训斥咆哮，其声万状，人们却见怪不怪。无礼貌，不礼让，狂妄自大、言语粗鄙，性情乖张，这些离古代文明远，离现代文明或许更远。当今，倘有子女杀死父母的血案，人们习惯于把它归咎于应试教育，按照这个逻辑，一千多年的科举制度，酿发的血案该有很多，但史料记载有多少呢？相反，中国传统教育有个极大的亮点，这就是人格教育。温良恭俭让正是一种人格风范。教育，无论古今中外，首在教学生做人，学会与人共事，与人和谐相处。因而，"温良恭俭让"的气质与风度，或许也要从娃娃抓起。教书育人在细微处，这是教师的责任；温良恭俭让，教师应该成为榜样。

子贡是孔门言语科高足弟子，后来鲁国有难，孔子派他出使齐、吴、越、晋诸国，游说诸侯。《史记》赞之曰："子贡一出，存鲁，乱齐，破吴，强晋而霸越。"子贡所以能取得如此骄人的外交成就，除了善言知人外，恐怕也得益于孔子"温良恭俭让"的气质风度。读《论语》，学做人，孔子、子贡是榜样，弘扬中华民族优秀传统文化，得从见贤思齐做起。康德赞同榜样示范，说："通过援引善人们（就他们合乎法则而言）的榜样，让道德上的学习者从他们的行动的真实动机出发，去判断某些准则的不纯正性，可以无与伦比地培植这种向善的禀赋，并使它逐渐地转化为思维方式，以至义务纯粹为了自己本身开始在他们的心灵中获得明显的优势"。[①]他要表达的意思是，儿童能够从人们的外部行动揣测其内在微妙的动机，也就能够有意识地像善人们那样去行动。由此，善人们作为榜样能够由外而内地影响其内心。

本章的要点在"必闻其政"的意蕴。孔子到底是如何与闻国政的呢？

[①] （德）康德著，李秋零译注：《纯然理性界限内的宗教（注释本）》，中国人民大学出版社2012年版，第34页。

历来的注释都集中于：孔子每到一个国家，就能充分了解到这个国家的政治状况，如此准确的消息是哪里来的呢？传统的说法有两种：一说是孔子以德服人，人主纷纷慕名而来，主动向其通报并求教，故孔子得而闻之。何晏《论语集解》引郑玄注："言夫子行此五德而得之，与人求之异，明人君自愿求与为治也。"另外一说，是夫子观察民风民俗即可了解到，不问即知。皇侃《论语集解义疏》引梁冀云："夫子所至之国，入其境，观察风俗以知其政教。其民温良，则其君政教之温良也；其民恭俭让，则政教之恭俭让也。孔子但见其民，则知其君政教之得失也。"又云："凡人求闻见乃知耳，夫子观化以知之，与凡人异也。"两说其实可以统一起来。大概的情形或场景是，孔子与人交接，并不主动去问，对话者被孔子的形象、气质、风范所打动，积极主动地向孔子介绍情况、请教疑难。此外，孔子能从世风民情中察知政教的优劣，举一反三，二者可兼而有之。

"温良恭俭让"之价值何在？这是本章另一要点。温良恭俭让是外在的气质风范，植根于内在的心性修养，是长期积淀、涵养的结果。这种为人处世的风格和风范，会让人觉得舒服且得体，因而容易获得人们的信任和敬爱，此谓以德服人，更是以美感人。从美学角度来看，我们对外部世界的一切美感都与我们的感官密不可分。视觉、听觉、触觉、嗅觉、味觉等身体性的感觉是我们认识和感知美的重要途径。这些感官的作用使我们能够感受到外部世界的美，从而引发情感和联想。此外，个人的身体性感觉与情绪体验和形象想象密切相关。审美教育在发挥感性作用的同时，也在人身上唤起新的感性。在中国古代，审美教育常被视为一种"修身养性""变换气质"或"陶冶性情"的活动，与人类的教化、修养有着密切关系。审美教育实际上是与感性的"雅化"、重塑与升华联系在一起的。它通过培养人们的审美情趣和提高审美能力，使人们能够更加敏锐地感知美，更好地欣赏和创造美。在中国传统教育的范畴里，感性的重塑、审美心胸的养成和审美创造的自觉都属于人性塑造和人生境界的建构。

在中国古代的教育体系中，我们今天所说的"美育"或"审美教育"，本来就是"教化"的一种方式或手段，离不开言传身教，以培植理想的人格、不断拓展人的精神境界。

本章的难点在"夫子之求"。夫子"求"什么？简而言之求"仕"。孔子颠颠簸簸周游列国，孜孜以求一职位，从而施展自己的政治抱负。他率众弟子，途中历尽艰辛，多次面临困境，乃至危及生命。但很遗憾，游说诸侯七十多人，孔子终究没有被委以重任。有隐者讥讽他明知天下事不可而为之，喻他为栖栖遑遑的丧家之犬，即使忠心耿耿如子路，也时而表示出对他的怀疑和不满。因谈吐优雅、举止从容、思想深邃，孔子所到之处都被敬为上宾，诸侯均倾倒膜拜，这情景大多出自后儒的美好想象。"求之与？抑与之与？"子禽的发问，显然含有质疑的成分。"夫子之求之也，其诸异乎人之求之与！"子贡的回应很有艺术，突出孔子之"求""异乎人"，即与他人完全不一样。即使是有求于人，孔子始终保持自身的尊严，有一种优雅从容的风度，致力传播自己的思想，教诲和引导着众诸侯王。孔子之"求"，不是求荣华、谋富贵，而在仁政爱民，因此，绝无献媚讨好之言行，而有高标独立之儒雅风范。

"视民之饥溺，犹己之饥溺，而一夫不获，若己推而纳诸沟中者。"[1]看见老百姓饿着、在水里淹着，就好像是自己饿着、在水里淹着一样，如果一个人没有获救，这个挣扎的人就好像我把他推到沟里似的，是我让他在水里淹着的，良心不安。王阳明答聂文蔚的信，很明白地解释了孔子的心境："昔者孔子之在当时，有议其为谄者，有讥其为佞者，有毁其未贤，诋其为不知礼，而侮之以为东家丘者，有嫉而沮之者，有恶而欲杀之者。""然而夫子汲汲遑遑，若求亡子于道路，而不暇于暖席者，宁以蕲人之知我、信我而已哉？盖其天地万物一体之仁，疾痛迫切，虽欲已之，而自有所不容已。"[2] 为救民于水火、施仁政于天下，孔子不辞艰难困苦，置各种误解、诬陷于不顾。温良恭俭让是内在德行的自然流露，孔子因而能自然天成，所到之处，春风化雨、润物无声。

---

[1] （明）王守仁撰，吴光、钱明等编校：《王阳明全集·传习录（中）》，上海古籍出版社 1992 年版，第 75 页。

[2] 同上。

中国哲学史家张岱年说："中国哲学在本质上是知行合一的。思想学说与生活实践，融成一片。……即是，先在身心经验上切己体察，而得到一种了悟；了悟所至，又验之以实践。"① 中国哲学家所谓的"学问"，主要是有关人心、人性和人生的学问，教育正是儒家成人（君子或圣贤）的学问，长者言行举止的风范，对莘莘学子有深刻的影响。大学校长在学生毕业典礼上大量使用"潮语"，曾一时成为相互仿效的风尚，什么"哥的犀利""姐的狂放""童鞋们"，大学校长的"扮小""装嫩"，多少有点失却斯文，无"温良恭俭让"之风度，有迎合讨好之煽情。毕业典礼理应庄重严肃，学生告别母校走向社会之际，校长该有多少语重心长的叮咛和嘱托，斯不失高等学府立德树人之本色和担当？

---

① 张岱年著：《中国哲学大纲》，中国社会科学出版社1982年版，第5页。

11

三年无改于父之道

子曰:"父在观其志,父没观其行。三年无改于父之道,可谓孝矣。"

《论语》这一章,受非议很多。先看几段不同的译文:

钱穆的翻译是:"先生说:'父亲在,做儿子的只看他志向。父死了,该看他行为。在三年内能不改他父亲生时所为,这也算是孝了。'"[①]

李泽厚的翻译是:"孔子说:'当父亲活着,观察他的愿望和志向;父亲死了,观察他的行为和活动。三年不改变父亲的途径、方向,这也就可说是孝了。'"[②]

杨伯峻的翻译是:"孔子说:'当他父亲活着,(因为他无权独立行动,)要观察他的志向;他父亲死了,要考察他的行为;若是他对他父亲的合理部分,长期地不加改变,可以说做到孝了。'"[③]

钱穆译得最为简明,似乎也最切近孔子的原意。李泽厚则有点啰嗦。"志",钱与杨均译"志向",李译"愿望和志向",增字似无必要;"行",钱与杨均译"行为",李译"行为和活动",行为不就包含活动吗?"父之道",钱译"父亲生时所为";杨译"父亲的合理部分";李译"父亲的途径、方向"。钱与李比较,钱译得好,"所为",简洁而有概括性;李译为

[①] 钱穆著:《论语新解》,生活·读书·新知三联书店 2012 年版,第 15 页。
[②] 李泽厚著:《论语今读》,生活·读书·新知三联书店 2008 年版,第 44 页。
[③] 杨伯峻译注:《论语译注》,中华书局 2009 年版,第 7 页。

"途径、方向",反而不周全了。杨伯峻的翻译与钱穆、李泽厚最大的不同,在于对父之"道"的理解和翻译,这也是历史上聚讼纷纭、争执最多的一处。

从字面上看,孔子这话的确说得没有道理。对于父亲的所作所为、定下的一些规矩等,父亲去世以后,做儿子的三年内不可否定,不得改变,这似乎有点呆板,乃至荒唐。历史上对孔子的批判,常常用这句话开刀,认为是封建孝道的荒谬。比如,父亲是小偷强盗,儿子也要子承父业,不可改变吗?或坚持三年不改?父亲是贪官污吏,儿子也要继往开来,三年甚至更长时间不改变?所以,有人将父之"道",解释为天道和人道,代表正确的方面。杨伯峻的翻译,正是基于这样的思路:如果父亲的思想、行为、准则是正确的话,那么自然可以继续奉行;如果父亲的思想、行为、准则是错误的呢?难道仍奉行不改吗?不但要改,而且非改不可。

宋汪中释"三年":"三年者,言其久也,何以不改也,为其为道也;若其非道,虽朝死而夕改可也。"[1] 主张以是否有道为标准,如不合道,可以朝死夕改。对的就坚持,不对的就改正,雷厉风行,这是最明白的道理。杨伯峻也是这观点,任何人都不会反对,道理显而易见。但既然如此,孔子这话就说错了,起码是失之偏颇,说得不够周全。当然,并非孔夫子的话句句都对,句句都是真理,但这错实在有点离谱,他老人家怎么连这点基本常识都不懂?做父亲的杀人放火,做儿子的也要去做,而且坚持不改?

那么,孔子为什么这么说呢?如果改成:"子承父业,善则从之,不善则改之。"这样说当然对,但值得说吗?正确。但属于废话。朱熹说:"尹氏曰:'如其道,虽终身无改可也。如其非道,何待三年。然则三年无改者,孝子之心有所不忍故也。'游氏曰:'三年无改,亦谓在所当改而可以未改者耳。'"[2] 这些话的大意是,父亲做得不恰当,子承父业当然应该

---

[1] 《论语正义·学而第一》。
[2] (宋)朱熹著:《四书章句集注·论语集注》,中华书局2011年版,第51页。

纠正，之所以不纠正，不立即改动，是因为感情上对父亲的依恋，对父亲遗志的尊重。人虽然死去了，心底里还当他活着，依然由父亲做主。这是"慎终追远"一章的具体化，是继续发挥和深化。始终扣住"礼"。道生于情，礼本乎情，孝道缘于情而诉诸礼，"无改父之道"不仅是孝，亦合乎礼。孔子所说的不改，也不是无限期，三年就是一个期限。从这个意义上说，杨伯峻译为"合理部分"，貌似合理，恰恰画蛇添足，不如钱李直译为"行为"，无须着意区分善恶。至于大奸大恶之类，则可存而不论。

"三年无改于父之道"，之所以被质疑，焦点在"无改"。现代人普遍是二元对立的思维，非对即错，非好即坏，是一种去情境化判断。因此，最能接受的一种说法是，好的不必改，坏的可以改，而且应该改。把"父之道"的"道"的含义限定为好的东西，对孔子的观点进行现代化诠释，进而使它合理化。杨伯峻特别注明："道"指"合理部分"，可谓用心良苦。然而，孔子的本意，对于"父之道"，当然是不改的，而且要长久坚持。皇侃《论语集解义疏》："三年之内哀慕心，事亡如存，则所不忍改也。"《荀子·礼论》："故事死如生，事亡如存，终始一也。""事亡如存"，这是孝的基本原则，也是"无改"的必然逻辑。父亲尽管死了，但要把他当成没死（"如存"）一样孝敬。既然没死，你怎么能改呢？现代人对孝道隔膜太久，对"事亡如存"的逻辑完全淡忘，因而才会纠缠改或不改，以及如何改。不改是孝道，是"事亡如存"原则的体现。根据《中庸》的说法，"孝之至"或理想的孝乃是："事死如事生，事亡如事存。"因此，对待已不在世之父母的态度，最真实地显示一个人对父母之孝的性质和程度。

"三年无改于父之道"，为什么是合情合理的呢？在孔子看来，父母之死会造成子女感情上的强烈震荡，甚至是巨大的心理创伤，这一震荡或创伤只有时间才能平息或治愈。诚然，从悲痛哀伤的情感震荡中解脱出来，也许确实并不需要三年之久。"三年无改于父之道"，并非感情创伤需要三年痊愈期，而是作为子女的怀念，不会在短时间内就消失，进而安于父母已死，清除父母的遗迹，开始属于自己的新生活。作为礼，"三年之丧"，多少具有某种象征意味；三年象征着时间的长久，表现出子女的孝心和诚意。经历、体验和安置父母去世的不安，作为子女需要有一段时间。"三年无改于父之道"，既是情感的自然流露，也是理性的善意选择。在父母失去生命之后，自己仍然享受生命和生活，而我们的生命并非"自生独化"，乃是拜父母之所赐，因而真诚地感恩，虔诚守护"父之道"，三年无改，这是孝子应有的选择和坚守。

"三年无改于父之道"，涉及对"道"的理解。"道"是很带感情的概念，同西方哲学和宗教中的"真"非常接近。希尔伯特·芬格莱特把"道"定义为："'没有支路的路'，意思是：'道'是'单个的、确定的秩序'；'孔子把走正道以外的任何走法都看做走歪道、迷路或者有道不走。就是说，对一个秩序的任何其他选择都是无序和混乱，从这一事实我们可以看到，孔子显然信奉单一的、确定的秩序。'芬格莱特的'道'是必然的、绝对的、不依赖形成自身的随机的特殊而客观存在的。在这个意义上，它是超越的道德原则。"[①] 根据"道"说，任何在我位置上的人都应该如此这般行动。个人的存在是偶然的，而"道"则是普遍存在且独立于个体之上的道德准则。这意味着道德规范不仅仅适用于个人，而且超越了个体的存在。

由对《论语》这章的翻译与理解，联想到我们该以怎样的态度对待先贤，以怎样的立场与思想方法看待文化经典。有学者认为，社会在不断发展，形势在不断变化，人们的思想和行为也要与时俱进。一个创新和创造的时代，依然恪守父之道，墨守成规，这显然不恰当，而且是没有出路的。因此，"三年无改于父之道"的观点，应该根据是否符合道德准则来评估，是否对国家、民族和人民有利。这种观点强调了道德准则对于个人行为的重要性。这话当然是对的，无比正确。诸如，对于中华传统文化的经典，我们的一贯方针是：取其精华，去其糟粕。然而，新儒家代表人物

[①] （美）郝大维、安乐哲著，蒋弋为，李志林译：《孔子哲学思微》，江苏人民出版社2018年版，第182页。

杜维明问："你凭什么能分清，什么是精华，什么是糟粕？"当年拆除北京城墙，不也认为是推陈出新吗？这样的例子很多。如果稍微慎重一点，甚至保守一点，留有一段多方考虑的时间，结果不是会好得多吗？因此，如何对待先贤，对待传统经典，对待文化遗产，孔子的"无改""三年"，不是很有启发意义吗？匆匆忙忙改，翻来覆去改，常常会变成折腾。

　　世界上的古文明都断代了，灭亡了，中华文明能够屹立于世界，与其强调对前辈的肯定和文化传承密不可分。中国文化注重传统的延续，这种坚持使得中华文明得以持久发展。中国和印度都是文明古国，但印度没有丰富而连续的历史记载。中国文化讲肯定，在对前代美德肯定的基础上，不断创新发展，而不是推倒重来，所以文化传统不会断裂，而且越来越壮大。在抗战期间，北京大学、清华大学和南开大学迁往昆明组成西南联合大学。抗战胜利后，这三所大学要返回北方，为了纪念这段历史，冯友兰先生撰写了一篇碑文。这段历史展示了中国人民在困难时刻的团结和坚韧精神。碑文中有这样一段话："盖并世列强，虽新而不古；希腊、罗马，有古而无今。惟我国家，亘古亘今，亦新亦旧。斯所谓'周虽旧邦，其命维新'者也。"[①] 希腊、罗马是古国，可是都灭亡了，只有我中华民族是亘古及今，有强大的生命力。中华民族生命力的源泉从哪里来？来源于中华民族的优秀文化传统，来源于我们善于继承，善于肯定，善于发展我们前辈的文化。"三年无改于父之道"，其价值不在认知理性，而在于道德情感。

　　本章的"无改于父之道"，与前面一章"传不习乎"相呼应。"传"与"习"，不仅指教师与学生，也包含父母对子女，都有继承坚守和发扬的责任。"三年无改于父之道"，具有某种象征意义，也的确具有保守性。保守并非一概消极，它往往能消解激进，维持稳定，有助于发展的持续性。"天底下第一好事还是读书，人世间无数世家无非积德。"读书的传统坚守

----

① 冯友兰著：《三松堂全集（第十四卷）》，河南人民出版社 2001 年版，第 153 页。

不移，德行的累积绵延不绝，从而成就一个家族美好，成就传世的家庭风范。代代相继、发扬光大，而不是朝三暮四、见异思迁，其核心精神正是"无改"。教育是薪火相传的事业，任何学校都要有继往开来的文化自觉。现在许多中小学校，换一任校长，就换一套话语系统，一切推倒重来，老师们常常无所适从，这很难形成良好的学校传统，很难一以贯之办出特色。教育学界的不断概念翻新，带来种种急功近利的折腾，吕型伟先生曾讥之为"多动症"。因此，"无改"，重视继承中的创新，或许内蕴着辩证思维，与革故鼎新并不矛盾。

12

礼之用，和为贵

有子曰："礼之用，和为贵。先王之道，斯为美，小大由之。有所不行，知和而和，不以礼节之，亦不可行也。"

钱穆的译文："有子说：'礼之运用，贵在能和。先王之道，其美处正在此，小事大事都得由此行。但也有行不通处。只知道要和，一意用和，不把礼来作节限，也就行不通了。'"[①]

杨伯峻的译文："有子说：'礼的作用，以遇事都做得恰当为可贵。过去圣明君王的治理国家，可宝贵的地方就在这里。他们小事大事都做得恰当。但是，如有行不通的地方，便为恰当而求恰当，不用一定的规矩制度来加以节制，也是不可行的。'"[②]

李泽厚的译文："有子说：'礼的作用，以恰到好处为珍贵。前代圣王的规矩，这样算美；不管大事小事都如此。也有行不通的时候，即如果为恰当而恰当，不用礼来规范衡量，那也是行不通的。'"[③]

三位权威学者的译文，"和"均解为和谐或恰当。有学者持不同见解，认为"和"指"乐"。他的依据有——何晏《论语集解》邢昺疏："和，谓乐也。乐主和同，故谓乐为和。"皇侃《论语集解义疏》："和即乐也，变

[①] 钱穆著：《论语新解》，生活·读书·新知三联书店 2012 年版，第 16 页。
[②] 杨伯峻译注：《论语译注》，中华书局 2009 年版，第 7—8 页。
[③] 李泽厚著：《论语今读》，生活·读书·新知三联书店 2008 年版，第 45 页。

乐（变乐即合奏）为和，见乐功也。"皇侃特别说明："此以下明人君、行化必礼乐相须也。"相须即相配。他认为，这不但说清楚了"和"指乐，而且明白无误指出本章主题是礼乐配合。礼是规范制度，是约束性的、刚性的；而乐是熏陶感化，是教育性的、柔性的，刚柔并济，才能发挥出社会管理的最大效能。对此，《礼记·乐记》有很好的概括："乐也者，动于内者也；礼也者，动于外者也。乐极和，礼极顺，内和而外顺，则民瞻其颜色，而弗与争也；望其容貌，而民不生易慢焉。"训诂而作出这种仔细分辨，的确能言之成理。然而，将"和"解释为"和谐"，已经由来已久、约定俗成，且没有原则性的不妥，与本章的宗旨也完全吻合。所谓"诗无达诂"，通过不同角度的解读，可以显示《论语》内涵的丰富性。

什么是礼？《说文》解释说："禮，履也，所以事神致福也。从示从豐。"徐灏注笺："礼之言履，谓履而行之也。礼之名，起于事神。""示"是示范与取材的意思，盖源于《易》"天垂象""示人"之意。《左传·昭公二十五年》："夫礼，天之经也，地之义也，民之行也。"又《礼记·曲礼上》："夫礼者，所以定亲疏、决嫌疑、别同异、明是非也。""礼"在《论语》》中有多种含义，从最直接的意义上说，它有三种：第一，泛指西周以来的社会制度；第二，指各种礼节仪式；第三，表示尊敬，讲礼貌，有礼貌的样子。"礼"是中国伦理的根本精神，具有很强的民族性。邹昌林说："礼在中国，乃是一个独特的概念，为其他任何民族所无。其他民族之'礼'，一般不出礼俗、礼仪、礼貌的范围。而中国之'礼'，则与政治、法律、宗教、思想、哲学、习俗、文学、艺术，乃至于经济、军事，无不结为一个整体，为中国物质文化和精神文化之总名。"[1]

礼之作用在"和"，节度在"中"；中和之道，尽在其中。什么是和？《贾子·道术篇》说："刚柔得道谓之和，反和为乖。"[2] 说明和是礼中所有，故行礼以和为贵，把和看成是礼。梁皇侃、宋邢昺把和看成是乐。其

---

[1] 邹昌林著：《中国礼文化》，社会科学文献出版社2000年版，第14页。
[2] 《论语正义·学而第一》。

实，礼乐二者不可分割，不可偏废，具有一致的内在精神，具体实践过程中相互配合，共同发挥作用。

在古代社会，礼乐被视为国家重要的大事，其中祀与戎被视为国家的核心，所谓"国之大事，在祀与戎"。祀指的是祭祀活动，人们通过祭祀神灵来表达敬意和祈求神灵的保佑。而祭祀活动往往伴随着音乐和舞蹈的表演，以增加庄严与肃穆的氛围。戎指的是军事事务，在军事礼仪中，音乐和舞蹈也扮演着重要的角色，通过激昂的音乐和威武的舞蹈，可以鼓舞士气、增强战斗力。有祭祀之礼也就必然有乐舞。至西周，礼乐成为一套完备制度，形成文化体系。经过历代的传承和发展，中国成为"礼乐之邦"，也被称之为"礼仪之邦"。

"礼之用，和为贵。"这里所说的"和"，可视为"人和"，人和就是人心和顺，人与人之间关系和谐。"和"是"礼"的境界，也是人伦的境界。礼常与乐相伴而行。朱熹引范氏曰："凡礼之体主于敬，而其用则以和为贵。敬者，礼之所以立也；和者，乐之所由生也。若有子可谓达礼乐之本矣。"[①] 凡事都要讲和谐，但为和谐而和谐，不受礼的约束是不行的。孔子认为，礼的推行和运用要以和谐为贵，但这种和谐一方面是建立在血缘基础上的，即以宗法等级为内容的伦理实体的和谐；另一方面是人自身的和谐，即陶冶自己高尚的情操。既要遵守规定的等级秩序，相互间又不可出现不和，而要达到和谐统一。在中国文化中，"君子和而不同，小人同而不和"。"同"是表面的同一，而不是内在的多样性的和谐。

《周易·文言传》说："嘉会足以合礼。"一个庄重的典礼要有各种礼仪的配合，各种礼仪越是配合得宜，便越能显出典礼的庄严美好。因此，要令美好的事物聚集在一起而更美好，就一定要讲求"礼"。中国传统所说的"礼"可分为两层去理解，一是"礼文"，一是"礼意"。"礼文"中的"文"是外表显现出来的文饰，好像今天我们表示礼貌的各种形式，如对人点头打招呼。"礼意"是形式背后的意义，如点头打招呼，内里就表

---

① （宋）朱熹著：《四书章句集注·论语集注》，中华书局2011年版，第51页。

示了你对人怀有温情和善意。温情是你对别人的关怀尊重和爱护；善意就是对别人有好意。温情和善意就是创立"礼制"背后的关键意义，因此单纯只有形式的"礼"是虚伪的，没有意义的。"嘉会足以合礼"中的礼，就是说合乎"礼意"精神的"礼"。

"先王之道，斯为美。""美"，在本章中有两层含义：一是音乐之美以及由此引发的心灵愉悦；二是含有赞美或称道的意思。《周易·文言传》："嘉会合理。"儒家传统以和谐为美。莱布尼茨在作中西文化比较时，有一段很著名的话，他写道："鉴于我们道德急剧衰败的现实，我认为，由中国派教士来教我们自然神学的运用与实践，就像我们派教士去教他们由神启示的神学那样，是很有必要的。由此我想到，……假使推举一位智者来裁定哪个民族最杰出，而不是裁定哪个女神最美貌，那么他将会把金苹果交给中国人。"莱布尼茨显然是中国伦理道德的赞美者，他说："在此领域，中国民族实较我们为优。即使工艺和技术方面，我们和他相等，又思辨的科学更为优越。却是在实践哲学方面，换言之，即生活与人类实际方面之伦理及政治的纲领里面，我们实在相形见绌了。……由于我们的无限愚昧，加以不幸的自然遭遇还不够，我们又对于自身不断地创造苦难。要是理性对于这种害恶还有救药的话，那末中国民族就是首先得到这良好规范的民族了。"他尤为称赞的是，中国人的"服从长上，尊敬老人，无论子女如何长大，其尊敬两亲有如宗教，从不作粗暴语，……无论对于同辈或下级的人，都竭力讲求礼貌"。[①]

"礼之用，和为贵"，这话尤为适宜于校园。一所学校，得有制度，有章则，让师生有章可循；师生行为，得有基本规范，基本的礼貌。广而言之，这些规定，都可称为礼。礼与法有所区别，前者比较柔性，后者比较刚性。礼，通俗的说法，就是一种规矩，比法更为普遍，诉诸人内心世界的认同。人们的生活中，需要认同某些禁忌，服从某些规矩。没有规矩，

---

① 转引自许苏民著：《比较文化研究史》，云南人民出版社1992年版，第87—88页。

便不成方圆；没有规矩，便肆无忌惮，那就什么事情也做不成。一所学校得有制度，如果没有章则，没有规矩，无章可循，奖惩也就没有标准，价值导向也就不明确，这样的学校是办不好的。那么，怎样的学校才是办得好的呢？好学校首先得有好的氛围，有融洽的人际关系，是和谐的教学，和谐的校园。和谐是人们所追求的，和睦相处是大家所期待的，因和谐与和睦，所以一所学校欣欣向荣，呈现一派祥和的气息。

人人彬彬有礼，个个谦谦君子，这当然是非常美好的景象。一所学校，倘若家校冲突不断，师生矛盾激化，校长与教师严重隔阂，教师之间相互猜忌，即使有再好的制度、章则、规定等，也是没有什么意义的。作为一种愿景，学校作为整个社会的精神高地，这里的各种制度、章则、规矩，无不为了创设一种和谐，创造一种和谐的教育生活。既有统一意志，又能人人心情舒畅，这才是"礼之用和为贵"。这样的境界，无论在什么时代，或什么学校，都应该是教育追求的目标，带有普适性的价值和意义——"斯为美，小大由之"。然而，礼又必然是一种约束，规范着人的行为，禁绝任性与各种放肆。

礼不是压迫人的工具，它也不像法那样冷峻，作为行为规范的标准，期待人的自觉，提升人的道德自律，是人际和谐的黏合剂。倡导和谐教育，创建和谐校园，关键在人的素质和素养，因而支援、谅解和友谊比什么都重要。教育和谐的本质是什么？这种景象和境界如何营造？儒家传统分孟荀两家，孟子崇仁，荀子隆礼，其实，二者相辅相成。人的内心有仁的修为，言行自然合于礼的规范。反之，正因有礼的规范和导向，才能修炼出境界高远的志士仁人。和谐教育是春风化雨、润物无声；和谐管理是潜移默化、因势利导；但赞赏须发自内心，有诚意，而不是哄骗；表扬须基于事实，注意分寸，不能一味溢美夸张。和谐并不排斥批评，乃至惩罚。

"和为贵"之"贵"，含义不仅是宝贵或可贵，而是约略近似西方美学中的"崇高"或"庄严"。"斯为美"，"美"字在本章中有两层含义：一是音乐之美以及由此引发的心灵愉悦；二是含有赞美或称道之义。多种乐器在同一节奏下合鸣共振，是为和；因和生美，赏心悦耳，故引发"斯为美"之赞；礼乐相配，亦为和，庄严崇高，令人敬畏景仰，生教化之效，故"和为贵"。所谓和谐，是恰如其分。教育是神圣的事业，塑造美好的心灵。一所学校，人人各司其职，爱岗敬业，才有真正的和谐。和谐绝不是"乡愿"式之"伪君子"和"老好人"。为和谐而和谐，这就走向了它的反面。任何一所学校，都要有团结和谐的景象，团结和谐的局面怎样开创？毛泽东说，从团结的愿望出发，通过批评或者斗争，可以达到新的团结。因此，和谐绝不是一团和气，这里有原则，有分寸，有辩证法，这就是古人所说的"节"，礼而有节。

13

因不失其亲

有子曰:"信近于义,言可复也。恭近于礼,远耻辱也。因不失其亲,亦可宗也。"

有子说:"守信用合乎道义,诺言是可以履行的。恭敬合乎礼节,就可远离耻辱。依靠亲近可信的人,事情就可靠了。"

上一章谈"礼"而引出"节",本章言"礼"而诉诸"义"。何为"义"?《礼记·中庸》:"义者,宜也。""义,宜也。裁制事物,使各宜也。"① "义"可以译作"正义""适宜""合理""恰当""公理""规则""应当"等等。

"信近于义,言可复也。"于儒家而言,所有价值均须"义"来制衡,离开"义"的制约与权变,一切价值皆难以彰显和实现。对于一个人来说,守信用是基本人格,但信用要合乎道义,否则无法兑现。孔子秉承中道,对"义"之价值多有肯认。孟子主张:"大人者,言不必信,行不必果,惟义所在。"② 可见,义不但是一种道德,同时也是一种智慧。诸如,对"信用"本身,须认真审视与反思,看其是否合乎"义"。

"恭近于礼,远耻辱也。"意谓对人的恭敬,要合乎礼节。过分恭敬是

---

① 《释名》。
② 《孟子·离娄下》。

自贬，过分高傲是狂妄，都会招致耻辱。有子这话本于孔子。《礼记·表记》中孔子曰："恭近礼，俭近仁，信近情，敬让以行，此虽有过，其不甚矣。"这里的"近礼""近仁""近情"，亦可理解为"近义"，即恰到好处，无过无不及。谦恭，诚然是一种美德，但也要有分寸，于不同场合和不同对象，有适于自身身份和环境的恰当表达。谦恭不是低三下四，恭敬不是献媚讨好，人与人相处，无论职位高低，均须不亢不卑、以礼相待。

"因不失其亲，亦可宗也"一句，事实上也是谈义和礼。儒家主张亲亲、贤贤、恶恶、贱不肖，而"因不失其亲"正是"亲亲"之义。"亦可宗也"，人生在世，总会遇到各种难处，遭难遇险须向人求助时，最先想到并依靠的是自己的亲人。这是人之常情，也是最可靠和有效的，合于血缘宗法社会的礼。故朱熹说："言约信而合其宜，则言必可践矣。致恭而中其节，则能远耻辱矣。所依者不失其可亲之人，则亦可以宗而主之矣。此言人之言行交际，皆当谨之于始而虑其所终，不然，则因仍苟且之间，将有不胜其自失之悔者矣。"[①]

《论语》本章看似简单，但歧义诸多，众说纷纭。因此，于每一对核心概念都要厘清，上下句的逻辑联系需要搞明白。

"信近于义"，义与信两者之间，以义为行为的准则，信是附属于义的。"信近于义"，意谓尚未达到"义"，只是靠近了。信是重要的，光有信是不够的，信还必须正当和合适。因此，初与人约，便要思量是否符合于义，他日是否可以实行，如果轻易许诺，他日不能兑现，便失信于人，属于非义了。20世纪90年代初，苏南某高中校长任职伊始，就向全体教师慷慨许诺，从今以后，每人每年的奖金都要翻一番。这样的承诺显然轻率，一者钱从哪里来，二者允不允许这样发，越到后来恐怕越难兑现。关心教师生活，提高教师收入，确是校长的责任，但要量力而行，更要留有余地。学校是教书育人的地方，教师是学生的表率，不宜一味金钱导向。果然，该校长的承诺最终不能兑现，教师们怨声载道，学校教育质量严重

[①] （宋）朱熹著：《四书章句集注·论语集注》，中华书局2011年版，第52页。

受影响。显然，校长用心无疑是好的，但这样的承诺太轻率，很不适宜，难以履行。

守信是重要的，但应具有正当性，且须见诸行动，并在实践中得到反复检验。这就是"言可复也"。"言可复也"，不仅指言而有信，更在言行一致。什么是"复"？《周易·卦辞》曰："复：亨。出入无疾，朋来无咎。""复"指人的行为，有利于人的前行，引申为言出行随、知行合一。孔子在《系辞传下》说："《复》，德之本也。""《复》以自知"，又说："《复》，小而辨于物。"意思是说，复于至善，回归正道，是事物的根本。"言可复也"，不仅指信守诺言、认真践行，还在知错就改、长善救失。孔子曾称赞颜回说："颜氏之子，其殆庶几乎！有不善，未尝不知复也。（王弼注：在理则昧，造形而悟，颜子之分也。）《易》曰'不远复，无祗悔，元吉'。"当事理未明之时，人们可能因此而犯错误，圣人和他的学生一样难以避免。但可贵的是，一旦"理"化为"形"，聪明的人，"造形而悟"，因此而分辨善恶，知有不善，立即改过。

"恭近于礼"。什么是"恭"？皇侃《论语集解义疏》云："和从不逆谓之恭。"《说文解字》云："恭，肃也。"段玉裁注："肃者，持事振敬也。"实则"恭"和"敬""肃"相通，至今"恭敬""肃敬"也经常连称。所谓恭敬，即处理人际关系时自己放低身段，高看别人一头，这既是一种礼貌，也与对方拉开了适当的距离。很多人招致耻辱，就是源于忘了自己的身份，与人过于亲昵。学校的教师和校长，要维护和坚守师道的尊严，敬人且自尊。"恭近于礼"，意谓尚未达到"礼"，只是靠近了"礼"。因此，恭敬一定要符合于礼，高傲简慢固然失礼，倘过分谦恭，沦为虚伪、谄媚，则反而成为耻辱。宋杨道夫举例说："如见尊长而拜，礼也，我却不拜。被诘问，则无以答，这便是为人所耻辱。有一般人不当拜而拜，便是谄谀，这则可耻可辱者在我矣。"[①]

生活中的虚伪和谄媚，每每多见，学校也非净土，不能例外。学生家

---

① 《朱子语类》。

长之于教师，尤其是班主任，除一般的恭维和赔小心，常常伴有送礼的现象。某高中校长任职伊始便刚性规定：教师不得接受家长任何馈赠。但有位老师暗地吃请，且接受了家长的礼物。"吃人嘴软，拿人手短"，该教师对这位学生格外关照。这学生于是有恃无恐，常常违反学校纪律，且屡教不改。该教师忍无可忍，一次很严肃地批评了他。这学生很不服气，在同学中散布说："喝了我家的酒，收了我家的礼，居然一点面子都不给，算什么东西。"这位教师大为尴尬。恭敬而不合于礼，接受谄媚而反遭羞辱，类似的例子应该不是个案。"学高为师，身正为范"，这是人们对教师的普遍期待，也是为人师者赢得自身尊严的基本保证。

"恭近于礼"。什么是"礼"？郑玄说："礼者，体也；礼者，履也。统之于心曰体，践而行之曰履。"① 在中国文化里，大到国家典制、设官分职，小到揖让进退、拜谒通问，都在礼的范畴之中。所以中国有"礼仪之邦"的美誉。无论是美好的治国治民的理念，还是和谐的人际交往原则，都是通过礼来体现的，也是通过礼来贯彻的。典雅的语言、文明的举止，这些礼节，都是道德的体现。和纯粹的知识不同，礼不仅要学习，而且是要躬身践行的，所以，古人说："礼者，履也。"学习和践行的关系，是知和行的关系，两者互为依存，缺一不可。朱熹曾经说，人一生只有两件事，一件是知得，另一件是守得。汉代学者王充在他的《论衡·率性》里，也谈到礼义教育的重要性。他说，孔门弟子七十之徒，"被服圣教，文才雕琢"，由于受到孔子的调教，都有卿相之材。但是，他们在未入孔子之门的时候，都不过是"闾巷常庸无奇"之人，是街头巷尾随处可见的普通人。

"因不失其亲，亦可宗也"，此句最为难解。先说字词，问题集中在"因"和"宗"两字，各家歧义纷出，莫衷一是。钱穆说："因，犹依。宗，犹主。谓所依不失为可亲之人，则缓急可恃，亦可亲为宗主也。"② 杨

---

① 《礼序》。
② 钱穆著：《论语新解》，生活·读书·新知三联书店2012年版，第17页。

伯峻解"因"为依靠、凭借，解"宗"为主、可靠。该句翻译为："依靠关系深的人，也就可靠了。"① 李泽厚译为："所依靠的不脱离自己的亲族，这就可以效法。"② 李零说"因"同"姻"，指婚姻关系；"宗"为血缘关系。他认为孔子的意思是："姥姥、舅舅家，虽然比不上爷爷家，但如果不失亲近，也等于宗。"③ 为了讲明信与义、恭与礼的关系，孔子以血缘的亲疏远近作比方：信和恭只是修身的起点，或最低标准，要想成为君子，还必须达到更高的标准，即做到义和礼。当今有权威性的这四家的解释，前三家认为这一章说了三层意思，李零认为说了两层意思，最后一句补充说明前两句的关系。释"因"为"姻"，李零诚然有文献依据，说法也很形象和新颖，但意蕴失却了丰富性。

　　本章第一句讲个人修养的谈吐，须言行一致，避免言不及义；第二句讲人际交往的风貌，做到谦恭有礼，不亢不卑；第三句讲建功立业的依靠，亲近相知并命运与共的人，是值得信赖并一起成就事业的。"因不失其亲，亦可宗也。"所谓同声相应，同气相求；又所谓"道不同，不相为谋"。人是一切社会关系的总和，关系有亲疏，价值观有异同。曾子云："观其所爱亲，可知其人矣。"④ 亲近的是什么人，朋友圈有什么人，大致可以判断一个人的品位。一个人事业的成败，很大程度上取决于依靠什么人；一所学校办得成功与否，在于校长所亲近的是什么人。"因不失其亲，亦可宗也。"本章三句话，前后关联，构成三个层次，归根结底落实于"可宗"；指导人们为人处世的实践，教育人们必须慎其始，看准了，符合原则，才去实行，从而立于不败之地。办学校，当校长，尤要切记"慎始善终"之义，任人唯贤、率先垂范，无论用人、办事、定位学校发展，均如此。

---

① 杨伯峻译注：《论语译注》，中华书局 2009 年版，第 8 页。
② 李泽厚著：《论语今读》，生活·读书·新知三联书店 2008 年版，第 47 页。
③ 李零著：《丧家狗——我读〈论语〉》，山西人民出版社 2008 年版，第 65 页。
④ 《大戴礼·曾子主事》。

14

可谓好学也

子曰:"君子食无求饱,居无求安,敏于事而慎于言,就有道而正焉,可谓好学也已。"

本章的翻译没有大的难度,读者基本上能读懂,明白大意。但如要仔细推敲一下,力求译得更精准,则可以做一点比较。

杨伯峻的译文——孔子说:"君子,吃食不要求饱足,居住不要求舒适,对工作勤劳敏捷,说话却谨慎,到有道的人那里去匡正自己,这样,可以说是好学了。"①

李泽厚的译文——孔子说:"君子不追求饮食的饱足,不追求居处的安逸;做事勤勉,说话慎重,接近有德行的人来匡正自己,这可说是喜好学习的了。"②

钱穆的译文——先生说:"君子,饮食不求饱,居处不求安,敏疾地做事,谨慎地说话,又能常向有道之人来辨正自己的是非,这样可算是好学了。"③

食,杨译"吃食",不如李钱译"饮食"。敏于事,杨译"工作勤劳敏捷";李译"做事勤勉";钱译"敏疾地做事"。事,译为"工作",太现代

---

① 杨伯峻译注:《论语译注》,中华书局2009年版,第9页。
② 李泽厚著:《论语今读》,生活・读书・新知三联书店2008年版,第48页。
③ 钱穆著:《论语新解》,生活・读书・新知三联书店2012年版,第18页。

化；李钱译"做事"，较妥。敏，杨译"勤劳敏捷"；李译"做事勤勉"；钱译"敏疾"。李译比较简练；敏，有勤快、利索的意思，未必指速度快。清焦循《论语补疏》："敏，审也。"圣人教人，固不专以疾速为重。正，杨李译"匡正自己"；钱译"辨正自己的是非"。钱译有所偏，正己，不仅是辨是非。对此，杨伯峻有专门论述：正——《论语》"正"字用了很多次。当动词的，都作"匡正"或"端正"讲，这里不必例外。一般把"正"字解为"正其是非""判其得失"，我所不取。"好学"，现代文也用，李译"喜好学习"，似为蛇足。

围绕君子的"好学"，本章讲了三层意思，其一是生活观，其二是责任心，其三是学习态度。

"君子食无求饱，居无求安"，讲的是生活观。这里需要注意两个词：一是"君子"；二是"求"。什么是"君子"？《论语》的"君子"，有时指"有位之人"，有时指"有德之人"。有的地方究竟是指有位者，还是指有德者，很难分别。此处大概是指有德者。孔子这一番话，是对士君子的要求，而非对民众的普遍要求；所悬为修身养性的标准，而非百姓日用的常态。"求"，一种欲望，作为人生目标，聚焦于、停留在"食"和"居"。食能果腹，居有定所，这是生活的起码要求。倘若反对这个要求，取消这个要求，役民而使之饥馑，驱民而使之漂泊，必然途有饿殍，无疑为"率兽而食人"，岂不完全背离仁者之心，背离了仁道？因此，孔子所言，是人格修炼的标准，道德成长的境界，是对"有位之人"或"有德之人"晓谕人生之意义。吃饭是为了活着，活着不是为了吃饭。孔子要求士君子立志向学，不贪求物质生活的享受，而享有精神生活的乐趣。"君子食无求饱，居无求安者，言学者之志，乐道忘饥，故不暇求其安饱也。"[①] 宋朱熹说："不求安饱者，志有在而不暇及也。"[②] 如颜渊一箪食、一瓢饮，在陋巷而不改其乐的学习态度、精神境界，这是孔子所深深嘉许的。

[①] 《十三经注疏·学而第一》。
[②] （宋）朱熹著：《四书章句集注·论语集注》，中华书局2011年版，第52页。

"敏于事而慎于言",讲的是责任心。王阳明之教学生,特别强调历练,倡导知行合一。人在事中练,刀在石上磨。士君子之志于学,不仅要读圣贤书,也要有道德实践。所谓世事洞明皆学问,人情练达即文章。有责任心,勤于任事,说话谨慎,这既是学做事,也是学做人。宋朱熹说:"敏于事者,勉其所不足。慎于言者,不敢尽其所有余也。"[1] 做事要勤快,不辞辛劳,全力以赴;说话则要谨慎,不可放言无忌,不可夸夸其谈,须言行一致、知行合一。在儒家看来,人生是艰难而无可休息的,"好学"不倦,意味着"尽伦"或"尽人事"。

《荀子》记载:

子贡问孔子:"赐倦于学矣,请息事君。"孔子曰:"诗云,'温恭朝夕,执事有格'。事君难,事君焉可息哉。""然则,赐息事亲。"孔子曰:"诗云,'孝子不匮,永锡尔类'。事亲焉可息哉。""然则,赐愿息妻子。"孔子曰:"诗云,'刑于寡妻,至于兄弟,以御于尔邦。'妻子焉可息哉。""然则,赐愿息于朋友。"孔子曰:"诗云,'朋友攸摄,摄以威仪。'朋友难,朋友焉可息哉。""然则,赐愿息耕。"孔子曰:"诗云,'昼尔于茅,宵尔索绹,亟其乘屋,其始播百谷。'耕难,耕焉可息哉。""然则,赐无息乎?"孔子曰:"望其圹,皋如也,填如也,鬲如也,此则知其息矣。"子贡曰:"大哉死乎!君子息焉,小人休焉。"

只有"死"才可以有休息。李泽厚评论说:"这种崇高的人生责任感,便也是'生的意义'所在,这也就是孔门的所谓'学',亦即宗教性的道德修养。"[2]

"就有道而正焉",说的是一种学习态度。孔子倡导安贫力学,志于学而无暇他及,注重社会实践,并不断向道德高尚的人学习,不断匡正自己的言行。朱熹说:"必就有道之人,以正其是非,则可谓好学矣。"[3]《荀子·性恶篇》说:"夫人虽有性质美而心辩知,必将求贤师而事之,择良

---

[1] (宋)朱熹著:《四书章句集注·论语集注》,中华书局2011年版,第52页。
[2] 李泽厚著:《论语今读》,生活·读书·新知三联书店2008年版,第49页。
[3] (宋)朱熹著:《四书章句集注·论语集注》,中华书局2011年版,第52页。

友而友之。得贤师而事之，则所闻者，尧、舜、禹、汤之道也。得良友而友之，则所见者，忠、信、敬、让之行也，身日进于仁义而不自知者也，靡使然也。"儒家认为，独学无友，必孤陋寡闻，无切磋交流，则不能格物致知，以达明道。"三人行必有我师"，既强调谦逊的学习态度，也说明榜样的示范作用，且处处留心皆学问。前几章所说"无友不如己者"，是有向上和向善之心，求师择友，"就有道而正焉"。"正"，是一种人生境界，即孔子所说的"好学"，达到拨乱反正。何为"好学"？子曰："君子谋道不谋食。"① 又说："士志于道而耻恶衣恶食者，未足与议也。"② 如果士君子以温饱为职志，则不必为士君子矣。如果孜孜以求食之美味，追求居之舒适，乃至美味华屋、香车宝马，那就远离人生之大道了，远远谈不上所谓的"好学"。

孔子所谓"好学"，以德行为主，文学为次；求道为主，求知为次；约礼为主，博文为次。"好学"，乃孔子心中的至高境界，除其自称"好学"外，弟子唯一被誉为"好学"的只有颜回。颜回之好学，非博闻强记，而是"不迁怒，不贰过"。孔子最赞赏颜回，因为颜回安贫乐道，真正"食无求饱，居无求安"。孔子说："吾与回言终日，不违，如愚。"颜回很少说话，表面上看像傻子一样，但是"退而省其私，亦足以发"。颜回退学下去，把孔子所讲的忠实地身体力行，这不是"敏于行而慎于言"吗？"就有道而正焉"，颜回亲近孔子，按照孔子的德行来修正自己。颜回之"好学"，完美地达到了孔子倡导的三个标准。我们今天所说的以学为主，所学知识与道德是分离的，我们的古人强调一致性。他们认为，君子学在己身，不假外求，如仅知求学，不知求道，仅求"闻见之知"，而乏"德性之知"，终究不能算是"好学"。

雅斯贝尔斯认为："教育是人的灵魂的教育，而非理智知识和认识的堆集。通过教育使具有天资的人，自己选择决定成为什么样的人以及自己

---

① 《论语·卫灵公》。
② 《论语·里仁》。

把握安身立命之根。谁要是把自己单纯地局限于学习和认知上，即便他的学习能力非常强，那他的灵魂也是匮乏而不健全的。如果人要想从感性生活转入精神生活，那他就必须学习和获知，但就爱智慧和寻找精神之根而言，所有的学习和知识对他来说却是次要的。教育只能是强迫学习这种观点，常常占据统治地位，因为人们相信，受教育者当时获得他并不理解的知识，但终有一天他会理解这些知识，并将它赋予灵性之中，逐渐接近循迹于知识背后的精义。"[1]

《论语》这一章有丰富的教育哲学意蕴：其一追求道德高尚。孔子认为，君子应该追求道德高尚和精神丰富，而不是只追求物质上的满足。这意味着教育应该注重培养学生的道德修养和精神追求，让他们成为有价值追求的人。其二敏于事而慎于言。孔子认为，君子应该注重实际行动，而不是只说空话。这意味着教育应该注重生活实践，让学生在实际行动中学习和成长，同时要注重言行一致，让学生懂得知行要合一。其三就有道而正焉。孔子认为，君子应该追求道德正义，站在正确的道路上行事。这意味着教育应该注重道德教育，让学生懂得什么是正确的，什么是错误的，从而能够在道德上不断取得进步。其四好学，这是本章的落脚点。孔子认为，君子应该不断地学习和进步，教育应该端正学生的学习态度，让他们懂得学习的重要性，不懈地学习和探索，不断地提升自己的能力和素养。

中国思想与欧美思想的一个重要区别在于，中国更加重视伦理学而非认识论。在欧美语境中，认识论被视为理解实际问题的关键，而在中国，它更多地被视为伦理标准的资源。哲学家张东荪在他的思考中不仅反思了中国传统认识论观念的特点，还更深层次地思考了个人、群体和政治关系是如何在经验中形成和发展的。他的研究关注于如何在实践中实现一个可能的共同体，而不仅仅是关注如何认知群体关系。这种思考是为了指导人们如何明智地生活在世界上，而不仅仅是为了寻找关于世界真理的认知。

---

[1] （德）雅斯贝尔斯著，邹进译，《什么是教育》，生活·读书·新知三联书店1991年版，第4—5页。

这种观点强调了中国思想中对伦理和实践的重视，与欧美思想中对认识和理论的强调形成了鲜明对比。

程树德《论语集释》述评：宋王曾乡试并殿试皆居首。贺者谓曰："士子连登三元，一生吃穿不尽。"曾正色答道："曾生平志不在温饱。"其后立朝不苟，事业卓然。今人生平志在温饱，是以居官多苟，事业无闻；甚至播恶遗臭，子孙蒙羞。《论语》这一章的教育思想与国外教育家多有相通之处，着眼点均在学生精神世界的丰富。与孔子强调德育相似，美国教育家约翰·杜威强调以德育为教育的核心，认为教育不仅仅是知识的传授，更重要的是培养学生的道德品质和社会责任感。与孔子强调激发学生内在动力相似，美国教育家马斯洛提出了"需求层次"的理念，认为教育应该注重激发学生的内在需求和自我发展，让他们成为有自我意识和自我实现能力的人。与孔子强调培养学生社会责任感和人文精神相似，英国教育家罗素提出了"完整的人"理念，认为教育的最终目标是让学生成为有社会责任感和人文精神的完整的人。

15

告诸往而知来者

子贡曰:"贫而无谄,富而无骄,何如?"子曰:"可也;未若贫而乐,富而好礼者也。"子贡曰:"诗云:'如切如磋,如琢如磨',其斯之谓与?"子曰:"赐也,始可与言诗已矣,告诸往而知来者。"

子贡说:"贫穷而能不谄媚,富有而能不骄傲,(这样的人)怎么样?"孔子说:"也算可以了。但不如虽贫穷而能乐于道,富裕却又好礼的人。"子贡说:"《诗经》上说,'如切如磋,如琢如磨',就是这个意思吧?"孔子说:"赐呀,我可以同你谈论《诗》了,(因为)你能从我告诉你的事中领悟出我还没有说的意思。"

迄今为止的人类社会,无论古今中外,都是分层的社会,有贫富之别,甚至悬殊。"朱门酒肉臭,路有冻死骨",如此现象历朝历代都有。"不患寡而患不均",均贫富的理想由来已久,为此理想而奋斗,揭竿而起者众,社会动荡,乃至流血千里,但彻底的均贫富,从来没有做到过。况且,以"均"为目标,处处平等,社会就缺少发展动力。儒家从维护社会稳定的前提出发,承认贫富差距,着力调整人的心态,达到一种精神的平衡。本章紧承上章,谈君子修德,当摆脱贫富悬殊之羁绊,达到精神气象的开阔。

张世英教授认为,人生有不断提升的四个境界,即自然境界、功利境界、道德境界、审美境界;认为人生应不断从实然世界走向应然世界,不断摆脱现象世界的物质束缚，走向精神自由舒张的审美天地。子贡说"贫而无谄，富而无骄"，正是不满于功利境界而欲向道德境界努力之意。俗话说："人穷志短，马瘦毛长。"又说："贫贱夫妻百事哀。"通常，贫穷之人易生愁苦怨艾，孟子的"贫贱不能移"，恰恰说明人常常为贫贱所移。贫贱而不献媚于富贵者，属自尊；富贵而不傲视贫贱者，属自律，皆已进入一定的道德境界。

子贡天资聪颖，善经商，家资丰厚，一句"何如"之间，颇有自得求赞之意。孔子以"可也"一语作出肯定，又以"贫而乐、富而好礼"启发他，引导他继续提高精神境界。"贫而乐"不唯是自尊，亦是自足和自得；"富而好礼"不唯是自律，亦是自强和自新，这是人生的更高境界。

正所谓"严师出高徒"，子贡本自得意，经夫子提点后，当下证悟，乃以《诗经》"切磋琢磨"句抒发感喟，师徒之间，口传心授，教学相长，活泼如见，令人虽不能至，心向往之。朱熹说："《诗·卫风·淇奥》之篇，言治骨角者，既切之而复磋之；治玉石者，既琢之而复磨之；治之已精，而益求其精也。子贡自以无谄无骄为至矣，闻夫子之言，又知义理之无穷，虽有得焉，而未可遽自足也，故引是诗以明之。"[①]

本章由两段对话构成，前一段对话说贫富，谈人应有的生活态度；后一段对话谈《诗》，说人生感悟，能举一反三。

富贵与贫穷这两种情境普遍存在，比较而言，安心于贫穷很难，安心于富贵则容易。孔子对此深有体会："贫而无怨难，富而无骄易。"[②]为什么呢？因为人首先得满足基本生存需要，否则便活不下去，且人不愿只像动物般生存，不能一直挣扎在生存线上，期待能有安定富足的生活，这是非常朴素而良善的愿望。但钱从哪里来？社会地位的不平等，贫富的两极分化，人与人经济能力有巨大差异。因生活资源的匮乏，或面临某种急难，穷人往往有求于富人，而富人往往会有某种优越感，"贫在闹市无人问，

---

① （宋）朱熹著：《四书章句集注·论语集注》，中华书局2011年版，第52页。
② 《论语·宪问》。

富在深山有远亲",就是这一生活情景的真实写照。穷人对自身生活境遇的抱怨,对富人的刻意示好或嫉妒,这在社会生活中时时处处可见。无论生活境遇有怎样的变故,无论贫富多少悬殊,永远保持一种安然的淡定,这的确很难做到。因为这不仅涉及生计之艰辛与否,还有人情的冷暖。鲁迅先生从自己的人生经验中总结出了一句很沉痛的话:"有谁从小康人家而坠入困顿的么?我以为在这途路中,可以看见人生的真面目。"[①]

然而,这并非是公正的社会现象,更不是一个人应然的精神状态。生活资源的匮乏,并不必然导致精神的萎缩,人依然可以不失自尊。生活富裕、条件优越,并不必然财大气粗、盛气凌人。朱熹:"处贫难,处富易,人之常情。然人当勉其难,而不可忽其易也。"[②] 一二个富人要做到没有骄傲之态,还是比较容易的,可要让一个穷人不抱怨自己的穷困是很难的,但这两个方面都要做到,中国历朝历代有许许多多这样的志士仁人。本章教育人们要随遇而安面对生活,精益求精地追求学问。东汉郑玄说:"乐谓志于道,不以贫为忧苦。"[③] 子贡提出"贫而无谄,富而无骄"的问题,认为穷人不用卑谄的态度向人讨好,富人不以财骄人,可以说是尽善了。但孔子并不满意,提出"未若贫而乐,富而好礼"的更高层次的要求。

子贡经过孔子的启发,悟出了做学问必须精益求精的道理,引《诗》"如切如磋,如琢如磨"为例证。孔子对他的悟性大为赞许,认为能闻一而知二、告往而知来,学习《诗经》须富于联想,子贡已具备充分的条件了。或问,为何孔子赞许子贡可与言《诗》呢?这就涉及对《诗》之本质的理解了。《诗·大序》称:"诗者,志之所之也。在心为志,发言为诗。"《尚书·舜典》云:"诗言志,歌永言,声依永,律和声。"又《庄子·天下》:"诗以道志。"《荀子·儒效》:"诗言是其志也。""诗言志"三字,遂

---

① 《呐喊·自序》。
② (宋)朱熹著:《四书章句集注·论语集注》,中华书局2011年版,第151页。
③ 《论语集解》。

成为中国古典诗学"开山的纲领"①。孔子极为重视《诗经》的教化功能，说："兴于诗，立于礼，成于乐。"又说："诗可以兴，可以观，可以群，可以怨。"这里的"兴"，盖有二义：一是孔安国所谓"引譬连类"，即"能近取譬"；二是朱熹所谓"感发志意"，即"先言他物以引起所咏之辞也"。可以说，"诗可以兴"既是儒家诗学的认识论，也是方法论。

子贡引诗，正是"兴于诗""诗可以兴"的生动案例，也是"诗言志"的最佳体现。子贡从夫子的点拨中，明白君子成德乃是下学上达、精益求精的过程，"学然后知不足"，不可自满于现状而失去精进不已的精神。孔子对于子贡的联想，又惊又喜，故赞其"始可与言《诗》已矣！告诸往而知来者"。言下之意，若能从文献中悟出做人的道理，举一反三，引譬连类，便是好学深思，便是温故知新，便是学以致用了。这段对话主要探讨了"学""思"和"知"的关系，以及经典文化在交流和对话中的作用。学习是对经典知识的吸收和掌握，而思考则是对这些知识的深入思考和理解。通过学习和思考，人们能够更好地把握经典的原意，并在此基础上进行创造性的发挥和运用。这段师生对话强调了经典文化在交流和对话中的重要性。《诗经》等文化典籍作为重要的典故来源，成为团体和个人之间进行对话的媒介。这种交流方式反映了中华传统文化中交流的特点，通过引经据典使得历史的智慧得以流传，并为对话提供了契机和灵活性。

从子贡对《诗经》的领会和孔子的阐释中可以看出，学习和思考的相互作用导致了对经典原文更深的理解。《诗经》既为人们提供了领会旧意义的源泉，又为人们表现新意义提供了工具。知识扎根于构成文化的语言、社会习惯和结构中，而文化则给定了世界，思维则是对文化的说明。在这个过程中，个人的精神境界也会发生变化，从而实现对经典原文的更深层次理解和应用。在西方传统中，抽象概念被认为是产生新概念和实践的地方，具有丰富性和复杂性。然而，在孔子的思维中，没有这种抽象王

---

① 朱自清著：《诗言志辨》，载商金林编：《大家国学·朱自清卷》，天津人民出版社2008年版，第105页。

国的地位。孔子注重的是对文化的深入理解和应用，而不是简单的抽象概念。

存在主义者认为，人类创造的世界为个体的创造性和自发性提供了足够的空间，因此不需要过分强调超越性的重要性。存在主义者过分强调了个人的创造性，孔子则强调传统文化的权威性。他认为继承下来的文化传统是知识和行为的必需权威，孔子将思维看作是包含"学""思""知""信"的复杂活动。这意味着思维不仅仅是被动地接受传统的知识和信仰，而是通过学习和思考来获取知识，并通过信仰来指导行为。孔子的哲学思想强调个人在传统文化框架下的思考和行动，而非超越性的抽象王国。

孔子为什么以《诗经》作为对子贡的肯定呢？原因有二：其一，子贡是引用《诗经》来发问，故而孔子以《诗经》作答，这是表象和形式上的理由；其二，古人以诗言志，子贡引用《诗经》表达了自己在做人上的高境界的观点与立场，孔子还以"与之言《诗》"对子贡作高规格的肯定与奖掖。换句话说，孔子认为像子贡这样的学生，他的水平已经超越了学理、事相的范畴，应该进入社会、人生领域的探索与思考了。李泽厚说："中国实用理性的一个特征是不重逻辑推理，而重类比联想。由类比而得到启发，范围宽广，直觉性强，便于由感受而引发创造。"[①]

无谄无骄只是一般意义上的有品德，而乐道好礼则是深度的道德自觉。子贡领悟其师之意后，引《诗》以明志，因而深得孔子嘉许。"如切如磋，如琢如磨"，本意是以兽角、象牙、玉石为材料的艺术创造或对兽角、象牙、玉石所作的艺术加工，这种艺术制品的价值不仅取决于材料本身，而且也取决于对它们的艺术加工。黄式三《论语后案》："无谄无骄，质美而自守者能之；乐与好礼，非道学自修不能及此。""无谄无骄"只是底子好，如同骨角玉石材质好而已，"切磋琢磨"比喻为学，经由学才能进到"乐"与"好礼"之境，如同骨角玉石必经切磋琢磨才能成为美器一

[①] 李泽厚著：《论语今读》，生活·读书·新知三联书店2008年版，第50—51页。

样。这里子贡引用这两句诗是为了说明：人们应该不懈地努力学习和体悟，从而不断完善自己的人格修养，才能使自己的道德品格达到完美无缺的境界。

16

不患人之不己知，患不知人也

子曰："不患人之不己知，患不知人也。"

"不己知"是"不知己"的倒装，宾语前置。孔子说："不担心别人不了解自己，只担心自己不了解别人。"

"不患人不知，患不知人也"，与首章"人不知而不愠"一句相承接，首尾呼应，说明学习的目的是提高自己的道德修养和知识水平，是做一个仁人君子，而不是沽名钓誉，作秀，做给别人看的。因此，"不患人不知"。为什么呢？清刘宝楠说："人不知己，己无所失，无可患也。己不知人，则于人之贤者，不能亲之用之；人之不贤者，不能远之、退之，所失甚巨，故当患。"① 有了学问，无须自我炫耀，学无止境，当日新不已，别人不了解，不任用，没有什么好生气的，自可安贫乐道，孜孜追求学问，探求做人做事的道理。相反，不了解别人，就会良莠不分，带来危害。宋朱熹说："不知人，则是非邪正或不能辨，故以为患也。"② 不了解人危害甚大，一方面会失去推荐、进用贤人的机会，失去向贤人学习的机会。另一方面，可能会信恶为善，认敌为友，任用佞人，陷于错误而不能自拔，这是很值得担心的。

---

① 《论语正义》。
② （宋）朱熹著：《四书章句集注·论语集注》，中华书局2011年版，第52页。

《学而》开篇一章讲"人不知而不愠",终章则讲"不患人之不己知",前后呼应,可见,人知我与我知人,这一问题是何等重要,在孔子的学说中,显然占据核心地位。儒学后人也反复谈论,关于人知、知人及知己的问题,《荀子·子道》中有一段相关记录:

> 子路入,子曰:"由,知者若何,仁者若何?"子路对曰:"知者使人知己,仁者使人爱己。"子曰:"可谓士矣。"子贡入,子曰:"赐,知者若何,仁者若何?"子贡对曰:"知者知人,仁者爱人。"子曰:"可谓士君子矣。"颜渊入,子曰:"回,知者若何,仁者若何?"颜渊对曰:"知者自知,仁者自爱。"子曰:"可谓明君子矣。"

孔门弟子的七十子,孔子独称颜子为好学。朱熹说:"颜子而下,颖悟莫如子贡。"子路则属于比较莽撞的一个。智者是怎么样的,仁者又是怎么样的呢?对于孔子的提问,子路的回答很直接:"智慧的人会让自己广为人知,仁爱的人会让自己被人爱戴。"孔子表示认可,说:"这可以说是个士人了。""士",贵族阶层中最低的等级,但比平民百姓高,具有贵族的基本身份。子贡的回答,则明显高一筹:"有智慧的人能够理解别人,仁爱的人能够热爱他人。"孔子作出赞同,认为这样的人,不仅有"士"的资格,而且具有君子人格。颜渊的回答,则有更高的境界:"有智慧的人了解自己,仁爱的人珍爱自己。"孔子对此很感慨,认为这样的人,不仅是个君子,而且是个睿智的君子。显然,孔子把知人爱人,看得比为人所知和为人所爱重要;把自知和自爱,又看得比知人和爱人重要。

荀子是对《论语》做了进一步发挥,从表面上看,把自知和自爱看得比知人和爱人重要,这似乎显得过于自我。其实不然,自知和自爱,比知人和爱人更基本。苏格拉底认为,人最难的是"认识自己"。知人者智,自知者明。那些自作聪明的人,往往因不了解自己,而产生了某种幻象。同样,自爱是指爱惜自己的德操,这是为人之本,丧失了这个根本,谈爱人则未免虚妄。子贡说要知人爱人,孔子觉得他志向很高很正,是个君子。颜渊则意识到要达到这个目标,必须从修身开始,能自知自爱,然后才谈得上其他。孔子觉得颜回对人生的了解更为具体深刻,因而称他是睿智的君子。

　　人知与知人，二者的关系是辩证的。从做人的角度来说，人首先要做好自己，而不是总担心别人不了解自己，甚至误解自己。花很多时间推销自己，分辨和说明自己，想获得别人的理解与同情，恰恰是一种不自信，常常会适得其反，唤不起别人的尊重和重视。"我只知道冬天有狼，不知道春天也有狼，我家阿毛……"祥林嫂固然是艺术典型，她的悲惨遭遇痛人心扉，但悲情终究不能持久打动人。絮絮叨叨，生怕别人不知道自己，总想弄点什么来引人注意，这样的人更不受待见。人何以成仁，何以成为君子，不外"治学"与"修身"两个方面。在学识和道德上，只要能不断修炼，自身的见识和修养自然不凡，自然会赢得重视和尊敬。"德不孤，必有邻。"无需刻意地自我标榜，别人会在日常生活中感受得到的。

　　人不能脱离社会而孤立存在。君子之所以要不断提升自己的学识与修养，其目的还是为了入世，成就一番事业。因此，一个人光有正确的自我认知是不够的，他必须具有很强的识人处世的能力，才能很好地与人合作共事，才有可能实现自己的理想与抱负。因此，君子担心自己不能了解别人。作为领导者，要能够知人善任，用人所长，避人所短。知人的前提是自知，缺乏自知之明，很容易为阿谀逢迎所误导，辨不清是非良莠；爱人的前提是自爱，既不治学，又不修身，凭什么导世化民呢？孔子虽说不用担心别人不了解自己，但并不意味着不希望别人了解自己，或是希望别人误解自己，心底里还是希望别人能更好地了解自己。所以，孔子见到子贡能够领悟自己言而未发之意，故而大加赞赏。

　　显然，做人有三重境界：第一重是为人所知，即出名；第二重是了解别人，事理通达；第三重是了解自己，领会道德人生的意义。现代社会，出名并非坏事，知人也让人知。作家张爱玲说，人的出名要趁早。当下，企业产品要创名牌，学校朝着名校的方向努力，教师立志成为名师或明师，这种向上和向善之努力应该得到鼓励。问题在于，名牌如何打造，名校如何创建，名校长、名师如何炼成？知名度和美誉度从哪里来？就教育而论，校长是学校的灵魂。校长的学识和境界，决定学校的形象和品位。

因而，校长要有知人之智，更要有自知之明。"学然后知不足，教然后知困"，这是名师成长的必由之路。无论名师或名校长，都需要内外兼修，不事张扬，不懈进取。

《学而》篇第十六章，是最后一章。这里有两层意思，一是"不己知"，二是"不知人"，前者不可患，后者可患。

第一层意思《论语》里表达的比较多，在《学而篇》第一章就有"人不知而不愠"的说法，另外还有"不患莫己知"[①]；"不患人之不己知，患其不能也"[②]；"君子病无能焉，不病人之不己知也"[③]。这都是鼓励人要努力为学，致力于不断提升自己。

朱熹《朱子语类》说："见得道理明，自然知人。""然学做工夫，到知人地位已高。""不知人"为什么可患，孔子没有说。刘宝楠《论语正义》："人不己知，己无所失，无可患也；己不知人，则于人之贤者，不能亲之用之；人之不贤者，不能远之退之，所失甚巨，故当患。"

《吕氏春秋·论人》："人同类而智殊，贤不肖异，皆巧言辩乱以自防御。此不肖主之所以乱也。是言不知人之当患也。"这是从第三者的角度，从统治者的角度考察孔子的学说，认为孔子的"知人"根基于其亲贤荐贤思想。《朱子语类》说："若宰相不能知人，则用会之际，不能进贤而退不肖；若学者不能知人，则处朋友之际，岂能择乎？"

杨树达先生《论语疏证》从进德修身角度论述此章，似更接近孔子本义："患其不能，求为可知，此孔子教人以责己也。患不知人，此孔子教人以广己也。责己者初学者所有事，广己则进德君子之事矣。因人之不知己，反而自省我之不知人，此仁恕之极功也。"[④] 知己与知人，是古人不时讨论的话题。《孙子·谋攻》："知彼知己者，百战不殆；不知彼而知己，一胜一负；不知彼不知己，每战必殆。"这是从战争的角度谈知己和知人。

[①] 《论语·里仁》。
[②] 《论语·宪问》。
[③] 《论语·卫灵公》。
[④] 杨树达著：《论语疏证》，上海古籍出版社2013年版，第34页。

孔子感叹知人难，当然不是从战争的角度，因为他是反对战争的。孔子是从政治的角度，从希望统治者选贤任能而生发的感叹，其中也有他自己的人生经验。颜回是孔子最喜爱的弟子，孔子对他评价最高。据说孔子发出知人难的感叹，就是因为有一次差一点误会了颜回。

公元前489年，孔子和他的弟子从陈国到楚国去，因为吴国和楚国正在打仗，被乱兵所阻，困于陈、蔡之地，已经有七天没有见粮食了，连野菜汤也没得吃。这一年孔子已六十三岁，饿得老眼昏花，浑身无力，大白天躺在那里睡觉。颜回见老师挨饿，实在难受，冒着危险，好不容易到村民那里讨了一点米回来，为老师煮点粥吃。粥快熟的时候，颜回盛粥，自己先吃了一口，孔子装着什么也没有看见。过了一会儿，饭煮好了，颜回去见老师，请老师吃饭。孔子撑身站立起来说："我刚才睡着了，做了一个梦，梦见先人召唤我，让我拿洁净的食物祭祀他们。"颜回说："如果要用洁净的食物祭祀祖先，那这个粥是不能用了。刚才粥里落了一点灰尘，我想如果把粥倒掉太可惜了，就盛起来把它吃掉了。这粥如果用来祭祀祖先，恐怕不行了吧？"孔子感叹道："人们往往相信自己的眼睛，然而眼睛有时也是不可相信的；人们往往相信自己心灵的判断，然而心灵的判断有时也是不可依靠的。弟子们你们要记住，知人确实不是一件容易的事情！"这个颜回食粥差一点被误解的故事，在《孔子家语》里也有记载，不过情节小有不同。

《孔子家语》还有一段关于知人的故事，比较有名：澹台灭明有君子的容貌，孔子因喜爱他的容貌便同他相处，但相处久了之后，发现他的言行与外表不合；宰予谈吐高雅而富于文采，孔子因喜爱他的言辞而与他相处，相处久了发现他缺少智慧。所以孔子说："以容取人，则失之子羽；以辞取人，则失之宰予。"若从容貌来选择人才，就会在澹台灭明身上有失误；若是凭言谈来判断人，就会在宰予身上有失误。孔子是圣人，尚且感到知人之难，何况普通人呢？而孔子之所以是圣人，也许正在于他承认知人之难，并承认自己也犯过不知人的错误。

教育是一种人际交往的过程。一个人的知识和智慧不仅仅来自于自身的学习和思考，更重要的是来自于与他人的交流和互动。因此，教育者需要重视学生之间的互动和交流，创造良好的学习氛围和互动平台，让学生能够相互启发和促进。教育需要重视交际和社交能力的培养。一个人的成功不仅仅取决于他自身的知识和技能，更重要的是他的交际和社交能力。因此，教育者需要在学生的知识和技能培养的同时，注重其交际和社交能力的培养，让学生具备良好的人际交往能力。教育需要强调学生的自我认知和自我反思能力。一个人只有深入了解自己，才能更好地理解和认知他人。教育者需要帮助学生培养自我认知和自我反思的能力，让学生能够更好地理解和认知自己和他人，从而更好地学习和成长。

17

为 政 以 德

子曰："为政以德，譬如北辰，居其所而众星共之。"

"德，元也，为至极。北辰，北极也，所不动处。"①

孔子说："用道德来治理国政，自己便会像北极星一般，在一定的位置上，别的星辰都环绕着它。"②

先生说："为政以己德为主，譬如天上的北辰，安居其所，众星围绕归向着它而旋转。"③

钱注与其他版本不同，"德"译为己德，强调为政者自身的德性。钱穆说："孔门论学，最重人道。政治，人道中之大者。人以有群而相生相养相安，故《论语》编者以为政次学而篇。"④ 大意为：孔学重视人道，政治是人道中最重要的。因此，紧接《学而》篇，就是《为政》篇。为政以德，为什么放在首章呢？钱穆说："孔门论政主德化，因政治亦人事之一端，人事一本于心。德者，心之最真实，最可凭，而又最不可掩。"⑤ 德化

---

① （清）康有为著：《论语注（一）》，广西师范大学出版社2016年影印版，第55页。
② 杨伯峻译注：《论语译注》，中华书局2009年版，第11页。
③ 钱穆著：《论语新解》，生活·读书·新知三联书店2012年版，第22页。
④ 同上，第21页。
⑤ 同上。

—政治—人心，钱穆认为这是孔学的内在逻辑。

《论语》首篇为《学而》，《学而》第一章"学而时习之"，着眼点在学，不谈教。《论语》第二篇是《为政》，《为政》第一章"为政以德"，含教化之意，谈教育、感化。

先说为政。古代郡守到任，必先祭孔子，兴办学校、到学校讲学，以端风俗，正人心。清李允升《四书证疑》说："为政以德，则本仁以育万物，以义以正万民，本中和以制礼乐。"为政着眼于教化，这正是对《论语》教诲的遵循。

再说德。什么是"德"？南宋朱熹说："德之为言得也，得心而不失也。"① 大意是，"德"，就是"得"，内心有所得；"不失"，就是有精神操守，有道德人格。中国古人把知识分为两种，一种为闻见之知，一种为德性之知；德性之知，是真知，诉诸内心体验，内化为人格修养。因而，无论所学，还是所教，着眼点不在认识自然，而在修炼自身，在内心的纯粹，在成贤成圣。

次说教化。宋林子蒙说："为政以德者，不是把德去为政，是自家有这德，人自归仰如众星拱北辰。"② 用德行去教育、感化民众，林子蒙和钱穆观点一致，或许，钱穆正是受林子蒙启发：为政者内心有道德，外在的言行自然美好，会受到人们的景仰，而不仅是以道德要求民众。孔子非常景仰尧舜、周公等，认为他们有完美的道德修养，能以己之德化育人民，因而受到人民的拥戴。

政、德、教化，三者是什么关系呢？朱熹说："政之为言正也，所以正人之不正也。德之为言得也，得于心而不失也。"③ 孔子强调从政者自身的道德，"正人必先正己，己不正焉能正人？"朱熹只说"正人之不正"，似为有所偏颇。孔子倡导仁政德治，所谓"德治"，即自上而下的道德教化。孔子认为，为政者首先要有德，率先垂范，才能引领教化民众。"以

---

① （宋）朱熹著：《四书章句集注·论语集注》，中华书局2011年版，第53页。
② 《朱子语类》。
③ （宋）朱熹著：《四书章句集注·论语集注》，中华书局2011年版，第53页。

德治国",并非只以道德要求百姓,如果抽去对为政者的德性要求,那就完全误读了《论语》。

为什么只要"为政以德",就能"众星共之"呢?对此,有两派意见:一种以"无为而治"释之。何晏《论语集解》引包咸注:"德者无为,犹北辰之不移而众星共之。"朱熹《论语集注》称:"为政以德,则无为而天下归之,其象如此。"另一派认为,"为政以德",本身就是"有为"。清人毛奇龄《论语稽求篇》说:"夫为政以德,正是有为。夫子已明下一'为'字,况为政尤以无为为戒。"又引《礼记》:"哀公问政。孔子曰:'政者,正也。'君为政,则百姓从政矣。君之所为,百姓之所从也。君所不为,百姓何从?"两种说法各有各的道理,"为"与"不为"是对立的统一。

孔子的弟子很多是从政的,其中一个叫宓子贱,孔子夸他"君子哉"。宓子贱最有名的故事是"鸣琴而治",即无为而治。《吕氏春秋·察贤》:"宓子贱治单父,弹鸣琴,身不下堂,而单父治。巫马期以星出,以星入,日夜不居,以身亲之,而单父亦治。巫马期问其故于宓子,宓子曰:'我之谓任人,子之谓任力;任力者故劳,任人者故逸。'"

可见,无为亦是儒家很明确的主张,但于道家的无为不同。道家认为,人不要过度干预和扰乱自然的发展,而是以无为而治,让事物自然而然地发展。而儒家的无为则强调个人的修养和内在的德行力量,通过自身的道德魅力和榜样作用,使他人自愿地跟随和服从。儒家的无为的本质含义是"化",即德化。这里的化指的是像春风化雨一样,润物细无声地影响他人,使人们心甘情愿地按照道德准则行事,实现社会的和谐与发展。

"为政以德"的本质是什么?换言之,什么是为政之"德"?在《明夷待访录》中,黄宗羲把"恻隐爱人"作为更为基础的道德要求,正因为古圣王怀有恻隐爱人之心,为君才会任劳任怨而不谋私利。以之为指导才能制定天下之法,而非一家之法。孟子强调君主应以民众福祉为出发点来治理国家,而不是以个人或家族的利益为重。孟子认为,君主的合法性和政府的正当性在于服务被统治者,即以民众的忧乐为忧乐。黄宗羲进一步发挥了孟子的思想,提出了"天下之治乱,不在一姓之兴亡,而在万民之忧乐"的观点。他强调政府应该以普通民众的利益为中心,服务于所有人的私利,即天下之大公。这一观点与现代至善论的政治哲学相一致。

"为政以德",就能"众星共之"。对校长治校、教师执教,有怎样的启发呢?学校之大、师生之多、事务之繁杂,校长不可能事事都亲力亲为。因此,学校管理,贵在用人,用人得当,各司其职,就能政通人和。但前提是校长有道德感召力,有知人之智,有自知之明。"北辰居其所",校长从容不迫,神定气闲,校园才能祥和,学校工作才能有条不紊。校长经常忽发奇想,不断瞎折腾,教师无所适从,校园一定鸡飞狗跳,永无宁日。因此,校长有道德修养,任人唯贤,学校管理"为政以德",而非私情金钱导向,那么,校园一定风清气正,学校工作不令而行。

孔子讲"居其所"时,专门指出"北辰"的特点,正唯不动,所以群星所向,环而绕之。倘若变动不居,群星岂不无所适从?不动并非懒政和不作为,而是"为政以德",道德教化不含糊,能以静制动,以不变应万变。学校管理的"为政之德",即突出思政教育,强化价值导向,校长要有宏观分析与决策能力,有举重若轻、运筹帷幄的领袖气质。教师之教学生,班主任的班级工作,又何尝不是如此呢?"为政以德"与"无为而治",二者的确有关联。校长也罢,教师也罢,不迷信心机权谋,有正人君子风范,从容淡定,绝不一惊一乍、无事生非。

孔子为政以德的思想,经由《大学》得到发展,勾连起与教育的联系。《大学》开篇曰:"大学之道,在明明德,在亲民,在止于至善。""明明德"是将人内心先天赋予的德性彰显出来。以"明明德"开篇,强调教育的要义在"德",宗旨在唤醒和扩大人的德性,而成就德性的途径在"亲民"。"亲民"以爱民和教民为基本意蕴。"亲民"的内涵大致三个方面:一是民贵君轻的君民观;二是先民后官的义利观;三是民心向背的政治观。"止于至善"则是为政以德的根本目标,也是"立己达人"的崇高境界。

对于现代学校教育而言,"明明德",意味着教育就是唤醒,是一个灵魂唤醒另一个灵魂。"明明德",意味教学过程中突出道德人格培养,坚持立德树人的根本宗旨。"明明德",学校管理中要把师德师风建设放在重要位置,充分发挥教师的表率和示范作用。"亲民",意味以人民为中心办教育,办人民群众满意的教育。"亲民",意味学校管理中的民主气象,尊重教师,依靠教师,充分发挥教师的积极性和创造性。"亲民",教学过程中须体现学生的主体地位,发扬教学民主,促进学生全面和谐的发展。"止于至善",意味着学校管理中的思想引领和价值导向。"止于至善",意味着努力达成真善美的统一,让师生感受到生命的舒张和道德境界的提升。"止于至善",是教育不断从实然世界走向应然世界的超越。

"为政以德"是学校管理的应然要求,首先需要强化的是校长的道德修养。"学高为师,身正为范。"基础教育是养成教育,为学生的终身发展打上生命的底色,作为培养人和造就人的事业,其核心在道德教化,需要教师的言传身教。校长要有"君子之德风",校长的教育理念、道德品质和行为作风等,会在学校的各个方面体现出来。因此,校长的个人修养是为政以德能否实现的关键,直接决定一所学校的办学品位和精神高度。中国古代仁人志士将为人之道与为政之道紧密结合起来,修身功夫及方法丰富多样,历经千百年的发展,逐渐形成了以修心为主的修养论,《大学》的"格物、致知、诚意、正心、修身、齐家、治国、平天下"八条目,今天依然可以作为校长教师个体修养提升的途径,为政以德成为学校教育和管理中自觉的价值追求。

孔子所说的"为政以德",并不是简单地通过道德来治理社会,而是指政治家应该以道德来统一社会的思想和行为,达到社会的和谐与稳定。他认为,道德应该是国家的根本,而政治家应该以道德为先导,来引导社会的发展和进步。"北辰居其所,而众星共之",是要求政治家应该有高尚的品德,以此来影响和带动整个社会的道德风尚。德治和法治并不相互对立,荀子认为,治无定法,端赖君子而行。"有良法而乱者有之矣;有君子而乱者,自古及今,未尝闻也。"[①] 在荀子看来,治人的前提是君子,有

---

① 《荀子·王制》。

君子即有良法善治。黄宗羲则认为，相比于君子，好的制度更重要；无论君子与否，有良好的制度（天下之法）即可达到善治。当然黄宗羲并不认为人的作用不重要，而是认为治人的前提是治法；人也是依法而治的人，非法之法并不能为治人创造出好的环境。

18

思 无 邪

子曰:"《诗》三百,一言以蔽之,曰:'思无邪'。"

孔子说:"《诗经》三百篇,用一句话来概括它:'思想纯正'。"

什么是"思无邪"?此句争议较多。通行的说法,"邪",解释为"邪恶"。

张居正讲解说:

诗,是《诗经》。蔽字,解作盖字。思,是心思。无邪,是心思之正。孔子说:"《诗》之为经,凡三百篇。一篇自为一事,一事自有一义,可谓多矣。然就中有一句言语足以尽盖其义而无余。《鲁颂·駉》篇之词有曰:思无邪。"是说人之思念皆出于天理之正,而无人欲之邪曲也。只这一言就足以尽盖三百篇之义。盖诗人之言有美有刺,善者美之,所以感发人之善心,恶者刺之,所以惩创人之恶念。只是要人为善去恶,得其性情之正而已。人之心若能念念皆正,而无邪曲之私,则其所为,自然有善而无恶,有可美而无可刺,而诗人之所为以劝以惩者,包括而无遗矣。①

另有一种解说,释"邪"为"徐",即虚。"无虚",意思是没有虚情假意。郑浩《论语集注述要》:"古义邪即徐也。无虚徐,则心无旁骛……"程树德《论语集注》云:"夫子盖言《诗》三百篇,无论孝子、忠

---

① (明)张居正撰:《四书直解》,九州出版社 2010 年版,第 68 页。

臣、怨男、愁女皆出于至情流溢，直写衷曲，毫无伪托虚徐之意，即所谓'《诗》言志'者，此三百篇之所同也，故曰一言以蔽之。惟诗人性情千古如照，故读者易收感兴之效。若夫《诗》之是非得失，则在乎知人论世，而非此章论（诗）之本旨矣。"钱穆、李泽厚等亦主此说。李泽厚引《朱注》程子曰：思无邪者，诚也。其译文是："孔子说：'《诗经》三百首，用一句话概括，那就是：'不虚假。'"① 钱穆说："孔门论学，主要在人心，归本于人之性情。"②

"思无邪"到底是什么意思？后世人们多认为，"思"字本来是无意义的发语词，孔子当作思想、思虑来用；"无邪"本来是无边无际的意思，孔子当作邪僻、邪恶来用。孔子抛开原诗语境，借题发挥，赋予新义。于是"思无邪"被赋予新义，变为思想纯正、没有邪念。这是对人格修养的一种警诫和期望，即要求自觉做到纯洁至诚、无私无邪。在《为政》篇中，主要是对当政者的期待。孔子从为政的角度出发，论述《诗经》的主旨是思想纯正而无邪念，强调文学对于人的教化作用。

将《诗经》的主旨归结为"思无邪"，并非专论《诗经》本身，而是指出为政与文学的关系，指出需要用诗教来陶冶人们的思想情感。孔子在《礼记·经解》中说："温柔敦厚，《诗》教也。""乐而不淫，哀而不伤，怨而不乱。"诗的这些特点和意蕴与教育之目的方式非常吻合，因此，诗教可以端风俗而正人心。司马迁说："国风好色而不淫，小雅怨诽而不乱。"③ 也言诗归于正也。所以"正得失、动天地、感鬼神，莫近于诗"，先王以是"经夫妇，成孝敬，厚人伦，美教化，移风俗"。④

本章谈诗教，看似与为政无关，实则"诗教"关乎"德治"，又与"礼乐"相连，乃为政治国之重要内容。古时政教不分，二者相辅而行，《论语》中孔子反复谈及《诗》之政教功能。《诗》能使人心归于正，在为

---

① 李泽厚著：《论语今读》，生活·读书·新知三联书店2008年版，第55页。
② 钱穆著：《论语新解》，生活·读书·新知三联书店2012年版，第23页。
③ 《史记·屈原列传》。
④ 《毛诗序》。

政中能充分发挥它的文学感化功能。

《传习录》有王阳明讲学盛况的描写："每当一室，常合食者数十人，夜无卧处，更相就席，歌声彻昏旦。"一间房几十个人，"更相就席"就是你去上课我睡觉，轮着来。"歌声彻昏旦"指咏唱的声音通宵达旦。王阳明用咏唱来引导学生，这正是诗教的一个特点，也是儒家对礼乐的崇尚。"南镇、禹穴、阳明洞诸山远近寺刹，徒足所到，无非同志游寓所在。"远近这些地方都有来求学的，能住那么满。毕竟王阳明这是私人讲学，没有学历也不给官做，人们热情还这么高。无论出于信仰，还是求知欲，这种吟唱正是热情高涨的体现，也是诗教力量的显示。陈胜、吴广起义时，兵临城下，儒生还在城上唱，弦歌不绝，这感天动地的乐观精神，显见诗教的一个侧面。

《毛诗序》云："诗者，志之所之也，在心为志，发言为诗。情动于中而形于言，言之不足，故嗟叹之，嗟叹之不足，故永歌之，永歌之不足，不知手之舞之、足之蹈之也。情发于声，声成文谓之音。治世之音安以乐，其政和；乱世之音怨以怒，其政乖；亡国之音哀以思，其民困。故正得失，动天地，感鬼神，莫近于诗。先王以是经夫妇，成孝敬，厚人伦，美教化，移风俗。"《毛诗序》是《诗经》首篇《关雎》序文中的一大段，宋代朱熹将其称为《诗大序》。《诗大序》虽然只有数百字，但总论《诗经》，并提出了对后世有着重要影响的教化、情志、美刺、正变与以礼节情等观点，向文学的政教化方面迈出了关键的一步。

在孔子看来，古典知识的学习不仅仅是培养谋生的技能，更重要的是为了辅助德性的修养。通过学习古典知识，人们可以获得道德修养所需的智慧和品德，成为一个道德高尚的人。而培养德性的目的，则是为了成为理想的政治领导人做准备。为了实现这个目标，孔子开设私学，教授六经，目的并不仅仅是传授知识和培养道德，更重要的是为了培养出具备高尚品德和才能的政治领导人。孔子关心的最终目标是社会的治理，他相信通过培养出具备道德修养和政治才能的人才，可以实现"为政以德"。从理论上讲，孔子的观点可以被解读为一种以知识、道德和政治为目标的综合性教育理念。因此，孔子这种以"德教"为内涵的《诗》教思想，与孔子的"德治"思想是相统一的。在孔子看来，《诗》是"德"的载体，习《诗》可以培养人形成"温柔敦厚"的性情，可以提高人的道德素质，因此孔子热衷于习《诗》，传《诗》，对《诗》极为熟悉，并且在教学的过程中赋予《诗》自己的思想观点，形成对后世影响很大的"《诗》教思想"。

孔子将"诗三百"概括为"思无邪"，也是遵循了"以德评诗"的准则；孔子之所以如此评价，就是要彰显《诗》的道德内涵，宣扬"德教"。儒家"诗教"与"德治"密不可分，并行不悖。朱熹说："孔子所谓思无邪，只是一个'正'字。"① 又引程子曰："'思无邪'者，诚也。"即"修辞立其诚"之意，也即《大学》"格物致知诚意正心"之所谓也。"深于诗"者，自然温柔敦厚，修身齐家，文质彬彬，然后君子。本章可以看作孔子《诗》学之"总纲"，也是孔子"博文"之后能"约礼"，"下学"之后能"上达"的具体体现。朱熹《论语集注》引范氏说："学者必务知要，知要则能守约，守约则足以尽博矣。经礼三百，曲礼三千，亦可以一言以蔽之，曰：'毋不敬。'"②

李泽厚说，《诗经》本是初民理性觉醒的一种形式，这种形式通过它的具体用途表现出来。《诗经》最初的用途具体表现为以下三个方面：一是作为各种典礼、仪式的重要组成部分：《诗经》中的许多篇章被用于各种典礼和仪式中，如祭祀、婚礼、葬礼等。这些诗歌通过表达对祭祀对象或参与者的赞美、祝福和哀悼，增强了典礼和仪式的庄重和意义。二是观察政治的得失成败：《诗经》中的一些篇章记录了当时的政治事件和社会动态，这些诗歌表达了对政治的关切和对社会政治的看法，通过诗歌的表达，人们可以从中汲取政治智慧，警示统治者和社会成员，促使他们反思和改进。三是传承和弘扬美德：《诗经》中的一些篇章通过描绘正直和高尚品德的人物形象，以及对美德的赞美和讴歌，培养人们的道德观念和价

---

① 《朱子语类》。
② （宋）朱熹著：《四书章句集注·论语集注》，中华书局2011年版，第54页。

值观。

诗不仅有"无邪"之"思",更有蕴藉丰富的"情"。"思无邪"既是儒家《诗》学之"总纲",也是儒家文教之"要目"。"思无邪"亦可理解为"情中节",情兼雅怨,体被文质,美刺相兼,不偏不倚,无过无不及。而关于《诗经》的经典评述,如"哀而不伤""怨而不怒""乐而不淫"等,皆为儒家诗学"中和之美"的生动体现,也是对诗之情感的高度评价。"感人心者莫先乎情",这正是诗教魅力之所在。

"春服初成丽景迟,步随流水玩晴漪。微吟缓节归来玩,一任清风拂面吹。"朱熹对于《曾点之志》这一章节的吟诵,展现了一种轻快而生趣盎然的郊游场景。他用简洁的笔触勾勒出一幅画面,读者仿佛能够亲身感受到春天初成时的美景,流水悠然,诗人怡然自得,让人置身于一种自适逍遥的状态中。这种与儒家经典的理性道德观念相呼应的个体主观情感的抒发,使得诗人摆脱了伦理道德和人性欲望的重重束缚,通过借用经典来赋予诗歌以美感,并以此陶冶情趣,逐渐接近文学审美的境地,同时也更接近了诗人内心深处最真实的表达。这种诗经的运用方式既展现了人性的情感和创造力,又传承了儒家经典的智慧和价值观,使得诗歌成为了一种既有哲理又富有诗意的艺术形式。诗是一种特殊的语言,能够超越常规的概念和逻辑,通过隐喻、象征和意象来传达更深层次的真理和存在的本质。诗的语言具有独特的力量,能够激发人们的直觉和情感,引导人们超越日常经验的界限,进入更深刻的思考和体验。

《论语》中的这句话"《诗》三百,一言以蔽之,曰:'思无邪'",是孔子对《诗经》的概括和评价,也是对于诗教的期待,对现代学校教学具有重要启迪意义。"思无邪",即思想要纯正,不要有邪恶的成分,学校教育中要强化道德修养和德育的内容。人性本善,但受到环境和社会的影响,会产生邪恶的思想和行为。因此,需要通过细致教育来引导学生的思想和行为,使其趋于正义和善良。诗教是中华民族传统教育的重要遗产,包含了丰富的道德智慧和文化内涵。通过学习和研究优秀诗文,可以更好地传承和发扬中华文化,培养人们的文化素养和认同感,保证师生思想不偏不倚、不邪不淫，帮助人们树立正确的价值观念和人生观念。诗歌是最能体现人类文化和价值观的文学形式，通过诗歌的阅读和领悟，可以使学生更好地理解和体验人类的情感和思想，培养学生的审美情趣和文化素养，激发学生的思维能力和创新精神。

19

道之以德，齐之以礼

子曰："道之以政，齐之以刑，民免而无耻。道之以德，齐之以礼，有耻且格。"

孔子说："治理民众采用政令，约束他们采用刑罚，民众只求苟免于受罚，却没有羞耻之心。治理民众采用道德，规范他们采用礼义，民众有耻辱感，且内心认同而归依。"

免，苟免。皇侃《义疏》引南齐沈居士："夫立政以制物，物则矫以从之；用刑齐物，则物巧以避之。矫则迹从而心不化，巧避则苟免而情不耻，由失其自然之性也。""巧避则苟免"一语，是"免"的正解。

格，来也。《礼记·缁衣篇》："夫民，教之以德，齐之以礼，则民有格心；教之以政，齐之以刑，则民有遁心。"此处"格心"和"遁心"相对。"遁"，即逃避的意思；逃避的反面应该是亲近、向往、归来。

《礼记·缁衣》中还有一个例句："言有物而行有格也。"因此，"格"，有学者解释为标准或典范，即平常说的合格、够格之"格"。"有格"体现了自觉和自律，比"有耻"更进一层，表明道德教化的力量。

本章承接上两章，由"德治""诗教"过渡到"礼治"，逻辑上由内而外，由政而教，由道德层面进入到制度层面。孔子的这段话，比较了两种不同的治国思想：一种是民未犯罪而心无耻，另一种是民犯罪而心有耻。在孔子眼中，这两种治国思想，在正当性与实际效果上，是存在着巨大差异的。

孔子的为政治国，主张以德礼治民，而德又是礼之本，礼是德的外在表现。为政者躬行其德，以为民先。如必自尽其孝，而后可以教民孝，自尽其悌，然后可以教民悌，用德来进行感化教育。这种德的感化，需要用礼来加以划一，以礼为规矩，所以德礼乃至治之本，以礼来辅德治之不足，使民众能明是非、辨善恶，以作恶犯法为可耻。孔子在本章中虽然强调德礼治民，但也看到政刑的作用，不过以德为主罢了。

孔子在此将道德分为两种，一是社会性道德，一是所谓的宗教性道德。李泽厚认为，社会性道德是社会公德或社会规范，它的特点是具有明确的现实功利性和规范强制性；而宗教性道德则具有超越现实功利的特点，也不受外在因素的胁迫。这些划分方法，孔子早已十分清楚，即德与仁，或现实道德与审美人格。

从人类社会的某个发展阶段来看，也许法家的思想更有立竿见影的效果，而孔子的"德治社会"往往被人指为空中楼阁。但从人类发展的总体来看，"德治社会"的理想是根本，是基础，是保障；失去了道德理想主义，人类社会将会在"理性"的泥淖中沉没。对于法家的治理思想，班固评价说："刻者为之，则无教化，去仁爱，专任刑法而欲以致治，至于残害至亲，伤恩薄厚。"[①] 此为中肯之言。

董仲舒《天人三策》："至秦则不然，师申商之法，行韩非之说，憎帝王之道，以贪狼为俗，非有文德以教训于下也。……是以刑者甚众，死者相望，而奸不息，俗化使然也。故孔子曰：'导之以政，齐之以刑，民免而无耻。'此之谓也。"[②]

政治权力应该以道德为基础。董仲舒认为，当政治权力只是依靠刑法来维护社会秩序时，民众只是出于惧怕而遵守法律，缺少道德约束。而当政治权力以道德为基础时，民众的行为会更加自觉、自律，遵守道德规

---

① 《汉书·艺文志》。
② 《汉书·董仲舒传》。

范，这样的社会秩序才是真正稳定和健康的。董仲舒认为，礼仪是社会秩序的基础，道德是社会秩序的灵魂。只有依靠礼仪和道德的约束，才能形成一个有秩序、有纪律、有道德的社会。

孔子所言"政"，是指那些确实能够去恶扬善、有益于民众的政策法规。否则，暴政配以酷刑，百姓民不聊生，只能铤而走险，就更谈不上心中"有耻"了。德治与礼治，乃以本驭末，以教为政，此孟子所谓"善政不如善教"之意。礼乐刑政，虽同是治道，其性质功用大不相同。简言之，刑政属"他律"，礼乐属"教化"，唯有德与礼相辅相成，方可形成优良治理，民众在道德礼义感化之下产生内在道德感，也即"自律"。

"政"的基本目的是"正民"：民之言行举止必须符合国家所规定的政令。如果民有违于政，一个可能的办法是诉诸刑罚，即"齐之以刑"。是即所谓政令于前，刑罚于后。孔子承认，政与刑是达到治国治民目的的可能途径之一。但是，在他看来，以"政"与"刑"而求治的问题是，它们虽然有可能让人循规蹈矩，免于惩罚，却会使人"无耻"，亦即缺乏羞耻之心。反之，如果以"德"与"礼"来治国，人民不会侥幸免于惩罚，而且可以保持羞耻之心。因此，孔子赞成"德治"与"礼治"而批评"政治"与"刑治"。

这一章承"为政以德"，着眼点在具体效应，主要是从治理层面发挥。如果只用政治去开导民众，用刑法去惩罚民众，他们可能畏法而不敢犯法，但缺乏道德自觉。如果用仁德去教导民众，启发他们的道德自觉，同时又用礼去规范他们的行为，民众的行为就能合乎社会的规范，达到社会的和谐。朱熹《论语集注》："道，犹引导，谓先之也。政，谓法制禁令也。齐，所以一之也。道之而不从者，有刑以一之也。免而无耻，谓苟免刑罚。而无所羞愧，盖虽不敢为恶，而为恶之心未尝忘也。礼，谓制度品节也。格，至也。言躬行以率之，则民固有所观感而兴起矣，而其浅深厚薄之不一者，又有礼以一之，则民耻于不善，而又有以至于善也。"[①]

---

① （宋）朱熹著：《四书章句集注·论语集注》，中华书局2011年版，第54页。

朱熹的贡献是把德、礼、政、刑看成一个有机的整体，梳理了四者的关系，认为"刑""政"是实现"治"的辅助方式，而"德""礼"则是实现"治"的根本途径，而"德"又是根本的根本。如果只用法制禁令去引导民众，用刑法去惩罚民众，虽然人们可能因畏惧刑罚而不敢犯罪，但缺乏道德自觉，没有羞耻之心。如果用道德去教导民众，启发他们的道德自觉，又用礼去规范他们的行为，民众就会以不善为耻，自觉地使自己行为合乎社会规范。概括地说，治理国家德、礼、政、刑四者相为终始，不可偏废，但应以道德教化为主，政令刑罚为辅。

张载《论语解》："德礼者，治之本；政刑非不用也。然德立而礼行，所谓政刑者，盖亦在德礼之中矣。故其涵泳熏陶有以养民之心，使知不善之为耻，而至于善道。若其本不立而专事于刑政之末，则民有苟免之意而不知不善之为耻，何以禁其非心乎？后世之论治，及于教者鲜矣。"张载深化了朱熹的观点，认为后世论政遗失了德礼为政教之本，政刑为政教之末的精义。

孔子说"道之以德，齐之以礼"，《左传》有"凡侯伯，救患、分灾、讨罪，礼也"，可见德与礼之间有着本源关系。"礼之教化也微，其正邪也于未形；使人日徙善远罪而不自知也。"[①] 礼的作用，在邪恶未形已止其祸，在恶念未萌已去其根，使民"不自知"而改过迁善。礼是禁于将然之前，是儒家的礼，干涉的意味较少。孔子以为法治虽能产生吓阻的作用，但这只是表面功夫——使人不敢为非作歹，只有礼治才能在潜移默化中使一个人根本不想为非作歹！

赵汀阳《儒家政治的伦理学转向》："儒家以礼覆盖一切问题，突出伦理的地位而忽视甚至贬低了政治、经济和法律，这样就把生活各方面的问题几乎都抽空了，这是很难以理解的洁癖思路。"[②] 这一论断似乎失之偏颇。值得注意的是，与孔子所说的德与礼相对应的是繁复的政令与苛虐的

---

① 《礼记·经解》。
② 赵汀阳：《儒家政治的伦理学转向》，载《中国社会科学》（内刊版），2007年第4期。

刑罚，而不是现代社会所说的法律之类。法不是罚，更不等同于刑。梁治平说过一句很深刻的话：中国古代其实并没有法，而只有刑。

李泽厚认为孔子这里所说的德是古代氏族社会用于团结群体，博施恩惠，处理重大事变的体制规则，是习惯法和不成文法。"这些习惯法规沿袭久远，本具有突出的宗教性能与内容，孔子和儒家将它们尽量理性化和道德化"[1]，这就成了孔子所说的礼。应当看到，孔子并不是单纯主张行仁和德治，排斥刑罚和威严，而是主张德与刑两手并用。他认为："君子怀德"和"君子怀刑"，主张"宽猛相济"。

儒家认为人性本善，每个人都有成为道德完人的潜力。儒家强调德政，即通过道德教化和引导，使人们自愿地遵守道德准则，实现自我约束和自我管理。这种正向引导是通过榜样的力量来实现的。圣人和君子作为道德的楷模，他们的高尚品德和行为可以感化、带动和引导普通人改过迁善。儒家强调修养和教化的重要性，主张通过学习经典，修炼自己的品德和道德，实现个人的自我完善。儒家对人性的乐观估计，以及对道德教化和修养的重视，体现了儒家思想中对于人类道德进步和社会和谐的追求。

教育是导人向上为善的事业，道德教化是教育的本质，学校应然是社会的精神高地。倘若人之为人的"恻隐之心""羞恶之心""辞让之心""是非之心"崩坏，那么必然斯文扫地以尽。倘若执迷所谓"制度"及"章则"的约束力，而忽视培植自上而下的"德治"土壤，校长不能率先垂范，教师不能以身作则，道德自律无以养成，虽规则制度铺天盖地，条文日益明细，师生道德信仰却一蹶不振。仁爱之心缺位，以严刑峻法为乐事，视苛求为严格要求，长此以往，教育将不成其为教育，学校则不成其为学校。孔子的德礼之治，实质是"德主刑辅"，在学校教育中依然不失其有效性。

这一章是《论语》中的重要章节，传达了孔子的政治思想和教育思想。孔子认为，政治和社会秩序的维护不能仅仅靠刑法的威慑和制裁，更

---

[1] 李泽厚著：《论语今读》，生活·读书·新知三联书店2008年版，第54页。

需要以道德为基础。这就需要进行道德教育，培养人们的良好品德和道德观念，使其自觉地遵守社会规范和道德准则，从而达到社会和谐的目的。这也就告诉我们，制度或规则对人心的涵育或道德的陶冶起决定作用，换言之，领导者以什么样的理念制度来管理人，就会培养出什么样的人。或许正是在这个意义上，陶行知说校长是学校的灵魂。

20

吾十有五而志于学

子曰:"吾十有五而志于学,三十而立,四十而不惑,五十而知天命,六十而耳顺,七十而从心所欲不逾矩。"

先生说:"我十五岁时,始有志于学。到三十岁,能坚定自立了。到四十,我对一切道理,能通达不再有疑惑。到五十,我能知道什么是天命了。到六十,凡我一切听到的,都能明白贯通,不再感到于心有违逆。到七十,我只放任我心所欲,也不会有逾越规矩法度之处了。"[①]

本章是孔子对自己一生的总结,也是对人生进阶的深刻揭示。

"吾十有五而志于学",这是人生的第一阶段。人之区别于动物,在于人的智商和知识,智商方便学习,知识因学习而获得,因此,学习是人生第一要义。初生之婴儿,适应自然的能力,远不及幼禽幼兽,但未来发展之可期,远非禽兽所能企及。使发展的潜能转化为现实,离不开人的学习,因此,人天然是学习的动物。这里的"学",并非一般的"读书""学习",所学不限自然和社会方面的知识,而是关于人类自身道德行为的生命之学。按照《论语正义》的解释,"学不外道与礼也",这里的"志于学"就是志于"道"和"礼"。孔子从十五岁就立志探索宇宙人生的大道,旨在重建礼乐制度,解决当时人心败坏、社会失序、价值混乱等问题。

[①] 钱穆著:《论语新解》,生活·读书·新知三联书店2012年版,第27页。

"志于学",即充分认识到学习的重要,明确了何以为人。《毛诗序》云:"志者,心之所之也。"不再迷离彷徨,志在成为圣人,这是学习的起点。"志于学",表示人生由自在状态,执着地走向自觉。"大学之道,在明明德。"孔子之所学,志在身体力行。他所奉行的学说,与人生修养紧密相关。

"三十而立",这是人生的第二个阶段。立,指学有所成。立什么?孔子曾说过:"兴于《诗》,立于礼,成于乐。"所谓"立",就是对礼乐文化有了丰富的知识和深刻的把握,可以借以自立于社会了。孔子在《泰伯》说,"立于礼",在《尧曰》又说,"不知礼,无以立"。所以,"三十而立",主要是指立于礼,即人格基本成熟,懂得遵守一般的道德规范、社会制度,能在社会立定脚跟,或谋得一个职位。"立"的过程,是一个不断学习、不断提高的过程。儒家以《诗》《书》《礼》《易》《春秋》作为学子必读书,且奉为经典,合称《五经》。古人以三年学通一经,若要《五经》全部贯通,正好需要十五年。从十五岁到三十岁,经十五年的努力,学业与人格才能有所成,有所立。《汉书·艺文志》:"古之学者,且耕且养,三年而通一经,用日少而畜德多,三十而五经立。"

"四十而不惑",这是人生的第三个阶段。"不惑",是指"不惑于义"。一个人在认识了道义的情况下,就会对人世间的事事物物,是是非非都没有疑惑、困惑了,因为有了基本原则和价值标准。朱熹说:"于事物之所当然,皆无所疑,则知之明而无所事守矣。"[1] 人到了这个阶段,大体是世事洞明、人情通达,有充分的人生定力。换言之,有了确切的见解及思维系统,不再为一般的人情物事所困扰,为异端邪说所蛊惑。无独有偶,孟子也自陈"四十不动心"。"不动心",便是"不惑"。"智者不惑",这是智慧的境界。

"五十而知天命",这是人生的第四个阶段。又经过十年的努力,孔子教育学生,教化天下,对天道有深入的体悟,能把握自己的命运,对人生

---

[1] (宋)朱熹著:《四书章句集注·论语集注》,中华书局2011年版,第54页。

的偶然性、必然性、有限性，以及可能性都有深刻的觉解，这就进入了知天命之年。"天命"是指一种义理或道义的应然性，"知天命"即知晓上天所赋予个人的道义与责任。在孔子看来，"天命"不应该外在于人，而应内化为人的情感和生命，即不仅要靠人的理性认知，更要靠人的情感体认与践行，做到了这些，是"知天命"。"知天命"，即一己对"命运"的彻底把握，是认识并安宁于一己存在之有限性，仍自强不息。《尧曰》："不知命，无以为君子。"人不知天命，则一定考虑现实利益，见利必趋，见害必避，何以为君子？反过来说，知天命者，见利不必趋，见害不必避，唯"义"是从。"知天命"，使孔子开始了从君子向圣人的转化。

"六十而耳顺"，这是人生的第五个阶段。"耳顺"，郑玄注："耳闻其言，而知其微旨也。"听到别人的话，就能深刻知晓话语背后的深刻含义。朱熹："声入心通，无所违逆，知之之至，不思而得也。"[1] 听到无论什么，都能够欣然接受，耳顺心通。孔子知天命之后又修养实践了十多年，特别是周游列国，颠沛流离，栖栖惶惶，备尝艰辛，遇到很多不如意的人和事，他逐渐能够冷静以对，甚至连郑人嘲笑他"累累若丧家之狗"，也欣然接受，毁誉置之度外。一切违逆不顺的反应与刺激，孔子都可以心平气和地听取，天人贯通，物我两忘，这就是"耳顺"。杨树达《论语疏证》引《论衡·知实》曰："从知天命至耳顺，学就知明，成圣之验也。"[2] 盖孔子五十至六十之间，已入圣通之域，所谓声入心通也。"耳顺"，亦可解为"顺耳"，即对一切听入于耳者，皆不觉有何不顺，亦君子不惑、不忧、不惧、不愠的人生境界。"人不知而不愠，不亦君子乎？"这是"耳顺"的最好写照。孔子说："仁者不忧，勇者不惧。""耳顺"之境，兼具智、仁、勇，为"三达德"的一种精神境界。

"七十而从心所欲不逾矩"，这是人生的第六个阶段，也是最高阶段。从心所欲不逾矩，那就是心外无矩、矩外无心，做到心矩合一。庐山白鹿

---

[1] （宋）朱熹著：《四书章句集注·论语集注》，中华书局2011年版，第54页。
[2] 杨树达著：《论语疏证》，上海古籍出版社2013年版，第42页。

洞有副对联:"二李读书看白鹿,书中得几分,白鹿中得几分;三贤论道对青山,道外无一事,青山外无一事。"这是一种天人合一的境界。从心所欲不逾矩,即顺从心之所欲而不会逾越法度。到了"不勉而中,不思而得,从容中道"①,动念不离中道,所以顺心而为,自然合乎法度。从"耳顺"到"从心所欲"是一个飞跃,使孔子摆脱了感官的局限,顺心而为,合于大道,也就是一举一动均进入了致广大、尽精微、通神明的圣人境界。"从心所欲不逾矩",一言一行皆是为天地立心,为生民立命,为万世立法。李泽厚指出,该章在人生进阶上,是从"志于学"的理性始,到"从心所欲"的感性终,与从感性到理性的西方式的理路截然相反。孔子思想正是从人类总体的应然之理出发,充分尊重个体的自由,通达人的自由的审美境界。

孔子对自己的人生概括,从十五岁,说到七十岁,分为六个阶段。李中孚《四书反身录》:"此章真夫子一生年谱也。自叙进学次第,绝口不及官阀履历事业删述,可见圣人一生所重惟在于学,所学惟在于心,他非所与焉。盖内重则外自轻,所性不存故也。由斯以观,吾人亦可以知所从事矣。事业系乎所遇,量而后入。著述生于明备之后,无烦再赘,夫何容心焉。"顾宪成《四书讲义》:"这章书是夫子一生年谱,亦是千古作圣妙诀。试看入手一个学,得手一个知,中间特点出天命二字,直是血脉准绳一齐俱到。曰志曰立曰不惑,修境也。曰知天命,悟境也。曰耳顺曰从心,证境也,即入道次第亦纤毫不容躐矣。"

孔子所说的"志于学"并不是指学习知识,而是指进德修业。孔子所说的"立"不是指成为一个有责任心的成年人,而是指成为一个有德行和道德修养的人。此外,"不惑"不仅是指不被外界的诱惑所动摇,更重要的是指内心的自我认知和自我理解,以及对人生的目标和意义的认识。"知天命"是指认识到自己的人生目标和意义,以及个人与天地的关系,从而更加明确自己的人生价值和使命。"耳顺"和"从心所欲不逾矩"并

---

① 《中庸》。

不是指完全听从自己内心的欲望，而是指在道德和人伦关系的框架内，理性与情感高度融合，达到理想自由放飞的审美境界，从而更好地实现自己的人生价值和庄严使命。

对孔子的人生自述，钱穆阐发说："学者固当循此努力，日就月将，以希优入于圣域。然学者所能用力，亦在志学与立与不惑之三阶程。至于知天命以上，则非用力所及，不宜妄有希效。"[①] 他说志学与立与不惑，这三个阶程经过努力是可以做到的，而知天命以上即使努力也未必做得到。如果自以为可以做到，就会流于乡愿或小人。

《论语》这一章，阐述了孔子学以成圣的一生。在贯穿一生的不同阶段，孔子的学习态度和生命境界，对于现代学校教育具有重要的启发意义。教育应从儿童时期开始，重点在培养学习兴趣，养成良好学习习惯，保护童年，降低学习难度，因此不能操之过急，更不能拔苗助长。"志于学"，教育应该帮助学生树立正确的人生目标和价值观，养成坚定的学习意愿和信念。"而立"，教育应该培养学生的社会责任感和担当精神；"不惑"，教育应该帮助学生形成自己的独立思考能力和批判思维；"知天命"，教育应该帮助学生明确自己的人生价值观，认识自己的个人使命和社会责任。"耳顺"，教育应培养学生谦逊自律的精神，善于反思并乐于接受批评意见；"从心所欲不逾矩"，教育应该让学生形成良好的心理品质和丰富的情感，具备自我管理能力和审美鉴赏创造能力。

---

① 钱穆著：《论语新解》，生活·读书·新知三联书店2012年版，第27页。

21

孟懿子问孝

孟懿子问孝。子曰："无违。"

樊迟御，子告之曰："孟孙问孝于我，我对曰，无违。"樊迟曰："何谓也？"子曰："生，事之以礼；死，葬之以礼，祭之以礼。"

"无违"，皇侃《义疏》解为："言行孝者每事须从，无所违逆也。"指不违背父母长辈之命令。邢昺《注疏》解为："言行孝之道，无得违礼也。"明言不违背礼。朱熹《集注》："无违，谓不背于理。"是以理学家的思路把"无违"解为不违背天理。程树德《集释》："朱子因欲伸其师穷理之说，其注《论语》到处塞入理字。于仁则曰心之德爱之理，于礼则曰天理之节文，如水银泻地，无孔不入。自古无如此解经法也。然有绝不可通者，如此章'无违'，明是不背于礼，乃偏作理……"朱熹释"违"为背理，程树德认为大谬不然。

"无违"这三种解释，主要是指不违背礼。不违背礼有两方面的含义：一是要虔诚恭敬尽到礼数，不能敷衍塞责；二是要按照既定的礼教，即天子、诸侯、大夫、士、庶人各有差等，不得僭越。以孟懿子为例，他是鲁国最有势力的三家大夫之一，但有时候不仅用鲁公（诸侯）的礼仪，甚至还用天子的礼仪，这就叫僭越。孔子对此深恶痛疾，但对孟懿子没有批评指责。孔子很含蓄地用"无违"两个字，来回答孟懿子的问孝，又通过学生樊迟传话，对孟懿子进行劝诫。

孟懿子向孔子问孝道。孔子说:"不要违背礼节。"

不久,樊迟替孔子赶车子,孔子便告诉他说:"孟孙向我问孝道,我答复说,不要违背礼节。"樊迟道:"这是什么意思?"孔子道:"父母活着,依规定的礼节侍奉他们;死了,依规定的礼节埋葬他们,祭祀他们。"①

孟懿子:氏仲孙,名何忌,奉其父僖子遗命学礼于孔子,乃孔子早年学生。后孔子为鲁司寇,主堕三家之都,何忌为首抗命。故后人不列何忌为孔门之弟子。

樊迟:姓樊名须,字子迟。孔子学生。

《论语集注》:"是时三家僭礼,故夫子以是警之,然语意浑然,又若不专为三家发者,所以为圣人之言也。"② 当时"礼崩乐坏",所以孔子十分强调礼。由孝而德而仁,礼是仁的表现形式,仁是礼的本质和内涵。以礼来说孝,是对礼的普遍性、经常性要求;能尽礼时要尽礼,不能尽礼时要尽"心"。"礼之本"是人的真实的情感,而非虚浮的形式。具体到现实情景中,何谓越礼,何谓不尽礼,要以具体情况而论。有礼无情,礼为虚礼;有情无礼,未能尽礼;无情越礼或少礼,是为悖乱;有情有礼,文质彬彬。

我国古代文化重视孝道,尤其是儒家,认为这是人伦之大者。什么是孝呢?不单对父母要孝,还要扩而充之行大孝于天下,爱天下之人,始谓之大孝。舜大孝于天下,也就包含着爱天下人的意思。所以为政的人,必须从自身孝父母做起,推及到行大孝于天下,爱一切人,这才是施行德治的根本。

孔子以"无违"称孝,樊迟不太理解,于是问"何谓也?"孔子便作了解释:生,事之以礼,"谓冬温夏凉,昏定晨省之属也"。即父母活着的时候,冬天替父母温席,夏天替父母打扇,每天早晨和傍晚,向父母问

---

① 杨伯峻译注:《论语译注》,中华书局2009年版,第13页。
② (宋)朱熹著:《四书章句集注·论语集注》,中华书局2011年版,第55页。

安，无微不至地侍奉父母。葬之以礼，即父母死时，备办棺材衣服，收殓遗体，砌造坟墓安葬。祭之以礼，"谓春秋祭祀，以时思之"，即春天和秋天祭祀父母，表达对父母的哀思。

孝尽管局限在家庭范围内和亲人之间，但家庭关系并非仅血缘关系，本质上也是社会关系之一种，故必须考虑其社会属性及道德内涵，而礼正是规范指导包括父子关系在内的所有社会关系的基本法。孟僖子曾陪同鲁昭公前往楚国，因不懂礼节，致使鲁昭公在欢迎仪式上举止失当，为此孟僖子十分惭愧自责。回到鲁国后，孟僖子就"礼"的问题，到处向人求教，这其中就包括当时还年轻的孔子。孟僖子对孔子的学问及修养十分佩服，在临终前，嘱咐两个儿子，拜孔子为老师，去学习"礼"。

一谈到"孝"，人们最直接的反应就是孝顺父母，"无违"就是指不违背父母的意志。作为孟懿子父亲的孟僖子，其最主要的意志就是让儿子学"礼"。所以，孔子没有直接回答孟懿子的问题，而是以"无违"做了含蓄的回答，其潜台词是："你只要能够不违背你父亲的临终遗教，重视对'礼'的修养，不违背于'礼'，这就可以算得上'孝'了。"

孔子讲的"无违"，是"无违于礼"，这是"孝"的本质。孟懿子容易把孔子的答语，片面理解为只要"无违于父"，这就是"孝"了。孔子因而要向樊迟做进一步阐释。孝必须合于礼，而非只是顺。康有为说："事亲始终只能从礼""故大孝在论义，乱命不可从，而父道可以改"。[①]

子孝其父，是传统美德，对父亲的遗命，是否应该卑恭承顺、不折不扣地实行呢？《左传》宣公十五年载，晋国"魏武子有嬖妾，无子。武子疾，命颗（按：武子之子）曰：'必嫁是。'疾病则曰：'必以为殉。'及卒，颗嫁之，曰：'疾病则乱，吾从其治也。'"春秋之时，奴隶主贵族决定一婢妾的生死，完全可以随心所欲。因此，魏武子曾叮嘱儿子，死后将他的爱妾嫁人。但临死之前，他有以爱妾殉葬的遗命。在重孝道的古代，

---

① （清）康有为著：《论语注（一）》，广西师范大学出版社2016年影印版，第61页。

遗命被视为必须遵奉执行的金科玉律。但是，魏颗对父亲的不同遗命作出选择，认为以活人殉葬的遗命，是因病神态不清所作的糊涂决定，因此，他选择父亲清醒时的嘱咐，嫁其父妾，挽救了一个人的生命。魏颗之于武子，虽仍然尽其子孝之道，态度谦顺，但"乱命不可从，父道可以改"。这个意义上说，"无违"，指不背礼，包含着不违背天理。

此章谈"孝之礼"，回顾前面"慎终追远"章。"葬之以礼"即"慎终"，言丧礼；"祭之以礼"即"追远"，言祭礼。孝亲之礼，发乎人情，非自外铄。《礼记·祭统》说："夫祭者，非物自外至者也，自中出，生于心也。""孝之礼"的根基在情感，在子女对父母的至诚之情。

孔子以亲情和爱去解释包括葬祭之礼在内孝的行为动机，使其孝论有了普遍推行的基础。他强调孝顺父母是基于对亲人的情感和责任，而非出于对鬼神的迷信。这种观点排除了鬼神之说对孝的干扰，强调了人与人之间的情感关系的重要性。这一观点具有现实性和普遍性，不仅适用于古代社会，也适用于现代社会。孔子的思想为孝道的实践提供了坚实的道德基础，使孝道成为中华文化的核心价值观之一。

将孝的原始观念赋予仁的解释，使其从古老的道德教训上升为哲学理念，孝不仅仅是一种对父母的尊敬和顺从，更是一种对生命和人的尊严的珍视。孔子认为，人是万物之灵，每个人的生命只有一次。因此，当一个人的生命旅程终结时，他强调对遗体的妥善处理，这是对生命的尊重和珍视。此外，孔子还强调了对逝者的追忆和怀念，认为这是对生命的延续和珍视。他认为，逝者的一生应该被后人铭记和缅怀，这样可以维护人的尊严，使其在记忆中得到永恒的存在。这种思想观点在中国文化中深深扎根，成为了尊重生命和弘扬人的尊严的核心价值观。

孝道及礼仪和仪式感，不仅是一种形式，更是一种价值观和道德规范的表达。在中国传统文化中，家庭被视为社会的基本单位，而父母作为家庭的核心，他们的地位和权威应得到尊重。通过孝道的礼仪和仪式，人们能够感受到家庭的温暖和凝聚力，从而培养出对家庭的敬意和责任感。通过葬礼和祭祀等仪式，人们能够以一种庄重而虔诚的态度表达对逝去亲人的思念和敬意，同时也能够密切与其他亲友之间的关系，增进彼此的感情。通过遵守礼仪的规范，人们能够约束自己的行为，养成良好的品德和习惯，从而提升个人的道德修养和品质。而仪式感则能够增强人们对于道德行为的重视和敬畏，使人们更加庄重和虔诚地对待这些行为。

孔子虽然不相信鬼神，却将葬、祭之礼作为孝的内涵加以提倡。这种看似矛盾的做法实际上是孔子对于家庭关系和人伦道义的深刻理解和回应。孔子曾经对于学生宰我提出缩短"三年之丧"的时间表示不满，他说："予之不仁也！子生三年，然后免于父母之怀。夫三年之丧，天下之通丧也。予也有三年之爱于其父母乎！"[①]孔子之所以坚持"三年之丧"，并不是因为他相信死去的父母需要这样长时间的祭祀，而是因为他从父母与子女之间的关系出发，强调了儿女对父母的孝道应该体现出对父母生前的关爱和回报。孔子认为，父母对子女的养育之恩是无法估量的。在孔子看来，父母的爱是无私的、无条件的，而子女对父母的回报应该是尽可能地多、尽可能地长久。因此，孔子将葬、祭之礼作为孝的一部分，他相信通过祭祀和报恩的行为，可以表达对父母的感激之情和对父母的爱。这种行为不仅仅是为了父母的安宁和安慰，更是为了弘扬仁爱精神和传承人伦道义。

孝道及礼仪和仪式感，是学校德育的重要内容与途径。作为中国传统文化的核心价值之一，孝道强调尊重父母、孝顺父母，而礼仪和仪式感则是这种孝道观念的具体体现。通过参与葬礼和祭祀等仪式，学生能够亲身感受到对亲人的尊重和敬意，进一步明确自己的道德责任和义务。这种体验能够潜移默化地影响学生的思想，使其树立起正确的道德观念和价值取向。参与葬礼和祭祀等仪式，学生能够感受到家庭的凝聚力和亲情的温暖，从而培养出对亲人的深深的情感。这种情感体验能够让学生更加关心他人，更加注重人际关系，培养出积极向上的情感素养。

通过与亲友一起参与仪式，学生能够建立和谐的人际关系，学会与他

---

① 《论语·阳货》。

人合作，培养出良好的人际交往能力。参与葬礼和祭祀等仪式，学生需要尊重仪式的庄重性和虔诚性。这种参与体验能够让学生明白自己的行为对于他人和社会的重要性，激发起他们的自我约束和自律意识，形成积极健康的生活方式和良好的道德品质。孝道的礼仪和仪式也能够培养学生的家国情怀。参与葬礼和祭祀等仪式，学生能够感受到家庭的凝聚力和亲情的温暖，从而激发起他们对家乡、家族和国家的归属感和情感认同。

22

父母唯其疾之忧

孟武伯问孝。子曰:"父母唯其疾之忧。"

孟武子问如何是孝?孔子说:"使父母亲只担心子女的疾病。"①

孟武子向孔子请教孝道。孔子道:"做爹娘的只是为孝子的疾病发愁。"②

孟武伯问:"怎样是孝道?"先生说:"让你的父母只忧虑你的疾病。"③

杨伯峻的译文将"问"译作"请教",似乎更贴切,但"父母"译作"爹娘",似无必要。"忧",译为"发愁",似不如钱穆译为"忧虑"、李泽厚译为"担心"。

朱熹:"言父母爱子之心,无所不至,惟恐其有疾病,常以为忧也。人子体此,而以父母之心为心,则凡所以守其身者,自不容于不谨矣,岂不可以为孝乎?旧说,人子能使父母不以其陷于不义为忧,而独以其疾为忧,乃可谓孝,亦通。"④

李泽厚:"是指子女非常关心和担忧父母生病呢?还是指子女只使父母关心自己疾病而不担心别的事,即对别的方面都非常放心呢?后一解更

---

① 李泽厚著:《论语今读》,生活·读书·新知三联书店2008年版,第61页。
② 杨伯峻译注:《论语译注》,中华书局2009年版,第14页。
③ 钱穆著:《论语新解》,生活·读书·新知三联书店2012年版,第29页。
④ (宋)朱熹著:《四书章句集注·论语集注》,中华书局2011年版,第55页。

深一层。孟武子谥"武",可能一向勇猛,父母老怕他因此而惹是生非,遭难遇祸,所以孔子就这样回答他!"①

上一章是孟懿子向孔子"问孝",这一章孟懿子的儿子又来向孔子"问孝"。孟武伯是孟懿子的儿子,"武"是谥号。孟武伯与他父亲一样,向孔子请教孝道,而孔子对他的回答,与对其父的回答截然不同。

唯其疾之忧:此句有三解。钱穆是这样认为的:"一、父母爱子,无所不至,因此常忧其子之或病。子女能体此心,于日常生活加意谨慎,是即孝。或说,子女常以谨慎持身,使父母唯以其疾病为忧,言他无可忧。人之疾,有非己所能自主使必无。第三说,子女诚心孝其父母,或用心过甚,转使父母不安,故为子女者,唯当以父母之疾病为忧,其他不宜过分操心。孟子言父子之间不责善,亦此义。三说皆合理,第一说似对《论语》原文多一纡回,且于唯字语气不贴切。第三说当作唯父母疾之忧始合。今从第二说。"②

简而言之,父母唯其疾之忧:此句有三解:其一,父母爱子,常担心孩子生病;子女能够体贴父母,爱惜己身,便是孝。其二,子女对父母,当尽心服侍,尤其在父母生病时,更应因忧患而体贴呵护。其三,子女常常谨言慎行,合乎礼义,使父母不忧其他,唯以其生病而忧虑。三解均可通,今取第三义,与钱穆的第二说吻合。

父母生病,作为儿子进行照看,这是最为普通、基本的道德伦理。孟武伯是鲁国贵族出身,他向孔子请教"孝"的道理,显然是想探讨更深层次的理解。孔子也不会简单地回答最基本、人尽皆知的道理,而是给予更深入的教导。子女只使父母关心自己疾病而不担心别的事,即对别的方面都非常放心。这一解更深一层。

孔子的回答可以有两个方面的意思:首先,子女应当注意自己的身体健康,因为我们的身体是父母给予的,所以应该好好保养,不要因病或其

---

① 李泽厚著:《论语今读》,生活·读书·新知三联书店2008年版,第62页。
② 钱穆著:《论语新解》,生活·读书·新知三联书店2012年版,第29页。

他原因让父母担心。孝顺不仅仅是尊敬父母，还包括关心他们的心情和健康。除了身体健康，人们还应当注重自己的言行举止，不要做出有违道德和有害社会的事情，让父母更加担心。其次，孝顺还包括对社会的贡献，不能给父母带来困扰和忧虑，这样的行为才能真正体现出孝顺的内涵和价值。孟武伯将来有志于治理国家，因此孔子在回答他关于孝的问题时，给予了一种启示。孔子让他想象一下自己生了病，父母因此非常担心的情景，以此来激发他对父母的关心，进而扩展到对人民的关心和对天下众生的关怀。孔子的回答非常具体和针对性强，根据不同的对象和思想，给出了不同的回答。

李泽厚认为儒学强调真理的具体性和多元性，认为真理存在于具体的人物、事件和对象的活动和应用中，而不是超越这些具体事物的抽象概念中。儒学认为真理的实践和应用是通过道德伦理和日常生活中的实际行动来体现的。同时，李泽厚指出儒学不涉及鬼神的信仰，不重视抽象思维，也不依赖逻辑推理。他认为这是因为儒学注重实用理性而非理性本体，强调情感本体而非抽象概念。儒学将重点放在一个世界（人生）的特征上，而不是追求超越现实世界的理念。儒学注重实践和应用，强调将道德原则融入日常生活中，这与柏拉图的哲学观念形成了鲜明的对比。儒学强调实际行动和实践，认为真理的实现需要通过具体的道德伦理行为来体现，而不是停留在抽象的理念层面。儒学更关注人与人之间的关系，注重人的情感和道德素养，而不是纠结于超自然的存在与抽象的逻辑推理。这种实用的态度使儒学更加贴近现实生活，更符合人们的日常实际需求。

孝敬父母是天经地义的事情，这是一种人类天性所在，是每个人应该尽到的责任，不仅是正常的人际交往，也是道德修养的一部分。孝顺是一种内在的修养，是从内心发出的，不应视为一种外在的行为，而是应该内化为自己的本性，成为自己的一部分。孝顺不仅仅是孝敬父母，还包括孝敬祖先和先贤，因为人们的行为和思想都是受到祖先和先贤的影响和启示的。孝敬父母是一种高尚的道德行为，可以培养人的美德，提高人的道德品质，具有重要的价值和意义。

孝道最重大、最核心的内涵是传宗接代。《孟子·离娄上》："不孝有三，无后为大。"因为后代承载着延续家族血脉的重大职责和使命，血缘链条一旦中断，家族从此绝灭，在天上或地下的先祖们享受不到香火，变成孤魂野鬼，这是何等的严重？故不孝有三无后为大，每个人都有繁衍后代的神圣使命。其次，身体发肤，不敢毁伤。《礼记·祭义》："曾子曰：'身也者，父母之遗体也。行父母之遗体，敢不敬乎？'"因为身体不仅仅属于自己，也属于父母及先祖。何敢不敬？何敢毁伤？因此，爱护身体，珍爱生命，应该成为每个人的职责与神圣使命。由此观之，不让父母担忧子女的身体和疾病，隐含着中华文化传统的核心命题：个人的身体绝不仅属于自身，同时承担着家族的使命，因而具有某种内在神圣性。

祖先崇拜是儒学的根本性支撑，也是中西宗教、哲学分野的源头。现代学校制度发端于西方，教育理论也是西式思维，重概念，重抽象，重理性，重普遍性。人们常说按教育规律办事，意谓有一个外在的东西，也是至高无上的东西，主宰着教育生活，规定它的发展，人们必须找到它，依靠它，于是就能无往而不胜。认为现象世界之外有一理念世界，它更本质地反映世界，这是一个科学的世界，与生活世界不同，是更为真实的世界，这种思想理论来自柏拉图。近二十年来，教育概念呈爆发性增长的态势，阐释发挥的文章汗牛充栋，但离生活实际越来越远，对真正的教育改革无所补益。相当一部分教育学者也在反思：如何穿越概念的丛林，回归真实的生活情境？教育理论的呈现方式大可具象，而非一定得抽象；教育论文可较为感性，有点温情与诗意，并非一定得堆砌多少概念；无论叙事或议论，宜简明而精练，大可不必故弄玄虚；对学生的教育得注意情境和对象，有的放矢，晓之以理与动之以情，将二者很好地结合起来。

在西方文化中，个人主权被赋予了极高的价值，这也包括对自己身体和生命的支配权。个人在西方社会被视为独立的个体，他们有权决定如何对待自己的身体和生命。这种思维方式在西方社会中深入人心，体现在法律、伦理和医学等各个领域。然而，在东方文化中，身体和生命被认为不仅仅属于个体自身，同时也属于父母和家族。在家族观念的影响下，个人的身体和生命被视为宝贵且神圣的，个人的身体以及生命被视为父母和家族的延续，对于身体健康的维护以及珍爱生命被视为每个人应尽的孝道和神圣职责。因此，学校教育的重要的任务是生命教育。生命教育的目标是让每个学生自觉维护身体健康，珍爱自身生命，并理解生命的意义和责任。尽力维护自己的身体健康，不仅是为了自己的幸福，更是为了回报父母和家族的养育之恩。生命教育的核心是让学生体验到生命的舒展和精神的愉悦。通过培养学生对生命的敬畏和珍爱，他们可以更好地理解生命的意义和责任，并从中获得心灵的满足和幸福感。在这个过程中，学生可以学会如何应对成长过程中的各种烦恼和挫折，以及如何保持身心健康。生命教育还可以帮助学生培养积极的生活态度和情感管理能力，使他们能够克服困难，保持乐观和积极的心态。

"使父母亲只担心子女的疾病。"对于现代学校教育的启发是，办人民群众满意的教育，一要强化遵纪守法教育，二要保障学生的身体健康，最为根本的是学生的生命安全。法纪教育和生命教育，这是当下学校教育中最应该得到重视的。学校法纪教育有助于培养学生的自律和自我管理能力。法纪教育不仅是对学生行为的规范，更是对学生的内在修养和道德观念的教育。生命教育有助于培养学生的人道主义精神和价值观。通过生命教育，学生可以了解到生命的珍贵和尊重生命的重要性。他们能够体验到生命的脆弱性，培养同情心和关爱他人的意识。生命教育能够引导学生以积极、正面的态度对待生命，培养出善良、宽容和协作的价值观。生命教育不仅是对生命的尊重，也包括对健康的重视和关注。生命教育还能够培养学生的社会责任感，使他们成为具有良好公民素养的社会成员。

"使父母亲只担心子女的疾病。"意味个人责任、父母期盼和国家意愿三者的有机统一。个人责任感是学生对自身成长、学习和发展负责的内在驱动力，而这种内在的责任感会进一步激发其积极性和创造力。父母的期盼对于学生的道德修养尤为重要，因为父母是孩子道德养成的第一责任人，他们的期盼可以引导孩子树立正确的人生价值观和道德观。国家通过教育政策和课程设置等方式，强调培养公民的道德修养，以推动社会和谐稳定的发展。学校、家庭和社会对人发展的期待是共同的，孝敬父母似乎是私德，但它必然联系社会生活，成为公共道德的生长点，因而，学校教育、家庭教育和社会教育要一致起来，共同促进学生的全面发展和健康成长。

23

至于犬马，皆能有养

子游问孝，子曰："今之孝者，是谓能养。至于犬马，皆能有养。不敬，何以别乎？"

子游，孔子学生，姓言，名偃，字子游，吴人（今江苏常熟），孔门弟子中唯一的南方人，也是在南方传播儒学的第一人。

子游问："怎样是孝道？"先生说："现在人只把能养父母便算孝了。就是犬马，一样能有人养着。没有对父母一片敬心，又在何处作分别呀！"①

子游问孝道。孔子说："现在的所谓孝，就是说能够养活爹娘便行了。至于狗马都能够得到饲养；若不存心严肃地孝顺父母，那养活爹娘和饲养狗马怎样去分别呢？"②

"敬"，杨伯峻译为"孝顺"，似为欠妥，尽管前面有定语。"存心严肃"，似不足诠释"敬"。

本章承上章，谈"孝之情"。前两章，一章讲孝道要合乎礼，一章讲也要合乎义。本章则进一步强调，孝道不仅与礼义有关，更与内在情感相连。孝之所以为孝，不仅取决于外在之行为，更取决于外在行为与内在情

---

① 钱穆著：《论语新解》，生活·读书·新知三联书店 2012 年版，第 30 页。
② 杨伯峻译注：《论语译注》，中华书局 2009 年版，第 14 页。

感的一致，即有敬爱之情。

"至于犬马，皆能有养"一句，是本章理解上最有歧义的。杨伯峻《论语译注》，是学界公认的权威版本，以训诂考证严谨著称。杨伯峻的注释是：

"一说是犬马也能养活人，人养活人，若不加以敬，便和犬马的养活人无所分别。这一说也通。还有一说是犬马也能养活它自己的爹娘，可是犬马在事实上是不能够养活自己爹娘的，所以这说不可信。还有人说，犬马是比喻小人之词，可是用这种比喻的修辞法，在《论语》中找不出第二个相似的例子，和《论语》的文章风格不相侔，更不足信。"①

"犬马也能养活它自己的爹娘"，杨伯峻否定了前人这一注释，因为不符合事实。"犬马是比喻小人"，属游谈无根，与《论语》风格也不合，杨伯峻同样予以否认。解释为"犬马也能养活人"，杨伯峻认为"这一说也通"。

此说，钱穆则认为欠妥："犬马由人役使，非自能服侍人。果谓犬马亦能养人，则径曰犬马皆能养可矣，何又添出一有字。"② 钱穆的反驳有两点：其一，狗看门守户，马供人驾乘，是人使唤它，不是它主动服务、侍奉人。其二，为什么不说"犬马皆能养"？一个"有"字，"犬马皆能有养"，说明是人的行为，人饲养它们。钱穆的注释较为合理。

人养犬马，喂它吃喝，因其能为人所用，而不是尊敬它们。人赡养父母而不敬，那与养狗养马有什么区别呢？朱熹说："人畜犬马，皆能有以养之，若能养其亲而敬不至，则与养犬马何异。"③ 孝不等于养犬马，得有敬爱之心。

古人把养亲必敬，作为孝道的一种规定，敬爱父母，应做到从敬、爱出发，使长辈在精神上得到快慰。今人动辄批评孝道迂腐虚伪，其结果是各种自私冷漠之劣性的泛滥。根源正在于敬爱之心的缺失。赡养父母尚无

---

① 杨伯峻译注：《论语译注》，中华书局2009年版，第15页。
② 钱穆著：《论语新解》，生活·读书·新知三联书店2012年版，第30页。
③ （宋）朱熹著：《四书章句集注·论语集注》，中华书局2011年版，第56页。

敬爱之心，更遑论其他。李泽厚说："'敬'可以有双解。一是对父母的尊敬、敬爱，一是对道德律令的敬重。后者即可释为康德所指的道德感情，是对绝对律令的惧畏和敬重。"[①]

"敬"本源自祭神的畏惧感情。在原始儒家的思想中，"敬"和"爱"是不可分割的。"爱"也必须有"敬"，否则便不是"爱"（有如对宠物的爱）。对父母的情感则是最典型的"敬爱"，对父母的"敬"来自对父母养育之恩的感念和敬老的普遍性规则，对父母的"爱"来自多年的情感培养，此时，"爱""敬"一体，情理共生，不能分割。

令人感慨万千的是，当下，犬马已成宠物，父母则成累赘。老有所养，如犬马，也不得。贫病老人，子女虽多，赡养却无靠。一干兄弟姐妹，雄赳赳闹上公堂，无非争遗产多得，责任少担，个个声称吃亏了，这样的闹剧并非个案。反观犬马，真所谓千宠万宠集一身，猫粮狗具等一应俱全，考究一点还得是进口的；洗浴美容一样不落，遛狗清扫不厌其烦，贴心伺候且乐在其中，这同样是普遍的社会景观。作为个人喜好当然无可厚非，但赡养父母能否也有这份热心，有这份细心？

数年前热炒藏獒，一条身价高达百万元，一匹良种赛马据说值价数千万元，饲养则更为精心，花费更巨。可怜天下父母心，辛辛苦苦把孩子带大。孩子考得好，进名校，以为有出息了，自己荣光，晚年有依靠。殊不知，却是想为犬马而不得。多少年来，一直批判"养儿防老，积谷防饥"，说是腐朽的封建主义。"人之异于禽兽者几希"的理性判断，是对人之惰性及劣根性的防患于未然，倘抽离了基本人性，与禽兽无异，还有什么资格批判什么主义呢？教育以立德树人为宗旨，人的教育，当从孝亲、从敬事父母开始。

《论语》中的这一章是关于孝道的讨论，孔子在回答子游的问题时强调了孝道的真正意义。首先，孔子强调了孝道的重要性。他认为，孝道是做人的根本品质，是传承家族和国家的基石。这也是现代教育中强调的家

[①] 李泽厚著：《论语今读》，生活·读书·新知三联书店 2008 年版，第 64 页。

庭教育和社会教育的重要性所在。其次，孔子强调了做好孝道需要的品质。他认为，孝道不仅仅是物质上的养育，更是一种精神上的尊重和关爱。他说："不敬，何以别乎？"这句话的意思是，如果没有尊敬和敬畏之心，就无法区分孝道和一般的养育行为。这也是现代教育中所强调的道德教育和品德教育的重要性所在。最后，孔子强调了孝道的实践性。他说："今之孝者，是谓能养。至于犬马，皆能有养。"这句话的意思是，现代社会中许多人都能赡养父母，但真正做到孝道的人很少。孝道需要通过实践才能体现出来，而不仅仅是口头上的认可和表态，这也是现代教育中强调实践教育和体验式教育的重要性所在。

  董仲舒是汉朝著名的儒学家，对《论语》有深入的研究和解读。他对于《论语》中子游问孝的章节也有自己的理解。董仲舒认为，孔子谈到孝道的本质是"能养"，并且强调了养育中的"敬"是区分孝道和一般的养育行为的关键。他认为，这一观点反映了孔子对于孝道的深刻理解和高度评价，孝道不仅是一种家庭美德，更是一种社会责任和道德规范。此外，董仲舒还认为，孝道的实践需要学习和传承，而学习和传承的过程需要通过教育来实现。他提出了"教化"思想，认为家庭、学校、社会都应该成为教化的场所，孝道应该成为教育的核心内容。他强调了教育的重要性，认为教育是推动社会进步和实现个人价值的重要手段。他的思想对于中国传统文化和教育理念的形成和发展具有重要的影响。

  随着社会的不断发展，人们对孝道的认识和理解也在不断地深化和拓展。孝道不仅仅是对父母的物质支持和照顾，更重要的是对父母的尊敬和敬重。在现代社会中，孝道的内涵应该更加注重尊重和敬重，强调情感上的沟通和关心，让父母感受到自己的孝心和关爱。在中国传统文化中，孝道被视为最重要的道德准则之一。赡养父母，即尊敬和养育父母，是孝道的核心要素。然而，孝道不仅仅是一种行为上的奉养，更重要的是内心的敬爱之情。孝道的外在行为包括供养父母的物质需求，尽力满足他们的生活需要。这可以表现为提供衣食住行、照顾生活起居等方面的关爱。这些行为是对父母的尊重和关怀的具体体现，是尽孝的表现之一。然而，单纯的物质供养并不能完全体现孝道。孝道还需要内在的情感支持。内在的敬爱之情是孝道的灵魂，是外在行为的动力源泉。敬爱之情是一种深深的感恩和尊重之情，是对父母养育之恩的认同和回报。敬爱之情是孝道的核心，它体现了对父母的感情投入和关心。这种情感的存在使得外在行为不再是一种机械的、单纯的义务，而是真心实意的付出。它使得赡养父母的行为变得有温度、有意义，而不仅仅是一种形式化的表达。孝道的真正价值在于，它超越了简单的饲养犬马，而是建立在情感的基础上的一种亲情的延续。敬爱之情可以促使子女们更加关心父母的内心需求，更加关注他们的身心健康，更加主动地与他们沟通交流。这样，孝道不仅仅是一种外在的奉养，更是一种内外一致的关爱。

古人天地君亲师相提并论，尊师重教是中华民族的优秀传统，对师长不唯能"养"，使经济收入增加，物质条件改善，更要有一种尊重之意、感恩之心，对教育事业有一种神圣感，对成长中的生命有敬畏感。否则，"至于犬马，皆能有养"，师道之尊严、教育事业之崇高，便无法得到体现。在古代，师长被视为道德规范的典范，他们不仅传授知识，更重要的是传承优秀的品德和价值观。古人认为，师长如同父母一样，具有养育之恩，应当对他们充满感激之情，尊重师长的职业和人格，感激他们对我们的教诲和培养。尊师重教体现了对教育事业的神圣感。教育是传承文明、培养人才的重要途径，它不仅传授知识，而且培养学生的品德和能力，塑造他们的人格和心灵。尊师重教体现了对生命的敬畏感。生命是宝贵的，每一个生命都应该被尊重和呵护。教育就是生长，培养和保护生命的成长，教师提升着生命成长的质量，使生命更有意义和价值。尊师重教，如果只注重物质条件的改善，而忽视了对师长发自内心的尊重，缺乏对教育事业的神圣感，那么我们就会陷入一种浮躁和功利的境地。

虔诚的敬爱和关切之情，从父母扩展至师长，形成尊师重教的优良社会风尚，也可迁移和渗透于学校教育教学之中，体现为学校教育的原则和方式。孝道需要通过实践才能体现出来，只有通过实践，才能真正理解孝道的意义和内涵。实践和体验是教育教学的重要手段，只有通过实践体验，学生才能真正理解知识并内化为素养。尊重和关爱是教育的重要原则。只有尊重和关爱学生，才能激发他们的学习兴趣和积极性。教师走进学生的内心世界，关注学生的个性和差异，因势利导地引导学生的学习和发展，是促进学生全面成长的重要手段。

24

子 夏 问 孝

子夏问孝，子曰："色难。有事，弟子服其劳。有酒食，先生馔。曾是以为孝乎？"

子夏问："怎样是孝道？"先生说："难在子女的容色上。若遇有事，由年幼的操劳，有了酒食，先让年老的吃，这就是孝了吗？"①

子夏问孝道。孔子道："儿子在父母前经常有愉悦的容色，是件难事。有事情，年轻人效劳；有酒有肴，年长的人吃喝，难道这竟可认为是孝么？"②

子夏问如何是孝？孔子说："不给父母好脸色看。有事时，年轻人效劳服务；有酒饭，让年长的先吃；这难道就是孝吗？"③

色难，译作"不给父母好脸色看"，李泽厚此译有点突兀。此句，杨伯峻译得通俗，钱穆译得委婉。"经常有愉悦的容色，是件难事"，杨伯峻用词欠准——"经常"，不难做到；"一直保持"，才难以做到。因为，"经常"，并不排斥"有时"，或"偶尔"，脸色不好，态度不好。杨译"年长的人吃喝"，不及李译"让年长的先吃"，前者缺介词"让"，也缺时间词"先"。此外，杨李译"年长"，比钱译"年老"更稳妥。

---

① 钱穆著：《论语新解》，生活·读书·新知三联书店2012年版，第31页。
② 杨伯峻译注：《论语译注》，中华书局2009年版，第15页。
③ 李泽厚著：《论语今读》，生活·读书·新知三联书店2008年版，第64页。

关于"色难"一词，钱穆认为主要有两种解释。其一，难在揣摩父母心理，看父母脸色侍奉，鉴貌辨识，使父母神情愉悦。《小戴记·曲礼》说："视于无形，听于无声。"能在无形无声中体会得父母之意，始是孝。其二，孝子侍奉父母，无论在什么情况下，碰到什么为难，都能保持和颜悦色的神情，这是最为难能的。《小戴记·祭法》说："孝子之有深爱者，必有和气。有和气者，必有愉色。有愉色者，必有婉容。"无论喜形于色，还是冷若冰霜，人的面色，是内心真情的流露。好脸色难做到，其实是好心情难做到，难持久。

色难之"色"，到底指父母之脸色，还是指孝子的脸色？学界主流的看法是，指孝子的脸色。因为，相由心生，一直以愉悦的面色神情照拂父母，尽心尽孝，这委实很难做到。在孔子看来，为父母劳作服务，拣好的食物给父母吃，让父母先吃，仍算不上实行孝道；善于观察父母面色变化，和颜悦色地侍奉他们，承顺父母，让他们心情舒畅，才算是实行了孝道。"先生馔"一句，先生，有的解释为父兄，有的解释为长者。上文既称"弟子"，而非"子弟"，因而释"长者"为宜。对待年长者，热心帮他们办事，酒水菜肴让他们先品尝，对他们如此恭敬，也就可以了。但子女侍奉父母，这样做还不够。钱穆说："敬必兼以爱。"[①] 得有发自内心的愉色，有婉容。

孔子前面所说的"色难"，是"孝"的标准；后面的服事与酒食，是"尊师"的行为，没有达到"孝"的标准，所以，孔子才有"曾是以为孝乎"——这就是尽孝了吗？以此进行反问。显然，只有克服"色难"，"和颜悦色"地侍奉父母，这才是"孝"。只有这样，才能体现出"亲情"；也只有"亲情"，才能使人克服"色难"。

《为政》开篇四章，均是谈孝。第一章谈孝之礼，第二章谈孝之义，第三章谈孝之情，本章谈孝之色。这四章谈的都是孝，因对象不同，所以角度不同；问题相同，答案却不同。孔子随机点拨，因人制宜。这四章谈

---

① 钱穆著：《论语新解》，生活·读书·新知三联书店 2012 年版，第 31 页。

孝，各有不同侧重，礼是孝的原则，义是孝的分寸，情是孝的本质，色是孝之彻底，由内心而形诸面色，这是最为难能的。"万善孝为先，缘心不缘迹，缘迹天下无孝子。"这是老子的话。孝亲养老虽系天经地义，但"久病床前无孝子"。真正做到和颜悦色侍奉父母，且能始终如一者，实在少之又少。

明代张居正说："事亲之际，惟是有那愉悦和婉的容色，最为难能。盖人之色，生于心者也。子于父母，必有深爱笃孝之心根于中，而后有愉悦和婉之色著于外。是凡事皆可以勉强，而色不可以伪为，所以为最难，事亲有此而后可谓之真孝也。"① 前一章子游问孝，夫子教以敬亲。此一章子夏问孝，夫子教以爱亲。盖子游、子夏都是圣门高弟，其于服劳供奉之礼，不患其不尽，但恐其敬爱之心未能真切恳挚耳，故皆言此以警之。使知事亲之道不在于文，而在于实，不当求之于外，而当求之于心也。凡为人子者，宜深思焉。

孔子"色难"的告诫，正出于对人性的洞幽烛微，也寄寓了对天下父母的深切同情。"生生之谓大德。"人类社会世代绵延，为子女者，也是将为父母者。怎样对待父母，示范子女怎样对待自己。讲求孝道是中华文化之特点，最能体现人文关怀与人性的良善，也最能体现人植根内心的道德律令。受西方文化影响，做子女的，与父母动辄怒怼，甚至恶语相向，自认此为人格平等，此为个性张扬，此为新潮反封建，唯独缺乏反躬自省。此外，更有虐待老人者，如此世风，很令人感叹。

孔子认为，子女侍奉父母，一直有温婉的面容，这是很难做到的，但应该做到才是。孔子的思想观念对于教育青少年学生有着深刻的启发意义。首先，孔子强调了孝道的重要性。子女应该以温婉的面容侍奉父母，这意味着子女要尊重和关心父母的感受，以及在与父母相处时要表现出亲切和善良的态度，要懂得尊重和感怀父母的养育之恩，关心父母的情感需求和身心健康。其次，孔子强调了孝道的内外一致。他认为子女要在外在

---

① （明）张居正撰：《四书直解》，九州出版社2010年版，第71页。

行为和内在情感上一致，才能真正体现孝道的价值和意义。对于教育青少年学生来说，他们不仅要做到表面上的孝顺，更要培养内心的敬爱之情，真正体现出对父母的关心和爱护。此外，孔子也强调了孝道的难度。对于青少年学生来说，履行孝道不是一件容易的事情，需要付出努力和耐心，教育者需要通过培养学生的责任感和感恩之心，引导他们在实践中努力做到。

在中国文化传统中，"孝"承担着一个巨大的社会化功能，"居处不庄，非孝也。事君不忠，非孝也。莅官不敬，非孝也。朋友不信，非孝也。战陈不勇，非孝也。"[①] "孝"的这种规约有一个自我延续的过程。一方面"孝"意味着对生命诞生和成长的感恩和报答；另一方面，这种规约要求一种自我的维持，因此基于对生命延续的敬畏。在中国文化传统中，"孝"作为一种德性，具有根基性的地位。"生生之为大德。"如果从"生生"的角度去理解生命，那么"孝"就必然成为联结不同"世代"的纽带。究其根本，"孝"是下辈对父辈给予生命的感恩，是对父母生养的回馈，是对天地间"生生"大德的敬拜。中国文化传统强调从最原初的"孝爱"之心，发展成更广大的"仁爱"之心，最终发展至"仁者以天地万物为一体"的思想。

中国文化传统在"仁爱"之中，更看重的是"爱"，看重"仁爱"中积极的方面，并以此为基础"推广"出去，"夫仁者，己欲立而立人，己欲达而达人。能近取譬，可谓仁之方也已。"[②] "孝"是实现"仁爱"的基础，主要通过"推己及人"的功夫实现出"大爱"，这里看重的是"教化"。在"教化"中把这份"爱"扩展出去，达于"泛爱众"，扩大到整个人类。所以《孝经》讲："教以孝，所以敬天下之为父者；教以悌，所以敬天下之为兄者。"可见，"孝"作为一种德性，并不只是对自己父母的感激和热爱，而是形成了一种根本性的道德发生机制，并通过"推及"的教

---

① 《礼记·祭仪》。
② 《论语·雍也》。

化作用，形成一种普遍的泛爱众人、民胞物与的道德意识。道德最基本的标志就是要"利群"，就是要超越"个体"利益。这种超越有一个源头，这源头就是"入则孝，出则弟"。正是有了这种"源头"，有了"推己及人"的原点，才能"老吾老以及人之老，幼吾幼以及人之幼"。正是从这一源头出发，"诚于中而行于外"，和颜悦色孝顺父母成为每个人的道德自律，也是每个人道德修养的标志。

孔子的这一思想观念对于青少年学生的人格培养有着重要的意义。首先，子女侍奉父母并保持温婉的面容，真诚表达对父母的尊重和关心。这对于青少年学生来说，可以培养他们的敬畏之心，学会尊重长辈和他人的权威，有助于塑造学生的谦逊、宽容和助人为乐的个性品质。其次，子女侍奉父母不仅要在行为上表现出来，更要在内心情感上保持一致，这可以培养学生的诚实、正直、责任感和担当精神。侍奉父母而一直保有温婉的面容，这是很难做到的，但又是应该做得到。这样的努力付出和坚持，可以培养学生的毅力、坚韧和奉献精神，使他们在面对困难和挑战时能够坚持正确的道德选择。

《论语》中的《为政》篇共有 24 章，其中有 4 章专门讨论孝道。这是因为在古代中国社会，孝道被视为一种重要的道德价值观和社会伦理准则，是为政者必须具备和践行的品质。孝道涵盖了个人品德、家庭关系和社会秩序等方面，一个孝顺尊敬父母的人，往往也能够关心民众、爱护百姓，具备为政者所需的品德和能力。孝道培养了人们对他人的尊重和关怀，有助于建立和谐的人际关系和社会秩序。孝道还体现了一种治国理政的原则，即"以爱民为本"。一个为政者如果能够像对待父母一样对待百姓，关心他们的疾苦、尊重他们的权益，就能够建立起亲民的政治形象，赢得民众的支持和信任。因此，孝与为政之间存在着紧密的联系和相互影响。

从现代教育学理论角度来看，《论语》这章强调了情感教育和道德教育的重要性，着眼点在情感的真诚，严于律己与一丝不苟。由对父母的态度中培育起个人道德和思想品质，这样的道德品质可以在学习生活中获得迁移，为学生的终身发展进行精神奠基。首先，真诚耐心、态度和蔼、能换位思考等，可以帮助学生更好地理解他人，增进沟通和协作，建立良好的人际关系。其次，严于律己、一丝不苟的作风，有助于培养学生的自律能力和自我管理能力，培养学生的价值观念和道德判断能力。最后，这些品质有助于培养学生的积极心态和成就感，让学生从容应对学习和生活中的困难和挑战，帮助学生追求卓越，追求完美，并从中获得成就感和自信心。

25

如愚与不愚

子曰:"吾与回言终日,不违,如愚。退而省其私,亦足以发,回也不愚。"

孔子说:"我整天与颜回讲学,他从不质疑问难,不提反对意见,好像很愚笨。回去后,他自己研究,我考察他的言行,很能够发挥我的见解,颜回并不愚笨啊!"

回:姓颜名回,字子渊,小孔子三十岁,鲁国人,是孔子最器重的得意门生。

"退",指孔子与颜回结束谈话以后。"省",指自我反省、察看。

颜回,后儒尊之为复圣,可见地位之高。本章颜回第一次出场,孔子的推介先抑后扬:先说他的"如愚",再说他的"不愚",赞誉有加,喜爱之情溢于言表。颜回给人的第一印象是木讷,反应迟钝,没有什么灵性。听讲,或师生交谈,颜回提不出问题,没有异见,更无创见,老师所言,全盘接受。颜回的这种"不违",让人觉得不开化,有点愚笨。

然而,正是他的"愚",显示了他的"智",所谓"大智若愚"。因为悟性高,孔子所讲,颜回心领神会,当然也就没有异议或疑问。孔子讲学论道一整天,颜回只静静地听着,不做声,这学生听懂了没有,做老师的不知道,其他同学也不知道。因而,颜回给人以"如愚"的感觉。其实,颜回冰雪聪明,名副其实的内秀,"不愚"。颜回的"不愚",表现在哪里,孔子为什么特别喜欢他，推崇他？

"退而省其私，亦足以发"，这句话的意思是：结束了与颜回的谈话后，孔子又仔细省察了颜回后继的言行，发现自己所讲的道理，颜回不仅能够理解和秉承，而且还付诸生活实践，多有发挥与创见。孔子感叹说，照此看来，颜回并不愚笨啊。孔子的喜欢和器重颜回，不仅在于他的聪颖，还在于他的谦恭，一种看似很"愚"。在孔子心目中，弟子中唯颜回能称"好学"。颜回之好学，实是为己，而非为人，所以不炫耀，"如愚"，"人不知而不愠"。颜回之好学，旨在修身，而非求知；在约礼，而非博文。颜回"不迁怒，不贰过"，学而不厌、发愤忘食、乐以忘忧，与孔子的心灵高度契合。

从孔子这段话语中可看出，颜回表面木讷，但理解能力强，且善于迁移和发明、发挥。颜回"退而省其私，亦足以发"者，究竟是什么？由孔安国和朱子的注解来看，似乎其所发者，在于孔子所言义理。但"发"似有更丰富的意蕴，义理之外，应包括情感、言行，涉及人格修为、人生选择等。《中庸》说："喜怒哀乐之未发谓之中，发而皆中节谓之和。"颜回的"如愚"，通过"发"，达到"和"，恰到好处，这是独到的"不愚"。

社会生活中，人多自作聪明，好出风头，唯恐给人"如愚"的感觉，因而卖弄、炫耀，结果，往往聪明反被聪明误。颜回的"如愚"，是一种"敏于行而慎于言"。《周易·系辞上》说："君子之道，或出或处，或默或语。"翻译为白话，大致意思是："面对一件事情，君子知道这事当做，还是不当做；当说，还是不当说。"故《系辞上》又说："言行，君子之枢机。枢机之发，荣辱之主也。言行，君子之所以动天地，可不慎乎！"这里说的"发"，谨言慎行，可做颜回言行的注解。

在很多时候，我们都面临着这样的两难选择：说还是不说，做还是不做。人们最容易犯的错误恰恰是，经常做不当做的事，说不当说的话；或者，没有做当做的事，没有说当说的话。就此而言，作为孔子最得意的弟子，颜回平时"不违""如愚"，似乎什么都不说、什么都不做，但有自己的定力、见地和发明，进德修业能举一反三，到了关键的时候，在情感、言行诸方面均能"发而皆中节"。故而，孔子对他赞扬并推崇。颜回是我们每个人的一面镜子。

孔子弟子三千贤人七十，最为器重的是颜回，称他为"好学"的典范。孔子先称其"如愚"，继赞其"不愚"。愚与不愚，在孔子看来，标准不在智商，而在有怎样的学习态度。《近思录》说："语其性则皆善也，语其才则有下愚之不移。所谓下愚有二焉：自暴也，自弃也。人苟以善自治，则无不可移者，虽昏愚之至，皆可渐磨而进。惟自暴者拒之以不信，自弃者绝之以不为；虽圣人与居，不能化而入也，仲尼之所谓下愚也。"人性皆善，但才有下愚者。即使昏愚，倘有向善之心，则能通过学习，逐渐上进，脱愚致智，求仁得仁。唯下愚而不移，即不肯学习，不求改善，自暴自弃，则圣人也让他开化。

人皆可为尧舜，关键在立志，是否能"志于学"。颜回之可贵，正在学习的虔诚，专注而恭敬，不事张扬；学而时习之，勤奋深思，且能举一反三；人不知而不愠，人有"如愚"的感觉，也不做任何辩解。于颜回而言，学习志在成圣，故一丝不苟。诚如《近思录》所言："然学之道，必先明诸心，知所养，然后力行以求至，所谓自明而诚也。诚之之道，在乎信道笃，信道笃则行之果，行之果则守之固。仁义忠信不离乎心，造次必于是，颠沛必于是，出处语默必于是。久而弗失，则居之安，动容周旋中礼，而邪僻之心无自生矣。"

作为老师，孔子"与回言终日"，兴致很高，诲人不倦。作为学生，颜回仅是"不违"，没有积极回应。这是怎样的教学情境，怎么老师总讲，学生无语呢？是教学方法不当，因而教学效果不好？还是孔子喜欢一言堂，青睐灌输式教学？对此，宋代的二程解释说："圣人则不思而得，不勉而中；颜子则必思而后得，必勉而后中，其与圣人相去一息。"意思是颜回与孔子之间，无论思想认识，还是道德境界，尚有"一息"之未及，只能"思而后得""勉而后中"。"所未至者，守之也，非化之也。"颜回所需要的是认真学习，深入领会，而不是马上就有出神入化的创见。"以其好学之心，假之以年，则不日而化矣。"如果坚持不懈，奋发努力，经过漫长岁月的积淀，凭颜回的资质当然可以达到圣人的境界。"不求诸己而求诸外，以博闻强记、巧文丽辞为工，荣华其言，鲜有至于道者。"喜卖弄，抖机灵，炫耀才智，恰恰违背了学以成仁的正道。二程感慨说："则今之学与颜子所好异矣。"①

"吾与回言终日"，是师生之间心灵默契。其实，孔子很讲究不言之教。有一次，孔子对子贡说，我不想再说什么了。子贡不理解，说您要是不说点什么，我们这些学生拿什么来传习呢？孔子回道，老天爷难道说什么了吗？你看，四季不是照样运行，万物不是自然生长嘛。灵山大会上，世尊如来拈花一枝，并不言语，在场的众多弟子，只有迦叶尊者会心一笑。这就是一种悟性，迦叶与师尊心神相通，这就是后世禅宗的源头——不立文字，直指心性。

孔子对颜回的教导，有知识的广博、思想的深度，颜回需要潜心思考，而不是轻率发问。师生间无疑有心灵深处的交流，不表现为浅表性的质疑问难。认为颜回"如愚"，足见孔子的教学民主，体现他对学生的尊重和信任。给学生以学习的自主权，有自由思考的时机，从容表达的空间，孔子期待学生有张扬的个性，踊跃的表现。诚然，"如愚"只是表象，"不愚"才是实质。孔子对颜回的智慧和见识表示了充分的肯定和赞赏，展示了他教育思想的全面性和深刻性。这样的教学现场别有风景，有心灵的契合，而不在教学气氛的热烈。人生在世，无论教学场境，还是人际交往，常常会有那种境遇，只需一个眼神，或一个神情，彼此便心领神会，过多的语言，反会显得多余。此时无声胜有声，正是颜回的学习状态。语言是交流沟通表达心思的工具，但需要相应的契机，否则话不投机半句多。颜回全神贯注倾听，没有插话，没有追问，更没有质疑，似乎显得木讷，但恰恰他在精心思考，是学习情绪高涨的表现。

"退而省其私，亦足以发"，不仅展示了学习空间的转移，体现了课堂学习向课外的延伸，也让人们领会到，颜回是在生活实践中深化知识理

---

① 《河南程氏文集·卷八·杂著·颜子所好何学论》。

解，更为重要的这是一种默会知识的学习。英国哲学家波兰尼将知识分为两类，一种为言传知识，一种为默会知识。言传知识属于显性知识，可以通过学习方式直接获取。默会知识则是通过一定实践活动感悟出来的知识。科学发现的最终达成无法仅仅依靠预定的推论，而是需要通过思想的意会力量来实现。此外，科学发现的内容具有不确定性，只能通过意会认知来理解。这意味着科学发现不仅仅是客观的事实，还与认知者的主观意识相连接。因此，默会知识理论强调了认知者与实在之间的关联，科学发现需要通过主观意识与客观事实相结合，才能达到更深层次的理解。孔子对颜回的称赞，认为他"不愚"，正在于他的默会，能在知识和生活实践的关联中深入思考体验，学习不限于课堂，不限于书本，不拘泥于老师的言说。

颜回的学习方式与表现，以及孔子对他的评价和赞扬，使我们看到教育现象的多样性和复杂性。对于教师而言，通过默会知识的运用，能够建构起更完整的知识观。相比于仅仅言说的表面性知识，默会知识更注重思维力、判断力、价值观以及个人理解的形成过程。因此，在教学过程中，教师应该更加关注学生在默会知识的过程中的发展。教师不仅仅是要传授学生书本上的知识，更要引导学生将注意力放在学习、应用、判断和创新的层面上。这意味着教师需要帮助学生内化人类认识成果，培养各种默会能力，并且促进学生形成良好的精神状态。通过默会知识的运用，教师能够激发学生的思维能力。默会知识的发展需要学生主动思考和体验，而不仅仅是被动接受。此外，默会知识也培养了学生的判断力和价值观。通过思考和反思，学生可以形成独立的判断能力，不仅仅是机械地接受他人的观点。

因此，学校管理和对学生的学习评价，不能拘泥于表面现象，既不能以考试评价作为唯一手段，也不能以学生学习过程中的活跃程度作为评判依据。学生具有不同的个性和学习状况，因此教师在教学中需要关注和尊重每个学生的个体差异。默会知识的运用可以帮助学生开拓思维，使学习范围超越了仅仅书本上的知识。通过默会推论和默会整合等方式，学生能够模仿他人的学习方式或者建构适合自己的学习风格。默会知识的开拓使得学生的学习方式不再局限于传统的听说读写，而是通过思考、反思和总结等方式进行学习。这种学习方式的改变，使得学生在学习过程中展现出更多的主动性和自主性。学生能够主动探索和发现知识，而不仅仅是被动地接受教师的灌输。这种主动性和自主性的发展，对学生的学习效果和学习兴趣都有积极的影响。

26

人焉廋哉

子曰:"视其所以,观其所由,察其所安,人焉廋哉?人焉廋哉?"

朱熹《集注》:"以,为也。为善者为君子,为恶者为小人。"[①]《四书辨译》云:"盖'所以'者,言其现为之事也。'所由'者,言其事迹来历从由也。'所安'者,言其本心所主定止之处也。""廋",音 sōu,隐藏。

皇侃《义疏》:"视,直视也。观,广瞻也。察,沉吟用心忖度之也。即日所用易见,故云视。而从来经历处,此即为难,故言观。情性所安,最为深隐,故云察也。"皇《疏》深得孔子真诠。

孔子说:"判断一个人,首先要看他的所作所为,然后要观察他的原由行迹,最后还要考察他到底安心于什么。这样一来,他怎能隐藏得住呢?他怎样隐藏得住呢?"

上章孔子对颜回的了解,从"如愚"之印象,到"不愚"之判断,便是"视其所以,观其所由,察其所安"的过程。本章紧承上章,进行概括,谈知人之学。为政,重在知人,所谓知人善任,而只有知人,才能善任。孔子之学,虽说是为己之学,也很注重知人。学生樊迟问孔子:"什么是知?"孔子回答说:"知人。"显然,孔子将"知人"作为"知"(智慧)的最高境界。一部《论语》,孔子多次谈到知人,于不同的情境,有

[①] (宋)朱熹著:《四书章句集注·论语集注》,中华书局 2011 年版,第 56 页。

不同说法。比如："不患人之不己知，患不知人也。""不知言，无以知人也。""观过，斯知人也。""始吾于人也，听其言而信其行，今吾于人也，听其言而观其行。"

钱穆说："孔子教人以观人之法，必如此多方观察，其人之人格与心地，将无遁形。然学者亦可以此自省，使己之为人，如受透视，亦不至于自欺。否则让自己藏匿了自己，又何以观于人？"① 他认为："视、观、察：此三字有浅深之次序。视，从一节看；观，从大体看；察，从细微处看。"② 视，是当下的，所为何事；观，溯源历史，析其原由；察，探索内心世界，知其心安何处。《史记·魏世家》述说李克的观人方法——"居视其所亲，富视其所与，达视其所举，穷视其所不为，贫视其所不取。"这样的审察虽然比较具体，却没有孔子的简明而深刻。

孔子考察一个人，既看他在做什么，怎么做的；又看他的一贯表现，分析他的动机与方法，还要看他是否安心于此，生命意义的寄托在哪里。诸如，人难免犯错，做坏事，如果因此而心不安，仍不失为好人。"所以""所由""所安"，这是对人考察的三个角度，是紧密关联的逻辑过程。既看做事，又析动机，更重心态安适与否，其人如何，便一目了然。故朱熹云："所由虽善，而心之所乐者不在于是，则亦伪耳，岂能久而不变哉？"③ 反之，所由虽恶，但内心不安，乃至彷徨不可终日，此人便有为善去恶之可能。

1907年7月15日凌晨4点，32岁的秋瑾在绍兴轩亭口被清政府杀害，监斩官是时任山阴县的知县李钟岳。10月29日，秋瑾遭难百日后，李钟岳在家悬梁自尽，年仅53岁。作为知县，李钟岳曾为秋瑾辩护，但人微言轻。作为监斩官，虽是职务行为，但所为是行恶。他终日受良知的谴责，内心始终不安和煎熬。自杀是让自己得到解脱，是为善去恶的选择。就为人、为学而言，孔子认为，"所以""所由"并不最难，最难在"所安"。

---

① 钱穆著：《论语新解》，生活·读书·新知三联书店2012年版，第33页。
② 同上。
③ （宋）朱熹著：《四书章句集注·论语集注》，中华书局2011年版，第56页。

《大学》云："知止而后有定，定而后能静，静而后能安，安而后能虑，虑而后能得。"

知人亦可论世，见世道人心，剖析社会现象。鲁迅不喜欢京剧，对梅兰芳不无讥讽，他说：

梅兰芳不是生，是旦，不是皇家的供奉，是俗人的宠儿，这就使士大夫敢于下手了。士大夫是常要夺取民间的东西的，将竹枝词改成文言，将"小家碧玉"作为姨太太，但一沾着他们的手，这东西也就跟着他们灭亡。他们将他从俗众中提出，罩上玻璃罩，做起紫檀架子来。教他用多数人听不懂的话，缓缓的《天女散花》，扭扭的《黛玉葬花》，先前是他做戏的，这时却成了戏为他而做，凡有新编的剧本，都只为了梅兰芳，而且是士大夫心目中的梅兰芳。雅是雅了，但多数人看不懂，不要看，还觉得自己不配看了。

士大夫们也在日见其消沉，梅兰芳近来颇有些冷落。①

鲁迅与梅兰芳并无过节，不在一个生活圈子，平日无任何交集。批梅兰芳，批京剧，并非出自利害得失，而是剖析相关者的"所以""所由"和"所安"，折射出鲁迅内心的不安和不满，是对这一文化现象的愤怒。鲁迅对梅兰芳的批判是一种文化批判，这是在当时特定的背景下产生的，可以理解为一种文化观点的碰撞。

鲁迅认为梅兰芳的表演过于注重形式和外在技巧，而忽视了内在的情感和艺术真实性。他认为这种表演风格是虚假和浮华的，不能真正触动观众的内心，也不能传达出真正的人性和社会问题。他认为梅兰芳的表演风格是一种迎合上层社会品味和审美观念的表现，与普通人民的生活和需求相脱离，缺乏对社会真实问题的关注和批判。

鲁迅这篇犀利的短文，看似偏激，但剖析淋漓尽致，使被批判者无所遁形。"人焉廋哉。"这种由表及里的分析、由事见人的思想方法，与孔子

---

① 鲁迅著：《略论梅兰芳及其他（上）》，载《鲁迅全集（第5卷）》，江苏凤凰文艺出版社2020年版，第407页。

不无共同之处，尽管话题完全不同，价值意趣不尽一致。

孔子向学生传授了观察人、辨别人的方法和途径，这确实是"由己观人"的一面。然而，从另一方面来看，我们也可以从内视自省的角度解读这一章节。

孔子提到了"所以""所由"和"所安"三个层面或维度。这三个层面可以被理解为君子进行自我反思、修养和锻炼的关键要点。孔子强调了智慧的重要性，即观察和了解他人的能力。然而，他也强调了仁德的重要性，即通过自省和内修达到道德行为的完美。

通过外部观察他人，我们可以了解他们的行为和品质，但通过内视自省，我们可以深入了解自己的内心和品质。这种自省的过程是一个从对客体的鉴察逐渐升华为对主体的自觉的过程。通过反求诸己，我们可以不断审视自己的行为和思维，认识到自己的不足之处，并努力修正和提升自己。

因此，"由己观人"不仅是从外部观察他人的角度出发，更是强调了通过内省和自我反思来提升自己的重要性。这也是孔子在教导学生的过程中所隐约传递的寓意。通过这种内外结合的方式，我们可以不断完善自己的人格和道德，实现个人的成长和进步。

自我反省是指对自己的行为进行思考和评估。通过观察自己的所作所为，我们可以了解自己的行为是否符合道德标准，是否与自己的价值观相符。自我反省的过程中，我们应该诚实地面对自己的行为，承担责任并寻求改进。

自我反省还包括对自己行为的动机和目的进行思考。我们需要深入了解自己为什么会做出某种行为，是否有正确的动机和目的。通过反思缘由行迹，我们可以更好地了解自己的内心世界和行为驱动力，以便更好地调整和改进自己的行为。

自我反省还需要考察自己到底关心和追求什么。我们应该思考自己的价值观和目标，是否与自己真正关心的事物相符。通过反省安心于什么，我们可以更好地明确自己的兴趣爱好和追求目标，从而更有针对性地规划和调整自己的行动方向。

教育就其本质而言是人学,有教无类是育人的境界,因材施教是育人的艺术。因而,理解人、帮助人、发展人是学校教育的中心任务。"视其所以,观其所由,察其所安",孔子考察人和评价人的方法,给学校教育以多方面深刻的启发。

"视其所以",即要全面观察一个人的所作所为。在学校教育中,教师必须全方位、多角度观察学生,了解学生的学习状况和品德素养,而不仅仅是课堂表现及考试成绩。通过观察学生的所作所为,教师可以更充分了解学生的实际情况,为他们提供有针对性的教育指导。

"观其所由",即明了来龙去脉,了解人的行为过程。在学校教育中,教师尤要关注学生的内心世界,对个性特异的学生有特别关照,让学生有安全感,对学校和老师有信任感。教师应一视同仁地善待每一个学生,帮助他们穿越成长中的各种烦恼,更好地激发学生的学习兴趣,使他们主动地参与学习和发展自己。

"察其所安",即要考察一个人到底安心于什么。教师对学生的内在需求和价值取向要有所了解。在学校教育中,坚持立德树人的根本宗旨,有针对性地进行道德人格培育和思想政治教育,化解学生的各种精神困惑和价值偏差,满足学生的个性发展和成长需求,促进他们的全面和谐发展。

从教育社会学的角度看,这段话强调了人的行为对于判断一个人的重要性。一个人的行为是其在社会中表现出来的行动,它反映了一个人对于社会规范和价值观念的认同程度。因此,通过观察一个人的行为,可以了解他是否符合社会的期望和要求,以及是否具备良好的社会适应能力。教育的目标之一就是培养学生良好的行为习惯和道德观念,使他们能够适应社会生活并为社会作出积极的贡献。

从教育哲学的角度可以理解为:第一,所作所为;一个人的所作所为可以反映出他的道德水平和价值观念,教育应该注重培养学生正确的行为方式和积极的社会参与。第二,缘由行迹;一个人的缘由行迹可以反映出他的内心世界和动机驱动,教育应该培养学生正确的价值观念和自我认知,使他们能够正确理解和解读自己的行为动机。第三,安心于什么;一个人安心于什么可以反映出他的兴趣爱好和追求目标。教育应该帮助学生发现自己的兴趣和潜能,并引导他们朝着社会进步所期待的方向发展。

27

温故而知新

子曰:"温故而知新,可以为师矣。"

孔子说:"温习旧的知识,能得到新的知识,有新的体会,这样的人,可以做老师了。"

本章论述知识学习的特点,以及为师的标准。清刘宝楠在《论语正义》中说:"温,寻也。言前所学得者,温寻使不忘,是温故也;素所未知,学使知之,是知新也。既温寻故者,又知新者,则可以为人师矣。"

"温故知新",历来有不同的理解,最主要的有两种。

其一指从温故中获得新的启示,有新的发现,新的收获。清刘逢禄的《论语述何》说:"故,古也。六经皆述古者,称先王者也。知新,谓其通大义,以斟酌后世之制作,汉世经师皆是也。"杨树达《论语疏证》说:"记问博习,强识之事也;温故知新,通悟之事也。孔子之教,以通悟为上,强识次之。"[1]李泽厚认为这是一种历史观,他说:"中国极端重视历史经验,记录各种经验、教训,以为未来殷鉴,乃此文明一大特征。中国史书之多,举世无匹。从经验、事实、历史出发,温故以知新,不迷信奇迹,不空想思辨,此'实用理性'之具体呈现也。'实用理性'在某种意

---

[1] 杨树达著:《论语疏证》,上海古籍出版社2013年版,第48页。

义上，便正是历史理性。"① 他把"温故而知新"翻译为"温习过去，以知道未来"。

其二指既要学习旧知识，又要学习新知识。东汉王充说："知古不知今，谓之陆沉；知今不知古，谓之盲瞽；温故知新，可以为师。古今不知，称师如何？"② 唐孔颖达说："博物通人，知今温故，考前代之宪章，参当时之得失。"③ 梁皇侃说："所学已得者，则温寻之，不使忘失，是月无忘其所能也。知新，则日知其所亡也。"④

温故而知新，是一种学习方法或者态度，与为师有怎样的关系？朱熹曰："故者，旧所闻。新者，今所得。言学能时习旧闻，而每有新得，则所学在我，而其应不穷，故可以为人师。若夫记问之学，则无得于心，而所知有限，故《学记》讥其'不足以为人师'，正与此意互相发也。"⑤ 朱熹指出，学习的过程可以分为两个方面：旧所闻和新所得。旧所闻指的是我们之前所学到的知识和信息，而新所得则是我们在当下不断积累和获取的新知识。他认为，在学习中应不断回顾和巩固旧知识，同时积极主动地去获取新的知识，只有这样，才能使所学的知识真正融入自己的思维和心智之中。相对而言，如果只是机械地记忆和问询，而没有将所学的知识真正融入自己的内心深处，这样的学习是"无得于心"的，这种学习方式是无法真正成为他人的良师益友的，因为这样的知识和理解是有限的，无法给予他人全面和深入的指导。

《礼记·学记》："记问之学，不足以为人师。"这是从教育学角度的解读，把"温故而知新"视作为师的重要条件。所谓的"记问之学"，是指学习只停留在纯粹的记忆和应试技巧层面上，而没有真正理解和掌握所学知识。这种学习方式在一定程度上可以帮助学生在考试中取得好成绩，却

---

① 李泽厚著：《论语今读》，生活·读书·新知三联书店2008年版，第68页。
② 《论衡·谢短篇》。
③ 《礼记叙》。
④ 《十三经注疏·为政》。
⑤ （宋）朱熹著：《四书章句集注·论语集注》，中华书局2011年版，第57页。

无法培养学生的创造力和批判性思维能力。从教育学的角度来看，教育的目标应该是培养学生的综合素养和能力，使他们能够应对未来的挑战和变化。因此，教师在教学过程中应该注重培养学生的理解能力、分析能力和创新能力，而不仅仅是教授知识点和考试技巧。"温故而知新"作为为师的重要条件，意味着教师在教学过程中需要不断地回顾和反思自己的教学内容和方法。只有通过反思和总结，教师才能不断改进自己的教学方式，使之更加符合学生的需求和社会进步对教育的期待。同时，教师还应该不断更新自己的知识和教育理念，以保持教学的新鲜感和活力。

《礼记·学记》："君子知至学之难易，而知其美恶，然后能博喻；能博喻然后能为师。""博喻"即是能"温故而知新"，"告诸往而知来者""致广大而尽精微"，非如此，不可以为人师矣。孔子的"温故而知新"还具有普遍的文化意义，是对历史文化的学习和对前人智慧和劳动的一种尊重和致敬，只有在深入理解和传承历史文化的基础上，我们才能真正实现文化的创新和发展。孔子的温故而知新思想还强调了对多元知识形态的开放和包容。孔子提倡的是对各种知识形态的学习和探索，而不是局限于某一特定领域或学说。这种开放和包容的态度可以帮助我们拓宽视野，汲取各种知识和智慧，从而更好地适应和应对不断变化的社会和世界。

在中国传统文化的语境里，"故"所指是过去的知识、文献、文化传统，虽然已经过去，但并不意味着它们就一定过时或不再有价值。相反，通过对过去的研习、思考和发挥，我们可以从中发现新的知识、新的思想，并以此为基础创造出新的东西。因此，在"故"的基础上创造"新"，即在传统的基础上不断创新和发展，是与时俱进、应对当代问题的重要前提。因此不能简单地将新与旧、故与新看作对立关系，以为只有舍弃旧的才能追求新的。相反，在传承和继承的基础上进行创新和发展，这才是对待文化的正确态度。传统知识是历史和文化的积淀，具有丰富的智慧和价值。作为教师应有一种文化自觉，让学生了解和理解传统知识，从中汲取智慧，培养学生对传统文化的热爱和认同感。同时，也应该教育学生在传统知识的基础上进行创新和发展，培养学生的创造力和创新精神。

此章与前一章呼应。颜回"退而省其私,亦足以发",与本章"温故而知新",正可互相印证。夫子于弟子中特别看重颜回,因为颜回不独好学,且能"温故而知新",是可以为人师的理想人选。子夏曰:"日知其所亡,月勿忘其所能。"① 这里"日知其所亡"可以理解为"知新","月无忘其所能"则是"温故"。子夏也有此良知良能,故后来终成儒门一代宗师。

"为师",不仅是"给别人当老师",还要教诲学生学习,教是为了不教。如果学生能够做到"温故而知新",那就可以自主学习,遇到什么疑难,能自己解决,不用再依靠老师了。这也是教育的最终目的之所在,"授之以鱼,不如授之以渔。"人才的最大特点,就是具备自主创新能力。孔子教育弟子的目的,无非也是希望弟子们成为出类拔萃的人才,而"温故而知新"就是一种"自主创新"能力的体现。

东林党人顾宪成《小心斋札记》云:"心勿忘,勿助长,极尽此温字形容。忘则冷,助则热,惟温字乃是一团生气,千红万紫都向此中酝酿而出,所谓新也。"孔子曾说自己"信而好古",又自谓"我非生而知之者,好古,敏以求之者也",他喜欢颂扬"三代之治",所以历来有以守旧者视之者。但从孔子的这段语录中可看出,他虽然尊重古代的知识,但对于创新也是非常强调的,其中最值得注意者,应该是他主张要由旧的经验、旧的知识推导或提炼出新的经验、新的知识,反对割裂两者的关系。"温故而知新",落脚点在"新"。"苟日新,日日新,又日新。"两千多年来,"温故而知新"不仅成了教育教学的重要方法,而且成为处理新与旧、现实与历史、当代与传统关系的重要原则。

与孔子的主张相同,《周易》主张多学习古代的知识,大畜卦《大象》明确提出"君子以多识前言往行,以畜其德"。《周易》也主张创新,大畜卦《象传》说"日新其德",《系辞上》讲"日新之谓盛德",将"日新"提到了非常重要的地位。在著名的革卦中,《周易》甚至提出了"改命""革命"的严肃主题。其实,所谓《易》者,其基本涵义就是"变易"也,

---

① 《论语·子张》。

故而支持革新、创新自是题中应有之义。

"温故而知新，可以为师矣"，包含着丰富而深刻的教育思想，对当下的教育改革具有重要的启发意义。"温故"意味着对过去经验与知识的回顾，通过对已有的知识进行反复学习和思考，可以加深知识的理解和巩固。"知新"则代表了对新知识、新思想的学习与探索，只有通过对已有知识的温故，才能够在学习新知识的过程中建立起牢固的联系，更好地理解和应用新的知识。温故的目的在知新，知识学习要带来知识创新，因而要积极发展学生的创新思维，培养学生科学探索的精神和热情。"可以为师矣"，意味着教育不仅仅是知识的单向传授，而是师生之间的互动与共同成长。在教育过程中，教师应该具备温故知新的能力，不仅要传授已有的知识，还要不断学习新的知识，与学生共同进步。学生也应该积极参与学习，主动思考和提问，与教师不断对话与交流，建立起师生之间的平等关系，促进教学过程中的合作探究。教师须具备持续学习的意识与能力，不断更新自己的知识和教育理念，与时俱进。

"温故而知新，可以为师矣"，强调了对过去经验的总结和回顾，以便能够在学习中获得新的发现和认识。现代新儒家探讨"内圣"开出新"外王"，正是对孔子这一思想与时俱进的发挥，这一原则同样适用于教师个人的进德修业和专业成长。在个人的道德修养方面，回顾过去的经历和教训对于教师的成长至关重要。通过反思过去的行为和决策，可以发现自己的优点和不足之处，并从中吸取教训；温故而知新的过程，可以帮助教师更好地了解自己的内心世界，认清自身的价值观和教学原则，并在未来的行为中更加明智地做出选择。对过去的错误和失败的审视可以转化为成长的资源。回顾过去的学习和工作经验，可以发现自己在哪些方面取得了进步，哪些地方仍有待提升。通过认真总结和反思，可以识别出自己的技能和知识的缺陷，并制订相应的学习和提升计划。温故而知新还可以帮助教师发现新的领域和潜力，开拓新的学科和技能，通过不断深入学习和不断更新自己的知识和技能，可以不断提高教师在专业领域的创造和创新能力。

28

君子不器

子曰:"君子不器。"

孔子说:"君子不像器具那样,只有某一方面的用途。"

朱熹:"器者,各适其用而不能相通。成德之士,礼无不具,故用无不周,非特为一才一艺而已。"[①](朱熹所说的"用无不周"的"用"不是"器用"的"用",仍然是指在具体情景中的道德影响。)

对于"君子不器",大多数人的理解是:君子不能局限于一技之长,而应该"无所不通"。从"通才"和"偏才"的角度来理解,固然有一定的道理,但却未能发掘出孔子此语的深意。唐文治先生引用《礼记·学记篇》"大道不器"来解释,朱子则从"成德之士"来解释,两者思路接近。实则"道"与"器"乃一对范畴,不了解道,自然不能理解器。《周易·系辞上》云:"形而上者谓之道,形而下者谓之器。"道、器之根本区别在此。而君子作为"成德之士",是得道之人,当然不会局限于一材一艺;但这个"不局限",却又决非仅只多才多艺而已,而是"大道被于躬",即因领悟了形上之大道而周身通透,故而"体无不具,用无不周"。

对"君子不器",李泽厚的解读是:人非机器人,不能被异化,异化为某种特定的工具和机械。"人'活'着,不是作为任何机器或机器(科

[①] (宋)朱熹著:《四书章句集注·论语集注》,中华书局2011年版,第57页。

技的、社会的、政治的）部件，不是作为某种自己创造出来而又压迫、占领、控制自己的'异己的'力量（从科技成果到消费广告）的奴隶。"①"生生之谓大德。"人应该有生命意义的追问，实现自己潜在的才能和个性化的价值，才能算是真正意义上的生命存在。这意味着人们应该不断探索和发展自己的才能和个性，使其得到充分的发挥和实现。在中国传统社会中，"君子不器"这一观念说明士大夫作为社会的中流砥柱，并不是特定专业人员的角色。他们通过读书、做官和做人，来维系和引导整个社会的运转和发展。他们的责任是治理国家、平衡社会，确保社会的正常运行。

君子是道德人格，而不是技术人才；君子对社会发生影响的方式是道德影响，而不是技术效用；只有将技术或功业转化成道德，对社会产生了影响，才能成为君子。有人认为孔子说"焉用稼"和"君子不器"之类的话，是害怕技术性的知识会妨碍了君子在仁学方向上的修养，会妨碍成仁之道。其实并非如此。"焉用稼"和"致远恐泥"，是说用稼穑和小的技艺来达到远大目标就行不通了，而不是说"小道"（技艺）不能学。孔子自称"多能鄙事"，又说："富而可求也，虽执鞭之士，吾亦为之。"②孔子向来不反对生活的富足和个人知识技能。

君子由内在品德定义，而非外在才能，故德胜于才。君子追求德行完满，止于至善，故内重于外。"君子不器"，人生目标不在专业技能，而是把圣贤确立为做人的目标。周敦颐说："'圣可学乎？'曰：'可。'曰：'有要乎？'曰：'有'。'请闻焉。'曰：'一为要。一者，无欲也。无欲则静虚动直。静虚则明，明则通；动直则公，公则溥。明通公溥，庶矣乎。'"③"一"指心的纯一无欲。而心的纯一无欲，便是学习圣人的要领。在周敦颐看来，只要掌握了这个要领，并且坚持去做，就可以成为圣人。他认为人所应该追求的目标是："圣希天，贤希圣，士希贤。"这是由士而贤、由贤而圣、由圣而天的不断奋进上升的过程，其终极目标是齐天之圣。

---

① 李泽厚著：《论语今读》，生活·读书·新知三联书店 2008 年版，第 69 页。
② 《论语·述而》。
③ （宋）周敦颐著，尹红整理：《周敦颐集》，岳麓书社 2002 年版，第 40 页。

二程之学，同样"以圣人为必可学而至，而己必欲学而至于圣人"，并提出所谓圣贤气象的问题。孔子被认定为圣人，他所表现出来的气象是"元气"，意味着他具有天地般无所不包的广阔胸怀和博大的智慧。颜子被认为是近似圣人，所表现出来的气象是"自然之和气"，意味着他具有与自然和谐共生的品质和态度。孟子被认为只是贤人，他所表现出来的气象是"泰山岩岩之气象"，意味着他具有坚定不移的意志和强大的精神力量。二程之学强调"学者须要理会得圣贤气象"，意味着学者应该向成贤成圣的境界提升，以圣贤为榜样，通过学习和修炼，逐步接近圣贤的气象，而不是成为专一器具。孔子"君子不器"的思想，在周敦颐和二程的语境里，得到了充分的阐述和诠释。

李泽厚说："现在正处在以'士大夫——知识分子'（即'君子'）为主导和骨架的传统社会转到以中产阶级为主导和骨架的现代社会的行程中。它们带来的种种现象和问题，如'使命感'的失落和专业化的加强，'思想家'的淡出和'学问家'的凸显等等，便正是这种由从'君子不器'到'君子必器'的过程表现。这一过程还将加速和普泛化。"[①] 然而，在当今专业化已成为主要趋势的情况下，如何继承"君子不器"的精神，强调公共知识分子的责任，显得更加值得重视。这意味着需要思考如何在专业化的背景下，仍然能够承担起公共知识分子的角色和责任，为社会的发展和进步作出积极贡献。

有学者从不同角度解读说："无道德而有学问，器具也；无思想而有学问，器具也；无性灵而有学问，器具也。器具堆里，安见君子！"对李泽厚《论语今读》的观点，他并不完全赞同，且提出自己的见解——纯技术意义上的医生、工程师等未必是仁学意义上的君子。李泽厚承认以"君子"为主导的传统社会转型为以中产阶级（非"君子"）为主导的现代社会的现实性，同时也承认其合理性。恰恰是在李泽厚这种思想产生后的二十多年中，世界的政治、经济形势却不支持这一思想，倒是证明了这样一

---

① 李泽厚著：《论语今读》，生活·读书·新知三联书店2008年版，第70页。

个道理：非"君子"的中产阶级和非"君子"的"中产国家"很难产生，产生了也会不长久。道理很简单，在单一法制平面上的纯技术意义上的知识分子只能过碎片式或原子式的个人生活，无法产生前瞻性的思想，因而无法支持一个社会的长治久安。

士志于道，故君子不器。但形而上之"道"，须见之形而下之"器"，此为"明体达用"。"君子"必怀有用之技而又心忧天下，并将自己的现实功业化为道德，再以自身的道德来影响他人和社会，此乃"君子不器"之"大器"。即使放到现代社会，这一观念仍未过时。"君子"在孔子的思想中代表着道德高尚、有德行的人。孔子提出的"君子不器"，并非一概排斥实用技能的学习，而是强调君子应该注重进德修业，关心社会大众的福祉，并通过自身的道德影响他人和社会。

钱穆先生指出："孔门之学，主要在何以修心，何以为人，此为学的。"[①] 这一观点强调了学习的核心应该是道德修养和人格塑造。现代学校教育以立德树人为宗旨，注重培养学生的道德品质和崇高理想，与"君子不器"的思想有着高度的一致性。

教育不仅仅是特定技能的培训，而是一种涵盖多个层面的综合性活动，旨在促进学生的全面发展。动物的生命是特定的，它们天生就具备一定的本能和特定的行为方式。蜘蛛生下来就能结网，但终身只能生活在网上，永远结着同样的网。这种特定性使得动物的生命发展相对有限。然而，人的生命是待定的，人类具有无限发展的可能性。人的发展不应该局限于特定的职业技能或身份，而应该追求更广阔的人生意义和价值。基于这一思想，基础教育应该被视为养成教育，旨在为人的终身发展奠定基础，促进人的全面和谐的发展。

教育不仅仅关注学生的学术知识，更应该注重培养学生的综合素养和人格品质。通过培养学生的道德品质、社会责任感和良好的人际关系，基础教育能够培养学生的综合素质和创造力，使其具备适应未来挑战和变化

---

① 钱穆著：《论语新解》，生活·读书·新知三联书店2012年版，第128页。

的能力。

教育应该注重培养学生的学习能力和思维方式，而不仅仅是灌输知识。通过培养学生的批判性思维、问题解决能力和创新精神，教育能够帮助学生适应快速变化的社会环境，培养他们成为具有独立思考和创造力的个体。

此外，教育也应该注重培养学生的情感素养和自我认知。通过培养学生的情绪管理能力、自信和自尊，帮助学生建立积极的人生态度和良好的心理健康，从而更好地面对挫折和困难。

从人的全面发展的角度来看，现代教育理念强调培养学生的多元智能，包括认知、情感、社交、创造等多方面的素养。教育应该关注学生的个体差异和潜能，提供多样化的学习机会和培养途径，使每个学生都能全面发展并发挥自己的优势。

从教师职业尊严的角度来看，教育应该重视教师的专业素养和职业发展。"君子不器"，意味着教师不仅仅是传授知识的工具，而是有着自身的职业尊严和使命感。教师应该具备丰富的学科知识和教育理论，能够全面关注学生的发展需求，引导他们健康成长。

从学生幸福成长和终身发展的角度来看，教育应该培养学生的品德、人文素养和社会责任感，使他们能够在个人发展的同时，为社会作出积极贡献。教育应该注重培养学生的自主学习能力、创新思维和合作精神，使他们具备终身学习和适应社会发展的能力，实现自身的幸福成长和终身发展。

学校教育的宗旨在立德树人，注重培养学生的道德修养，培育学生正确的价值观和道德观念，使他们成为具有高尚品质的人，而不仅仅是成为某一方面的专家。在这一点上，中外教育家有共同的认识，与孔子"君子不器"的思想相呼应。

杜威认为教育就是生长的过程，反对将学生简单地看作是知识的接收者和容器，而是将他们看作是具有无限发展潜力的生命。教育的目标不仅仅是培养学生的知识和技能，更重要的是培养他们的品德和人格。教育是点燃学生自我学习和自我成长激情的过程，教师的角色不仅仅是传授知识，更重要的是激发学生的兴趣和激情，激起他们对学习的渴望。只有当学生具有自我学习的激情，他们才能真正实现自己的成长和发展。教育应该贴近学生的生活经验，将学习与生活情境中的应用相结合，通过做中学不断提升他们的知识理解水平，这一教育思想强调学生学习的主动性和实践性，让学习在优化的情境中真实地发生，学生真正成为学习和创造的主人。

29

先行其言而后从之

子贡问君子。子曰:"先行其言而后从之。"

有代表性的译法有:

子贡问怎样才能做一个君子。孔子道:"对于你要说的话,先实行了,再说出来(这就够说是一个君子了)。"①

子贡问如何才是一君子?先生说:"君子做事在说话前,然后才照他做的说。"②

子贡问什么是君子?孔子说:"先履行所说的,然后再说。"③

三位先生的共同点,认为孔子主张行先于言,言随行至。"从之",就是语言跟上行动。如果这样解释,那么"先行其言","言"就无法落实;或"先行","其言而后从之","言"作为行为的补充说明,这就能够成为君子?有学者认为,这样的解释太勉强,而李泽厚所说"先履行所说的",又显然有承诺在前,履行在后的意思。

朱熹:"范氏曰:'子贡之患,非言之艰而行之艰,故告之以此。'"④子贡善辩,故有此答。修身以行为本,反对"巧言令色""言不及义",是

---

① 杨伯峻译注:《论语译注》,中华书局2009年版,第17页。
② 钱穆著:《论语新解》,生活·读书·新知三联书店2012年版,第35页。
③ 李泽厚著:《论语今读》,生活·读书·新知三联书店2008年版,第71页。
④ (宋)朱熹著:《四书章句集注·论语集注》,中华书局2011年版,第57页。

孔子的基本主张。强调行之艰难，却并非主张行先言后。

"君子先行其言，而后必行，行以副所言，是行从言也。若言而不行，则为辞费，君子所耻也。又一通云：君子之言，必为物楷，故凡有言，皆令后人从而法之也。"① 明确主张言在行前，言出行随，言行一致，如此，君子才能成为别人的楷模。

所以这对话宜翻译为：子贡问怎样才能做一个君子。孔子说："君子说到做到，先立信，然后众人就会跟从你。"这样来理解，似与《为政》的主题契合。

君子言行一致，率先履行自己发表的言论，从而让其他人追随、遵从自己的言论。也就是说，君子是大众心目中的楷模，君子的言论对社会具有一定的影响力与号召力，所以君子一定要对自己的言论负责，自己所说的，所主张的，自己率先做到，然后才能立信于民，让广大民众也按照自己的言论去做。

子贡能言善辩，曾多次就"言行"问题向孔子请教。《论语·卫灵公篇》云："子贡问曰：'有一言而可以终身行之者乎？'"《论语·阳货篇》云："子曰：'予欲无言。'子贡曰：'子如不言，则小子何述焉？'子曰：'天何言哉？四时行焉，百物生焉，天何言哉？'"孔子正是基于子贡善于言辞的这一特点，唯恐他过于注重言语，而忽视了具体行动，所以才向他强调"先行其言"的重要性。

张居正的解读是：

子贡问于孔子说："君子是成德之人。学者如何用功才到得这个地位？"孔子答说："凡人言常有余，行常不足。若未行先言，则言行不相照顾，如何成得君子。惟君子的人，凡事务躬行实践。如子臣弟友之道，仁义礼智之德。凡是口所欲言的，一先见之于行，无一毫亏欠，然后举其所行者，从而言之，议论所发，件件都实有诸己，而不为空言也。"②

---

① 《论语集解义疏》。
② （明）张居正撰：《四书直解》，九州出版社2010年版，第72页。

孔子因子贡多言，故警之以此，其实躬行君子常少，言不顾行者常多。学者之省身固当敏于行而慎于言，人君之用人，亦当听其言而观其行也。

本章孔子论君子的标准：少说空话，多做实事，言行一致。至于言在行后，还是行在言后，并不是原则的分野，实际生活中常相互交织。《礼记·缁衣》说："言从而行之，则言不可饰也，行从而言之，则行不可饰也。故君子寡言而行，以成其信。"清刘宝楠说："先行其言者，行之于未言之前；而后从之者，言之于既行之后。"君子应该注重实际行动，切忌大话喧天而无所作为。倡导者先做，起表率作用，做得好，大家自然会信服你，听从你，你就能取信于人。言行一致，是君子必备之素养。《礼记·缁衣》："可言也，不可行，君子弗言也；可行也，不可言，君子弗行也。则民言不危行，而行不危言矣。"言行相辅相成，绝不能信口开河。

关于言行关系，《周易》和《论语》的思想基本一致。比如家人卦《大象》云："君子以言有物，而行有恒。"《系辞上》云："默而成之，不言而信。"《乾文言》云："庸言之信，庸行之谨。"一方面要"言之有物"，另一方面要"言行合一"。是否一定要"行先言后"呢？《周易》似乎没有这样的说法。《周易》通过卦象爻象、卦辞爻辞提供了一个关于这个世界的全方位（天地人）的形上体系，故其更强调要照着这个体系的要求而言而行即可，并没有强行将两者的前后问题予以分辨。

先行其言是指在言论上要坚持真实、正直、诚信的原则，不能说违背良心的话，更不能说欺诈、虚假的话。只有这样，才能建立起自己的信誉和威望，才能引领别人向正确的方向发展。而"后从之"则是指在行动上要先做好自己的事情，体现出自己的能力和价值，才能得到别人的信任和认可，才能够引领别人走向正确的方向。言行一致是建立信任和威望的基础，只有建立了信任和威望，才能够引领别人向正确的方向发展。君子不能满足于洁身自好，要有引领"后从之"的示范性的自觉，同时只有先做好自己的事情，才能够得到别人的信任和认可，从而引领别人走向正确的方向。这种理解体现了儒家思想中"以德为先"的核心观念，即强调道德品质和行为规范对于个人和社会的重要性。

从言行关系出发，东汉的王弼提出一种教育哲学，即"寻言观意"和"得意忘言"。他说："夫象者，出意者也；言者，明象者也。尽意莫若象，尽象莫若言。言生于象，故可寻言以观象；象生于意，故可寻象以观意。意以象尽，象以言著。故言者所以明象，得象而忘言；象者所以存意，得意而忘象。"① 孔子关于言行关系的人格修养，被扩张演绎为言象关系的方法论。王弼这套"寻言观意""得意忘言"的理论，虽然直接涉及的是卦辞、卦象、卦意三者之间的关系，但实际上却具有一般认识论及教育哲学的意义。

孙中山则提出"行易知难"的命题，突出了行在先、知在后的朴素唯物主义哲理。他说："宇宙间的道理，都是先有事实，然后才发生言论，并不是先有言论然后才发生事实。"② 从这个意义上说，任何人想有发言权，都一定要通过"行"——亦即通过深入实际去调查事实的真相、探索事件的原由，才能获得真知。对教育而言，这就要求学生转变教育观念，冲破狭隘的书本世界，到广阔的自然和社会中去寻求真知实学。在他看来，每人的认识不可能从天而降，它必须依赖于行，人类的进化总是从"不知而行"起程，逐渐演进到能知而益能行。

在中国传统文化的语境中，"先行其言而后从之"是一种行为准则，意味着在言行一致、言出必行的基础上，先做后言。这一原则可以从多个角度进行理论解读和阐述。首先，从道德伦理的角度来看，"先行其言而后从之"体现了对诚信和责任的重视。它要求人们言出必行，言行一致，不仅要有言而有信，更要有信而有行。这种准则强调了人们在言行之间的一致性，要求人们不仅要兑现承诺，还要以实际行动来证明自己的诚信和责任心。其次，从领导力的角度来看，"先行其言而后从之"强调了领导者要以身作则。领导者要率先垂范，言出必行，以自己的言行来引导和影

---

① 《周易略例·明象》。
② 孙中山著：《孙中山选集（下）》，人民出版社1981年版，第671页。

响他人。只有领导者自己先行，才能赢得下属的尊重和信任，从而更好地实施管理和领导。再次，从学术研究的角度来看，"先行其言而后从之"强调了实践与理论的结合。在学术研究中，往往需要先行实践、先行实现，然后再总结经验、提炼规律，进而形成理论。这一准则告诉我们，只有通过实践探索，才能不断积累经验，不断完善和发展理论。最后，从个人成长的角度来看，"先行其言而后从之"强调了自我约束和自我管理的重要性。一个人如果能够言行一致，言出必行，不仅能够树立自己的良好形象，还能够培养自律和自我管理的能力。这种自律和自我管理的能力对于个人的成长和发展至关重要。

"先行其言而后从之。"从学校管理的角度来看，无论校长对教师，还是教师对学生，孔子的这段话强调了信任、榜样力量和积极引领的重要性。

从校长对教师的角度来看，校长是学校中的领导者，校长的言行举止对教师具有重要影响。第一，校长要做到说到做到，即言行一致。只有校长能够信守承诺、履行责任，教师才会对校长的领导和决策产生信任和认同。校长要诚实守信，言出必行，以身作则，给教师树立一个良好的榜样。同时，校长还要建立起一种信任的关系，与教师进行沟通和合作，充分听取教师的意见和建议，为教师提供支持和帮助，激发教师的工作热情和创造力。当校长以信任和榜样力量影响教师时，教师会更加积极地投入到工作中，做到言行一致，率先垂范。

从教师对学生的角度来看，教师是学生的引导者和榜样。教师的言行对学生产生深远的影响。第一，教师要做到言行一致，即言传身教。教师应该用自己的言行去影响学生，积极践行自己的承诺和价值观，以身作则，成为学生的榜样。当教师能够做到说到做到时，学生会感受到教师的真诚和诚信，从而更加愿意跟随教师的引领和指导。第二，教师要通过引导和培养学生的信任感。教师应该建立起与学生之间的互信关系，尊重学生的意见和价值观，与学生进行积极的互动和沟通，帮助学生树立正确的人生观和价值观。当教师能够以信任和榜样力量影响学生时，学生会更加积极地投入到学习和发展中，跟从教师的引领。

　　此外，校长和教师的行为举止也影响着学校的整体形象和声誉。如果校长和教师能够言行一致，言出必行，他们将成为学校的重要代表，在校内外展现学校的文化和价值观。这种积极的引领作用将吸引更多的人向学校靠拢，提升学校的影响力和竞争力。"先行其言而后从之"，在学校管理中起到了重要的作用。通过校长和教师的言行一致，言出必行，能够建立起信任关系、激发榜样力量和积极引领学生，同时提升学校的形象和声誉。这一原则对于学校管理者来说，不仅是一种行为准则，更是一种管理智慧和领导力的体现。

30

君子周而不比

子曰:"君子周而不比,小人比而不周。"

有代表性的译文:

先生说:"君子待人忠信,但不阿私。小人以阿私相结,但不忠信。"①

孔子说:"君子普遍厚待人们,而不偏袒阿私;小人偏袒阿私,而不普遍厚待。"②

孔子说:"君子是团结,而不是勾结;小人是勾结,而不是团结。"③

团结与勾结之间的界限有时难以明确。在中国古代政治规则中,只要与皇帝和权势者保持关系,就被视为团结;而不与他们保持关系,则被视为勾结。同样的行为有时被称为团结,有时又被称为勾结,取决于谁掌握话语权。这表明政治背景和权力关系对于界定团结与勾结的概念起着决定性作用。

钱穆的解释,参见邢昺《论语注疏》中孔安国:"忠信为周,阿党为比。"阿党,结党营私的意思。李泽厚的解释,参见朱熹:"周,普遍也。比,偏党也。皆与人亲厚之意,但周公而比私耳。君子小人所为不同,如阴阳昼夜,每每相反。然究其所以分,则在公私之际,毫厘之差耳。故圣

---

① 钱穆著:《论语新解》,生活·读书·新知三联书店2012年版,第36页。
② 李泽厚著:《论语今读》,生活·读书·新知三联书店2008年版,第71页。
③ 杨伯峻译注:《论语译注》,中华书局2009年版,第17页。

人于周比、和同、骄泰之属，常对举而互言之，欲学者察乎两间，而审其取舍之几也。"①

然而，"厚待"的反面似为"刻薄"，与"阿私"似乎缺失对应。

孔子以君子与小人对举，分辨其差异，严明其立场。什么是小人？小人有两种含义：一种指微贱之人，一种指无德之人。这里的小人，是指无德者。孔子除了正面论述君子外，常常用对比的方法加以辨识。如"周"与"比"。"周"是忠信，秉公办事，光明磊落，这是君子的行为。"比"是偏袒，是阿党，结党营私，这是小人的行为。孔子从比较中指出他们的本质。清王引之《经义述闻》："周、比皆训为亲，为密、为合，以义合者，周也，以利合者，比也。"说明周、比二字的内涵有公私、义利之别。

"周"和"比"，都有与他人亲近交往的意思。两者的区别在于，"周"有广泛、普遍的意思，"比"有亲密、狭小的意思；"周"是以一种大公无私之心进行交往，"比"是以一种结党营私之心进行勾搭。君子与小人的区别，为什么用"周"与"比"对举呢？"比"，原指社会保障体系中最基础的一环，故有紧密、狭小义。《周礼·大司徒》云："令五家为比，使之相保；五比为闾，使之相受；四闾为族，使之相葬；五族为党，使之相救；五党为州，使之相赒；五州为乡，使之相宾。"孔子在此是用"比"来形容"小人"的结伙。

什么是君子？梁启超说："孔子有个理想的人格，能合著这种理想的人，起个名叫做'君子'。因为它是表示一种崇高优美的人格，所以内容包含得很丰富。君子、小人从前不过为区别阶级地位的名词，后来渐变为区别品格的名词。孔子指出种种标准作为人格的楷模。能合这标准，才许他是君子。"② 因此，君子乃成德者之谓，孔子之学，便是教人做君子。自孔子严明君子小人之辨始，中国人才获得了一把人格度量与提升的尺子，精神之空间与道德之境界面貌均为之一新。

---

① （宋）朱熹著：《四书章句集注·论语集注》，中华书局2011年版，第57页。
② 梁启超著：《梁启超全集》，北京出版社1999年版，第3129页。

《周易》和《论语》都有不少地方将"君子""小人"对比论述，此章也是著名的一例。《周易》有比卦，其卦辞直接说："比，吉也。"既如此，这里又何以将"比"归于小人之所为呢？唐文治先生在《论语大义》中对此的回答最清楚："若下从上，阴从阳，则比为吉；若比之匪人，则比为凶。此比字专指朋比而言，盖其为私也大矣。"《小象》谓之"不亦伤乎"。即以私利而苟合，才是《论语》本章"比"之本义，所谓"朋比""阿比""偏党"是也。

宋欧阳修作《朋党论》，阐发了孔子的这一思想，对当时激烈的朋党之争，作出自己的辨析——

大凡君子与君子，以同道为朋，小人与小人，以同利为朋。此自然之理也。

然臣谓小人无朋，惟君子则有之。其故何哉？小人所好者，利禄也；所贪者，财货也。当其同利之时，暂相党引以为朋者，伪也；及其见利而争先，或利尽而交疏，则反相贼害，虽其兄弟亲戚，不能相保。故臣谓小人无朋，其暂为朋者，伪也。君子则不然。所守者道义，所行者忠信，所惜者名节。以之修身，则同道而相益；以之事国，则同心而共济；终始如一，此君子之朋也。故为人君者，但当退小人之伪朋，用君子之真朋，则天下治矣。[①]

《朋党论》中，欧阳修解释了孔子的思想，即君子与君子交朋友是因为志向相同，而小人与小人交朋友是因为追求同样的利益。小人之间的朋友关系是虚伪的，只在有利可图的时候才会联合起来，但一旦利益消失或者争夺利益的时候，他们会相互背叛，无法保护彼此。因此，欧阳修认为小人没有真正的朋友，他们之间的朋友关系是虚假的。而君子不同，他们追求道义，忠诚，重视名节。因此，君子之间的友谊是真实的，他们共同修身齐家治国平天下，只需退去伪朋友，与真朋友相交，天下就会变得安定和谐。

同治二年（1863年），夏秋之间，候补道员程桓生被委派到江西督销局

[①] （清）吴楚材、吴调侯编选：《古文观止》，中国言实出版社2020年版，第207页。

主持工作。程桓生，字尚斋，出生于盐商世家，安徽歙县人，原是曾国藩幕府文秘人员，这是第一次受命主持某项工作。8月29日，曾国藩写信批评程桓生，说你平易近人，质直好义，办事也明白干练，唯一让人担心的是做事抹不开情面，常常顾了私情忘了公义。比如你常常公开半公开地给关系户提供便利。这样做已经明显不公，而你带去的四个随员，竟有三个歙县老乡，这不是私心太重且不知道避嫌是什么！曾国藩指出，如果只局限于宗族之内相互交往和抱团取暖，必然使人心胸狭窄、目光短浅，行事也肯定艰难。冲破闭塞局面的最好办法，就是广泛团结志同道合的朋友。当年的曾国藩也承认，凡人都有私心，要完全大公无私，圣人都做不到。但如果徇私而漫无节制，甚至理直气壮，那就会酿成大错，不可收拾。信中提到的"私昵"一语，源自《尚书》："官不及私昵，惟其能；爵罔及恶德，惟其贤。"意思是不要把官职授予自己亲近的人，唯一看重的是能力；爵位不要赐予德行不好的人，唯一看重的是贤德。说白了就是要任人唯贤，不能任人唯亲。曾国藩写信批评程桓生，是"君子周而不比，小人比而不周"的一个很好的范例。

"君子周而不比，小人比而不周。"这对现代学校教育具有重要的启发意义。第一，它强调了以人为本的教育理念，教育的目的是培养学生的品德、智慧和行为，使其成为有用的社会人才。这要求教育者注重培养学生的品德修养和社会责任感，而不是注重考试成绩和各种技能，坚定立德树人的根本宗旨。第二，它强调了实践与理论相结合的教育方法。生活实践是思想认识的基础，只有在实践中积极促进学生的认识转化，才能不断完善学生的品德和行为习惯。此外，它强调了个体与整体的关系，个体的成功必须建立在整体的和谐之上，只有关注整体、尊重他人，舍弃小团体意识，各美其美，美美与共，才能形成和谐美好的教育生态。

学高为师，身正为范。教师是学生的表率，不仅在知识教学方面，更在个体人格方面，给学生做出示范和引领。学校教育的高质量，终究需要高水平教师队伍的支撑。教师队伍的高水平，不仅指个体专业水平，更在于教师队伍整体的敬业精神、团结协作和人与人之间的以诚相处。"君子周而不比，小人比而不周"，对每一位教师都是一种警示和提醒。首先，教师应当具备高尚的情操、正直的道德和高度的责任感，以身作则，成为学生学习和生活的榜样。其次，只有教师之间相互尊重、相互支持和相互合作，才能形成良好的工作氛围，提高整体教学水平。最后，教师还应当以诚相待，真诚对待同事和学生，建立良好的师生关系。对教育事业充满热爱和责任感，不断提升自己的师德水平和教育能力，努力追求卓越，这样才能形成巨大的人格感召力。

"君子周而不比，小人比而不周"，强调个体应当以宽容、包容和理解的态度对待他人，可以有效防止学校霸凌事件的发生，保障校园环境的和谐。学校是一个学习生活的共同体，学生因个人志趣和性格的不同而形成小团体和亚文化，这是正常的现象。但每个人都应该学会尊重和接纳他人的差异，不以自我为中心，理解他人的兴趣和爱好，并与他人和谐相处。学校中的小团体和亚文化往往以自我为中心，以自己的爱好为是非标准，导致学生间的互相排斥，乃至斗气逞强，引发冲突。君子周而不比的思想，尊重别人独特的价值和兴趣，通过与他人的积极合作而彼此成就。学校应积极引导学生树立正确的价值观，弘扬互助、友爱和公正的精神。学生应该明辨是非，坚守道德底线，对待他人要有公正和善良的态度。学校可以通过教育课程、校园文化建设和心理辅导等方式，引导学生树立正确的价值观，并且懂得如何去化解矛盾和冲突。

为优化学生之间的平行影响，建立良好的伙伴学习关系，促进学生的道德成长和全面发展，学校教育需要充分发挥学生社团的重要作用。通过加入社团，学生可以与志同道合的同学们一起追求共同的目标，相互支持和帮助。在这个过程中，学生可以培养团队合作意识，懂得团结和互助的重要性。不同的社团可以提供各种各样的活动和培训，如音乐社团、体育社团、科技社团等。通过参与社团活动，学生可以培养自己的兴趣爱好，发展自己的特长，提高自己的综合素质。同时，社团活动也可以培养学生的创新精神和实践能力，为学生将来的发展打下基础。通过参与社团管理和组织活动，学生可以锻炼自己的领导能力和组织能力，这种团队合作的经历有助于培养学生的团队意识和协作能力。

31

学而不思则罔，思而不学则殆

子曰："学而不思则罔，思而不学则殆。"

孔子说："学习而不思考，就会迷惘，思考而不学习，就会神思疲殆。"

本章孔子论述学与思的关系，主张学思结合。《论语集解》说："学不寻思其义，则罔然无所得，不学而思，终卒不得，徒使人精神疲殆。"《孟子》说："心之官则思，思则得之，不思则不得也。"荀子《劝学篇》曰："小人之学也，入乎耳，出乎口，口耳之间，则四寸耳，曷足以美七尺之躯哉。"孟子强调学而思，荀子谓小人学而不思。《中论·治学篇》说："弗学，何以行，弗思，何以得，小子勉之，斯可以为人师矣。"孔子是非常注意学思结合的，他结合自己切身体会说："吾尝终日不食，终夜不寝，以思，无益，不如学也。"[1]

孔子强调的是"学"和"思"的辩证关系。读书是为了明理，"学"而"思"是为了领悟道理——只有深入思考才能领悟深刻，而思考需要相应的知识作为基础。光学习，不思考，认知不能深化，体验不会深刻，肯定不能体悟大道；光思考，不学习，游谈无根，思考缺乏相应的知识凭

---

[1] 《论语·卫灵公》。

借,则流于空想或妄想,同样不能悟道。因此,无论"学而不思",还是"思而不学",都会使人产生疑惑和糊涂,不能对具体事物做出正确的判断,知识不丰,思想不深,道德境界不高,这些是必然的。《中庸》云:"博学、审问、慎思、明辨、笃行。"学——思——行是一清晰的逻辑结构,就认识论而言,这与康德所说"感性无知性则盲,知性无感性则空",几乎同一思路。反之,如叶适《习学记言》所言:"其祖习训故,浅陋相承者,不思之类也。其穿穴性命,空虚自喜者,不学之类也。士不越此二涂也。"

读书学习等所属的外向性学习是基础,思考体悟所属的内向性学习是依据。没有前者就失去了基础,就会陷入空想,人就很难进步;没有后者就失去了学习的导向和灵魂,甚至会以非为是。这里说的不仅是一种学习方法,更讲了学习的本质和目的。学习一定要"学""思"结合,将外在的知识化为内在的情感和德性,人们才能不"罔"不"殆",提高认知能力,并实现人格的提升。因此,读书为学,若不寻思钻研书中精义,则茫然而无所得;若一味寻思钻研,而不博学多闻,则疑惑而不能决。荀子曾云:"吾尝终日而思矣,不如须臾之所学也。"孟子则说:"心之官则思。……不思不得。"朱熹说:"不求诸心,故昏而无得。不习其事,故危而不安。"显然,学而不思,则无法使学问上达;思而不学,则无法使人格厚重。

张栻《论语解》在朱熹的基础上有细致发挥:"学者,学乎其事也,自洒扫应对进退而往,无非学也;然徒学而不能思,则无所发明,罔然而已。思者,研穷其理之所以然也。然徒思而不务学,则无可据之地,危殆不安矣。二者不可不两进也。学而思,则德益崇;思而学,则业益广。盖其所学,乃其思之所形;而其所思,及其学之所存也。用功若此,内外进矣。"日常生活中的各种事务,可以视为广义的学习,但如果只是机械地学习而不能进行思考,那么就无法有所发明,只会陷入迷茫。思考是深入探究事物本质的过程,只是纯粹思考而不去实际学习,也会失去依据,陷入危险和不安之中。因此,学习和思考是不能分割的。既要学习又要思考，这样可以提升个人的道德素养；既要思考又要学习，这样可以加深自己在某个领域的专业认知。所学的知识是思考的基础，而所思考的内容又会影响到自己学习的方向。只有像这样努力地进行学习和思考，个人的内外修养才能不断提高。

通过学习解惑，通过思考辨伪，是孔子学思结合方法的精要。学习的过程中要不断进行思考，以此深化学习和理解。"书不尽言，言不尽意。"[1]学思结合可以避免对书本的迷信。孔子说他能看到史书中存疑的地方，这是基于他的考据和分析思考能力。"尽信书不如无书"，他认为书籍不能完全表达出所有的含义，要想真正理解和融会贯通，就必须通过自己的思考和感悟来实现。"多闻阙疑，慎言其余。"孔子反对日常生活中的盲从，他认为要在多闻的基础上产生疑问，然后在行动中要慎重对待。这种选择和存疑的过程无不体现了分析思考的力量，是学思结合方法的具体运用。这一方法对于我们今天的学习和思考也有着重要的启示意义。我们应该在学习过程中注重思考，不仅要接受知识，还要对其进行质疑和分析，以求真正的理解和应用。

陆九渊认为学习和思考是不可分割的。他教人为学，教人做人的核心就是教人"切己自反，改过迁善"，并让人在具体的日常生活中随时体悟。他说：

> 古之学者，本非为人，迁善改过，莫不由己。善在所当迁，吾自迁之，非为人而迁也。过在所当改，吾自改之，非为人而改也。……或问："先生之学，自何处入？"先生曰："不过切己自反，改过迁善。"[2]

陆九渊强调"切己自反"，这就是要求个人在学习的过程中不仅要关注外界的知识，更要关注自己的内心世界。个人需要反省自己的行为和思想，思考自己是否符合道德规范和价值观念。通过自我反省，个人能够更加清楚地认识到自己的不足，并努力改正。同时，陆九渊强调"改过迁

---

[1] 《易·系辞上》。
[2] （宋）陆九渊著，钟哲点校：《陆九渊集（卷六）》，中华书局1980年版，第74页。

善"。这意味着个人不仅要意识到自己的缺点和错误,还要积极主动地进行改正,并追求善良的品质和行为。个人需要在学习中发现自己的不足,然后通过思考和行动来改进自己。通过不断地改正和迁善,个人能够逐渐提升自己的修养和品质。

本章将"学""思"并提,强调"学""思"并重,主要是为了突出"思"在"学"中的重要性,同时又指出思也不能蹈空而为,而要以"学"为根基。"学而不思"即死读书之谓,日日寻章摘句而忘却孔门大义;"思而不学"则犹如晚明王学弟子,束书不观,一味地强调"明心见性",最后难免流入"狂慧"而危殆。《乾文言》云:"君子学以聚之,问以辩之,宽以居之,仁以行之。"其中似亦含有"学思并重"的内涵。

在西方教育史上,第斯多惠最早明确提出要突出培养学习的主动性,他说:"人的固有本质就是人的主动性。一切人性、自由精神及其他特性都从这一主动性出发……教育延伸的范围很广,但超不出这一主动性,超不出主动性所达到的程度。"[1] 他认为,人的发展依赖于两个条件,即"天资的存在和激发的存在"。所谓"天资",是指"一定发展的可能性,而不是已经完成的发展";"激发"是指促进天资发展的外界刺激和条件。他说:"人必须主动掌握知识,占有知识。因此认识、思想、意见、原理、虔诚、道德和意志可以传播的说法,纯是无稽之谈,这是不言而喻的。一个人要不主动学会些什么,他就一无所获,不堪造就,真可谓'朽木不可雕也'。一切教育和培养的艺术都是一门激发艺术。'人便是自我'。"[2]

那么,这个必定存在的自我究竟是什么呢?笛卡尔的结论是,自我的本质仅仅是思维。那么我是什么呢?一个思维的东西。一个怀疑、理解、肯定、否认、愿意、不愿意,而且还具有想象和感官知觉的东西。人是思维的存在,而人又天然是学习的动物,不学习人类就无法生存,教育则引导人们自觉并有目的地学习,很自然地将学与思勾连起来了。刘勰《文心

---

[1] (德)第斯多惠著,袁一安译:《德国教师培养指南》,人民教育出版社1990年版,第22页。

[2] 同上,第78页。

雕龙·神思篇》云："思接千载，视通万里。"著名儿童教育家李吉林老师认为，意境广远的情境是启迪孩子潜在智慧、发展孩子创造性的最佳境界。那是最适宜儿童想天说地的宽阔的思维空间，能有效地激起学生的思维、想象，让学生神而往之。李吉林老师说："我更加坚定了情境学习以'思为核心，着眼创造性'的主旨。"[①]

　　学习是获取知识的过程，通过学习可以获取到各种各样的知识和信息，然而，仅仅靠学习是不够的，还需要思考和应用所学的知识，学习只是获取知识的手段，思考则是对所学知识进行深入理解的过程。只有通过思考，学生才能真正理解和掌握所学的知识，并将其应用到实际生活中。如果只是机械地学习而不去思考，那么所学的知识就只是表面的，没有形成自己的理解和观点。同样，单纯的思考和理论探讨也是不够的，学生需要通过学习和实践来验证和应用自己的思考。只有将思考和学习结合起来，才能真正实现知行合一。通过学习，学生可以获取更多的知识和信息，通过思考，则可以对所学的知识得到深入的理解。因此，学习和思考应该相辅相成，相互促进。在教育过程中，教师应该引导学生进行深入思考，并注重培养学生的学习能力和思考能力。在学习的过程中，学生应该注重思考和应用所学的知识，而不仅仅是死记硬背。只有学习和思考相辅相成，才能真正实现对知识的理解和应用，提高自己的能力和素质。

　　对于学与思的理解，不应仅定位于一种认知活动，而是与道德践履相结合的工夫，学习并不仅是为了追求知识和技能的积累，而是要通过教养的过程来实现内在精神上的转变与升华。真正好学的人不能满足于物质上的安逸，应注重践行于事务中，言行谨慎，追求道义的正直。颜渊作为"好学"的典范，不迁怒，不固执于过错，这表明学习不仅仅是获取知识，更是要通过修炼自己的内心，培养道德品德。思考与学习一样，也需要以道德为基础，通过教养工夫来破除各种偏见和偏执，使自己达到一种超越

---

① 李吉林：《中国式儿童情境学习范式的建构》，载《教育研究》，2017年第3期，第91—102页。

私利的境界。只有通过这样的反思和修炼，人们才能获得真正的智慧。智慧与学习、知识技能密切相关，不同之处在于，知识技能需要不断积累和增益，而智慧则需要通过不断地破除偏见来获得。

钱穆说："此章言学思当交修并进。仅学不思，将失去了自己。仅思不学，亦是把自己封闭孤立了。当与温故知新章合参。"[1] 杨树达又按："此章与上温故知新章义相表里。温故而不能知新者，学而不思也；不温故而欲知新者，思而不学也。《论语》言温故知新可以为师，《中论》引孔子语谓学与思可以为人师，说正相合也。"[2]

---

[1] 钱穆著：《论语新解》，生活·读书·新知三联书店 2012 年版，第 36 页。
[2] 杨树达著：《论语疏证》，上海古籍出版社 2013 年版，第 50—51 页。

32

攻乎异端，斯害也已

子曰："攻乎异端，斯害也已。"
孔子说："批判那些不正确的议论，祸害就可以消灭了。"①
先生说："专向反对的一端用力，那就有害了。"②
孔子说："攻击不同于你的异端学说，那反而是有危害的。"③

对孔子这句话的解释，一直存有争议，甚至是根本对立的分歧。如杨伯峻与李泽厚。对"攻"的理解，主要有两种：一种解释为攻击，一种解释为治学。叶剑英元帅有首诗："攻城莫畏坚，攻书莫畏难，科学有险阻，苦战能过关。"前一"攻"，当为攻击；后一"攻"，即为治学，二者都有"致力于"的意思。同样作为攻击讲，杨伯峻的理解是，孔子主张与异端邪说作斗争，通过猛烈批判，彻底消灭这些祸害。而李泽厚的理解是，孔子主张宽容，容纳异己，如果致力于抵制批判各种异端，反而会造成自身的危害。二人的观点针锋相对。杨伯峻的《论语译注》以训诂的仔细、严谨称著，他力主"攻"作"攻击"解，所给出的理由是：《论语》共用四次"攻"字，如《先进篇》的"小子鸣鼓而攻之"、《颜渊篇》的"攻其恶，无攻人之恶"，此处三个"攻"字，都当"攻击"解。那么，这里也

---

① 杨伯峻译注：《论语译注》，中华书局 2009 年版，第 18 页。
② 钱穆著：《论语新解》，生活·读书·新知三联书店 2012 年版，第 37 页。
③ 李泽厚著：《论语今读》，生活·读书·新知三联书店 2008 年版，第 73 页。

不应例外。

杨伯峻认为"攻"解为"治学"的"治",这是不恰当的。"攻乎异端",解释为对异端邪说的批判,如董仲舒所说的,不在六艺之科的知识、不符合孔子学说的思想,不让它到处传播,邪辟之说就灭息了。后人皇侃、朱熹等的疏注都持这一观点。但此说与原始儒家开放性思想观念不合,历史学家侯外庐先生指出,没有看到过汉代以前学者以"邪说"为"异端"的记载。杨伯峻的理由是,"和孔子相异的主张、言论未必没有",它们属于"不正确的议论",所以孔子号召批判它们。根据杨伯峻的阐述,孔子似乎容不得任何不同意见,活脱脱一个文化专制主义者,这与孔子的形象,与他的思想主张都不很吻合。

有人或许要说,孔子不也诛少正卯吗?其实,诛少正卯的故事,早在王若虚的《五经辨感》,陆瑞家的《诛少正卯辨》,阎若璩的《四书释义又续》,崔述的《洙泗考信录》,梁玉绳的《史记志疑》等中加以辨正。对此,港台新儒家代表人物徐复观有专论,他认为,从思想上看,此事与孔子的整个思想不相容;从历史上看,在春秋时代,孔子不可能做出此事;从文献上看,此故事不见于《论》《孟》《春秋》三传,及《国语》、大小《戴记》等书。最早的见于《荀子·宥坐篇》,以及《尹文子》。《荀子》已及战国末期,《尹文子》一书根本不可靠,所以此故事,是晚出的东西,不是历史记载。况且,孔子宅心仁厚,与人为善,严以律己,宽以待人。尝说:"攻其恶,无攻人之恶。""躬自厚而薄责于人,则远怨矣。""君子求诸己,小人求诸人。"孔子主张为己之学,人不知而不愠,因而不会激烈地主张攻击所谓异端邪说,甚至认为党同伐异常常是祸乱之源,他说:"人而不仁,疾之已甚,乱也。"从这个意义上说,将孔子思想阐述为斗争哲学,杨伯峻的理解似乎有很大偏差。

李泽厚认为:

中国数千年没有炽热的宗教迷狂或教义偏执,而唯理是从,"谁有道理就听谁的",包括近代中国较快地接受西方科技、文化、政法以至哲理,迅速改变千百年来的思想观念、服饰习惯以及生活方式等等,都与这种宽容性有关。而这宽容又正是重实践、重经验、重"以实事程实功"的实用理性的表现。也正是实用理性的这种宽容性，才使儒学本身和中国文化能不断吸取和同化外来事物、思想而继续生存和发展。不吸收和同化道、法、阴阳，就不会有董仲舒为代表的汉代儒学。不吸收佛教，就不可能有宋明理学。不吸收西方自然科学观念，就不会有康有为、谭嗣同的近代儒学。"有容乃大"，于人，于学，于文化，于传统，何莫不然。①

李泽厚的观点与解读，是很有思想深度的创见，拓宽了人们的视野，具有普遍性的指导意义。

法国启蒙主义思想家伏尔泰说："我不同意你的观点，但我誓死捍卫你说话的权利。"这与孔子的"君子和而不同""攻乎异端，斯害也已"，可谓不谋而合。而伏尔泰其人，又确曾受到孔子之影响，他说："我读孔子的许多书籍，并作笔记，我觉着他所说的只是极纯粹的道德，既不谈奇迹，也不涉及玄虚。"② "他谦虚地探索，让人不要迷失于世界，让精神被理性之光照亮，他只用智者的身份说话，而不是站在先知的角度，然而我们相信他，在他自己的国家也是这样的。"③

"攻乎异端，斯害也已"，是指攻击异端思想可能会带来害处，它的教育哲学意蕴主要有以下几点：第一，尊重多样性。孔子时代的儒家思想受到了其他思想的挑战，孔子认为应该尊重多样性。在教育中，应该尊重学生的多样性，不同的学生有不同的天赋和兴趣爱好，应该根据学生的差异，采用不同的教育方式和方法，给予个性化的教育。第二，兼容并存。孔子认为，攻击异端思想可能会带来害处，因此应该采取包容和兼容的态度。在教育中，应该尊重不同的教育理念和方法，不同的教育模式都有其适用的场景和优点，应该根据实际情况，采取合适的教育模式。第三，注

---

① 李泽厚著：《论语今读》，生活·读书·新知三联书店2008年版，第73—74页。
② （法）伏尔泰著：《哲学词典（上册）》，商务印书馆1991年版，第322页。
③ 转引自（法）亨利·柯蒂埃著，唐玉清译：《18世纪法国视野里的中国》，上海书店2006年版，第127页。

重开放性。孔子认为，教育应该注重开放性，接受新的思想和观念。在教育中，应该鼓励学生思考，不断探索和创新，培养学生的创造性和创新性，同时也要引导学生正确对待异端思想，避免走向极端。第四，坚持正确的价值观。孔子认为，攻击异端思想可能会带来害处，因为它可能会导致价值观的混淆和失衡。在教育中，应该坚持正确的价值观，教育学生正确看待人生和社会，培养学生的良好品德和行为习惯，使他们成为具有社会责任感和公民意识的人。

蔡元培是中国近代教育改革的先驱者之一，他秉持兼容并蓄的教育思想，主张尊重多元文化和思想的存在，以实现教育的真正目的。孔子的这句话强调了攻击异端学说的危害，而蔡元培的教育思想正是与此相呼应的。蔡元培主张在教育中要尊重学生的个性和差异，不应将一种学说强加给所有学生。他认为每个学生都是独特的个体，有着自己独特的思维方式和文化背景，应该根据学生的特点提供个性化的教育。蔡元培强调人文精神的重要性，他认为教育的目的不仅是传授知识，更重要的是培养学生的人文素养和人格品质。他主张培养学生的批判思维能力，鼓励他们思考和辩证地看待问题，而不是盲从于某种教条。这与孔子所说的攻击异端学说有危害的观点相一致，都表明了对于多元思想的包容和尊重。蔡元培的教育思想还注重培养学生的国际视野和跨文化交流能力。他主张借鉴世界上其他国家和地区的教育经验，吸收各种文化的精华，以创建适应现代社会需求的教育体系。这一观点也与孔子的说法相符，都强调了在教育中接纳不同的学说和文化的重要性。

另一种观点或可以钱穆为代表。"攻"不作攻伐、批判解释，而把它理解为专治和致力。钱穆认为，所谓异端，一事必有两头，如一线必有两端，由此达彼。如果专就一端而言，另一端就成为异端；反之，从另一端看来，此端也是异端。钱穆说："旧说谓反圣人之道者为异端，因举杨、墨、佛、老以解此章。然孔子时，尚未有杨、墨、佛、老，可见本章异端，乃指孔子教人为学，不当专向一偏……"① 钱穆的观点很明确，所谓异端，并非后人所谓异端邪说，而是说治学须恪守中庸之道。孔子平日言学，常兼举两端，如仁与礼、质与文、学与思等，执其两端，则自见有一中道。钱穆说："仅治一端，则偏而不中矣。故《中庸》曰：'执其两端用其中于民'。"② 因而，读书求学要有选择，不能驳杂而偏执，人若不学正经善道，而治乎异端之书，斯则为害之深也。何晏《集解》云："攻，治也。善道有统，故殊途而同归。异端，不同归者也。"《论语后录》："异端即他技，谓小道也。"故"攻乎异端"，即偏执一端，不能执两用中，所以有害。因而，无论为人还是做学问，都要引起警觉，宜乎不偏不倚，极高明而道中庸。

钱穆的诠释与戴震有相通之处。戴震《戴东原集》："端，头也。凡事有两头谓之异端。言业精于专，兼攻两头，则为害耳。"《颜氏家训·省事篇》："古人云：'多为少善，不如执一；鼯鼠五能，不成伎术。'近世有两人，朗悟士也，性多营综，略无成名，经不足以待问，史不足以讨论，文章无可传于集录，书迹未堪以留爱玩，卜筮射六得三，医药治十差五，音乐在数十人下，弓矢在千百人中，天文、画绘、棋博、鲜卑语、胡书、煎胡桃油、炼锡为银，如此之类，略得梗概，皆不通熟。惜乎！以彼神明，若省其异端，当精妙也。"颜氏把"异端"解为"多为"即多能或多事，其害在于不能"执一"，结果哪一样也"不通熟"，难得"精妙"。

从教与学的方法论角度来看，"学业有专攻"，教师应该具备专业的知识和技能，专注于自己的专业领域，才能够深入研究和理解该领域的知识，从而有效地引领学生的学习。即使一专多能，也要坚持突出主攻方向。如果兼顾多个领域，教师就难以全面而深入地研究，无法给学生提供切实有效的教育。而在学习上，学生应集中精力于国家课程的学习，更好地理解和掌握知识，培养深入思考和问题解决的能力。读书要留意于经典

---

① 钱穆著：《论语新解》，生活·读书·新知三联书店2012年版，第37页。
② 同上。

阅读，体现价值导向，防范阅读的随意性和学习的浅表化，碎片化知识难以形成系统性的知识结构。跨界学习是需要的，但前提先要明确"界"之所在。学生的全面发展，取决于学校教育的五育并举，而不是各科知识学习的均衡发展。学校教育应尽可能宽容和接纳怪才与偏才，他们很可能成长为未来的拔尖创新人才。

33

知之为知之，不知为不知

子曰："由，诲女知之乎！知之为知之，不知为不知，是知也。"

由：仲由，字子路，孔子早年弟子。女，同汝。诲，教也。

孔子说："子路，我告诉你什么叫求知吧：知道就是知道，不知道就是不知道，这就是真正的'知道'。"

"知之为知之，不知为不知，是知也"这句话，如果简单地照字面解读的话，意思就是说：知道就是知道，不知道就是不知道，这才是端正的求学态度。为什么这样说呢？《论语集释》说："强不知以为知，非惟人不我告，己亦不复求知。"人生有限，宇宙无穷，人不可能样样都懂。闻道有先后，学业有专攻，总有人比你懂得多。因而，有所不知，有知识盲点，这并不是丢脸的事。承认自己不懂，才能明白学无止境。承认别人比自己高明，就要老老实实向别人学习。这样才能由不懂到懂，由知之不多，到知之甚多。知识学习的过程，是思想深化的过程，也是道德境界提升的过程。反之，如果不懂装懂，强以不知为知，别人也就不会来指教你，而你自己也失去了求知的动力，这显然是错误的求知态度与方法，对自身的提高和发展有百弊而无一利。

本章孔子教子路对待知与不知的正确态度。子路是孔子喜爱的学生，勇敢正直、好胜心强，但性格鲁莽，有时以不知为知，孔子正是针对他的这一弱点，语重心长地提醒和劝诫他。朱熹说："子路好勇，盖有强其所不知以为知者，故夫子告之曰：'我教汝以知之之道乎！'但所知者则以为知，所不知者则以为不知，如此虽或不能尽知，而无自欺之蔽，亦不害其为知矣。"[1] 在怎样正确对待"知"的态度上，孔子谆谆教导子路，培养他实事求是的学习精神，懂就是懂，不懂就是不懂，这也是为人处世的一种智慧。当然，实事求是的治学态度固然是必要的，但并不意味着"不知就不知"了，止步于不知。反之，正是认识到自己"不知"，才会有"求知"的动力，最终达到真知。明白了这个道理，尽管知识懂得并不很多，但不会自欺欺人，对求取新知不会造成妨碍。

钱穆："人有所知，必有所不知，但界限不易明辨。每以不知为知，以不可知者为必可知。如问世界何由来，宇宙间是否真有一主宰，此等皆不可必知，孔子每不对此轻易表示意见，因此孔子不成为一宗教主，此乃孔子对人类知识可能之一种认识，亦孔子教人求知一亲切之指示。"[2] 他说的这一点很重要，只有宗教教主以为自己无所不知。

以不知为知，强不知以为知，是常人普遍的陋习。孔子从不认为自己是全知全能的教主，而是承认自己的不足，甚至自己的无知，并通过学习来获得知识。这种求知态度是实用理性的体现，它强调的是通过学习和实践来获取知识和智慧，而不是仅仅依靠主观的臆断。在西方思想史，苏格拉底同样承认自己无知，因而他总是向人询问、求教。这种"不知"，其实也是一种"知"，说明"知"永远有限，正如人是有限的存在一样。只有不断积累，才能不断向那无限、永恒前进。李泽厚说："孔子之所以罕言死生鬼神、人性天道，亦以此故。这似乎很平常，其实很深刻。它揭示人必须认同自己的有限性，才可能超脱；认识自己'不知'，才可能'知'。这才是智者。"[3]

西方的康德同样认识到人的局限，认为人的认知并不能穿越物自体，因而他为信仰留下地盘。俗语云"人贵有自知之明"。中华文化体现的是

---

[1] （宋）朱熹著：《四书章句集注·论语集注》，中华书局2011年版，第58页。
[2] 钱穆著：《论语新解》，生活·读书·新知三联书店2012年版，第38页。
[3] 李泽厚著：《论语今读》，生活·读书·新知三联书店2008年版，第75页。

实用理性，没有西方那种宗教传统。孔学之求知，主张"致广大而尽精微"，讲究"极高明而道中庸"，它不只是高深的道理，而且更是生活修养。

对既不能证实，又不能证伪的知识，孔子是一种存而不论的态度。本章的所谓"知"，是知道、了解、理解和体会、体认的意思，既包括感性知识、理性知识，也包括情感的体验和体认，有时后者更为重要。这种对知识的态度决定了中国文化"实用理性"的特征。必须说明的是，这里的"实用理性"，不是只关注现实短期功利的有用性，而是指基于现实而又改变现实的一种执着。儒家文化要求将个体融入民族与社会，历代赴难殉道的先贤绝不是为了某种"实用"，而是对大道的体悟和践行。对于"知"的界限的划定，以及相应的求知态度与方法，体现了儒家的人格修养，一种脚踏实地的入世精神。

孔子认为知识是一种存在于世界上的实体，是可以被教育者获取的。他认为知识是客观存在的，不是主观臆想的产物。因此，教育的目标就是让人们通过学习和实践，去认识和掌握这些客观存在的知识。《论语》本章表达了一种正确的认识观。孔子认为，只有对自己所知的知识有正确的认识和评价，才能被认为是获得了真正的知识。同时，他也认为，认知是有限度的，承认自己的无知，能坦然面对，而非不懂装懂，这是一种正确的认知观。这种认识观强调了认知过程和方法的重要性，体现了一种诚实的学习态度，以及认识与实践的密切关系。孔子认为知识是有价值的，是应该被追求的，强调了教育的重要性。因此，教育的目的不仅仅是为了获取知识，更是为了让人们在实践中不断提高自己，不断增加自身的谦虚态度和探究精神。

"知之为知之，不知为不知"，与知识论或认识论关联之外，更多地涉及伦理学领域。它所强调的是诚实和真实的态度，即"内不自以诬，外不自以欺"。这可以被视为一种道德准则，告诉我们不要伪装自己的无知，不要装作懂得比实际情况更多。在孔子的观点中，"知"指的是对外部世界的认知，而"智"则是对人的认知。当樊迟问到什么是知（智）时，孔子回答说,"知人"。这个回答包含了对他人和自己的认知。这里的"知之"可以理解为知识,而"不知"则界定了知识的边界,也定义了人的有限性。通过将认识的对象从外部世界转向内部,我们清晰地认识到自身的有限性,并且诚实地面对这种有限性。这种态度既是诚实,也是道德的表现,是觉悟或智慧的体现。可以说,真正的智慧并不仅仅是普通的知识,而是对人的认知,对自我认知,对善的认知。更进一步地说,智慧是一种能力,即能够清晰辨识和准确判断仁义、诚信等所有善德,从而使内心保持一种澄明的状态。

"知之为知之,不知为不知,知也!"由孔子这一段话,很容易联想到维特根斯坦,其名言是:"凡能够说的,都能够说清楚,凡不能谈论的,就应该保持沉默。"维特根斯坦和孔子的这两句话都涉及知识和言语的问题,但从不同的角度进行了阐述。维特根斯坦的观点是,凡能够说的,都能够说清楚。他强调了语言的明确性和清晰性,认为只有能够用清楚的语言表达出来的东西才是有意义的。而对于那些不能谈论的事物,他主张保持沉默。这意味着,如果我们不能通过语言清晰地表达出来,我们就不应该随意发表意见,而应该保持沉默。这种观点在一定程度上强调了语言的限制性,认为言语只能涵盖我们可以理解和表达的范围,对于超越语言的领域,我们应该保持谦虚和沉默。孔子的观点则强调了知识的边界。他说:"知之为知之,不知为不知,知也!"这句话传达了一种谦虚和开放的态度,认为只有真正知道的东西才能被称为知识,而对于自己不知道的事物,应该承认自己的无知。孔子的观点提醒我们要保持谦逊和谨慎,不要妄自尊大地发表意见,而应该在面对未知和不了解的事物时保持谦虚的态度。这样的态度有助于我们更加客观、全面地认识事物,并且促使我们不断学习和进步。

"知之为知之,不知为不知,是知也!"包含了一种自知之明的警示,要求我们求真知,学做真人,不断进取,在知识见识上下功夫。知识是我们认识世界、理解事物的基础。通过学习知识,我们能够获得对事物的了解和认识,从而更好地应对生活中的各种挑战和问题。知识使我们具备解决问题的能力，帮助我们做出明智的决策，并且能够提高我们的生活质量。见识是我们对事物的深刻理解和独特观点的体现。拥有广博的知识并不意味着拥有丰富的见识，见识是在知识的基础上形成的，它体现了我们对知识的独到思考和理解。通过增加见识，我们能够看到更多的可能性和机会，同时也能够拓宽我们的思维和视野，使我们能够更好地适应变化和创新。下工夫在知识见识上也是一种追求卓越的态度和精神。通过对知识的不断追求和对见识的不断拓展，我们能够不断完善自我，提高自己的综合素质和能力，同时也能够获得更丰富的人生体验和成就感。

在西方，也有不少的哲学家和教育家提出过类似的思想。从古希腊起，哲学就确立了追求智慧的理念。一个智慧的人应懂得对知识的责任。哲学家作为一个追求智慧的人，不仅应该懂得如何获得知识和运用知识，而且还应该懂得为什么要获得知识和对知识所产生的结果承担责任。以苏格拉底为代表，他们认为"善""正义"与知识是相统一的，他们从事哲学工作的目的是为了追求真、善、美，他们通过学习哲学知识明确人生的目标，并投入到伦理的实践中去。苏格拉底认为，人的无知是一种美德，只有意识到自己的无知，才会有求知欲望，才会得到更多的知识和智慧。杜威认为，教育的目的不仅在于传授知识，更重要的是培养学生的批判性思维和创造力，让他们能够不断地探索和发现新的知识。爱因斯坦认为，知识的积累需要不断地质疑和探索，只有打破传统的思维框架，才能创造出新的知识和发现。

教育引导学生求真知，中心任务是知识教学。学生核心素养的培育离不开知识学习，核心素养不仅包括掌握的知识技能和情感态度，还包括解决实际问题的能力。知识是形成技能、情感和观念态度的前提，而解决问题的能力则建立在特定的知识、技能和情感态度的基础上。中国古人将知识分为闻见之知与德性之知，教育以立德树人为宗旨，育人根植于相应的知识教学。学校的中心工作是教学工作，教学工作以学生的知识学习为核心。"学然后知不足，教然后知困。"为了实现高质量的知识教学，师生须始终保持谦逊的学习态度，正视自身的知识缺陷，有长善救失的热情，不断突破认知的局限，从而走向知识的创新，全面提升自身的素养和水平。

34

言寡尤，行寡悔

子张学干禄。子曰："多闻阙疑，慎言其余，则寡尤。多见阙殆，慎行其余，则寡悔。言寡尤，行寡悔，禄在其中矣。"

子张：姓颛孙，名师，字子张，孔子弟子。干禄：干，求。禄，俸禄，犹言出仕做官。多闻阙疑：多听，有疑问暂付阙如。阙（qūe），同"缺"。慎言其余：谨慎说出自己无疑的。寡尤：减少过失。尤，过失。多见阙殆：多看，有未安暂付阙如。殆，危险，此指未安处。

子张请教谋求官职俸禄的办法。孔子说："要多听听，有怀疑的地方先放在一边，对于有把握的，也要谨慎地说出来，这样就会少犯错误；要多看看，有怀疑的地方先放在一边，对其余有把握的，也要谨慎地去做，这样就能减少后悔。说话少过失，做事少后悔，仕禄之道就在其中了。"

对此，朱熹有精湛的解读："愚谓多闻见者学之博，阙疑殆者择之精，慎言行者守之约。凡言在其中者，皆不求而自至之辞。言此以救子张之失而进之也。程子曰：'修天爵则人爵至，君子言行能谨，得禄之道也。子张学干禄，故告之以此，使定其中而不为利禄动，若颜、闵则无此问矣。'"①

张居正解读说：

---

① （宋）朱熹著：《四书章句集注·论语集注》，中华书局2011年版，第58页。

干，是求。昔子张从学于圣门，以干求俸禄为意。疑，是所未信者。尤，是罪过。殆，是所未安者。悔，是懊悔。凡言在其中者，皆不求而自至之辞。孔子教子张说道："君子学以为己，不可有干禄之心，且学自有得禄之理，亦不必容心以求之也。若能多闻天下之理，以为所言之资，而于多闻之中有疑惑而未信的，姑阙之而不敢言。其余已信的，又慎言而不敢轻忽，则所言皆当，而人无厌恶，外来的罪过自然少了，岂不寡尤。多见天下之事，以为所行之资，而于多见之中，有危殆而未安的，姑阙之而不敢行。其余已安的，又慎行而不敢怠肆，则所行皆当，而己无愧怍，心里的懊悔自然少了，岂不寡悔。言能寡尤，行能寡悔，便是有德的贤人。名誉昭彰，必有举而用之者，虽不去干求那俸禄，而俸禄自在其中矣。又何必先有求之之心哉！"①

孔子主张积极建立现实功业，不反对"干禄"，但"干禄"必须有道，此章讲的就是"干禄"之道。"干禄"而"不为利禄动"，"修天爵则人爵至"，说的正是以道德来观照功利、化功业为道德的思想。某高官曾将自己从政的经验归纳为三句话，这就是"晚说，少说，敢说"。"晚说"者，伺机而言，不妄言也。火候未到，虽说无用。且先观人言之失，可收后发之利。"少说"者，言多必失，要言不烦也；繁辞冗言，徒令人厌。"敢说"者，机不可失，看准就讲。此说，可与韩非《说难》相承续，乃实用理性之用于权术也，与《论语》相去甚远。

对于知识的追求并非出自个人功利，学习的目的在修身齐家治国平天下，追求才干和德行的提升，是为了更好地服务国家和民众，而非仅仅为谋取个人的权力和地位。孔子认为人与天地之间有一种神圣的联系，通过修身养性、追求德行的提升，可以达到与天地神灵相通的境界。这种宗教性的思想意味着他对于终极关怀、人生意义和心灵境界的追求，远超过了一般的理性思考和功利考量。孔子的思想对于后世和今日仍然具有吸引力，这是因为他关注的是人的内心世界和天地人之间的关系，为后世提供

---

① （明）张居正撰：《四书直解》，九州出版社2010年版，第74页。

了一种基于仁爱与关怀的人文精神，这在当代社会仍然具有重要的指导价值，因为人类社会的发展离不开道德引领和人与人之间的和谐相处。

子张问干禄之道，夫子避而不谈，却从谨言慎行、寡尤寡悔说起，此正是为己之学、"内圣外王"之致思路径。《礼记·缁衣》子曰："君子道人以言而禁人以行，故言必虑其所终，而行必稽其所敝，则民谨于言而慎于行。"可知君子必须谨于言而慎于行，而后可以干禄求仕。子张志意高广而务为外求，不啻舍本逐末，舍近求远。孟子曰："有天爵者，有人爵者。仁义忠信，乐善不倦，此天爵也；公卿大夫，此人爵也。古之人修其天爵，而人爵从之。"① 孔子说"言寡尤，行寡悔，禄在其中矣"，正是孟子"修其天爵，而人爵从之"之意也。

弟子学欲"为人"，夫子勉其"为己"；弟子欲"干禄"，夫子戒其"慎独"；弟子欲"做事"，夫子教其"做人"。夫子之教，真如春风化雨，润物无声，可谓循循然善诱人。孔子教子张求职得禄，讲了多闻、阙疑、慎言行三件事，这三件事互有联系而以慎言行为主。实际上是孔子教人为人处世之道。一个人讲话要谨慎，不要讲过头话，做事要小心，不要有冒失的行动，这样处世，就少失误、少后悔。如果用这样的态度去工作，什么事都能做好，禄位自然也在其中了。

从本章开始，话题从"内圣"转向了"外王"。关于"干禄"，想当官，"假道学"或以为难听，但先秦儒家并不避讳，干禄者出仕也，职业发展也，"治国平天下"也，并非仅仅为了一己之温饱，这没有什么可丢人的。"天行健，君子以自强不息。"《周易》主张人要积极进取，认可人之"干禄"行为，主张儒者要建功立业封侯拜相，成就一番伟业。《论语》将"进德"和"修业"并提，在某种意义上，"进德"须落实于"修业"，故干禄是其题中应有之义。当然，儒者之干禄，又绝不同于利欲熏心之徒。在这里，孔子还是强调从自身德性做起，从言和行的修炼做起，具体说来就是"言寡尤""行寡悔"。程树德《论语集释》曾引元儒许常山云："所

---

① 《孟子·告子上》。

谓干禄即治生之道，孔子之答，与'君子谋道不谋食'一章同旨。""孔子教子张以言行寡尤悔，言似迂而确，洵万古处世之津梁、治生之秘诀也。"

孔子认为，理想的社会秩序是通过个人的良好修养和行为模范来形成的。社会秩序的特性受到个人意向的影响，而个人的修养和社会秩序是相互依赖的关系。此外，个人和社会都不是为了实现对方而存在，而是互为目的。第一，个人的道德修养和行为模范可以激起其他人的模仿，从而形成一种良好的社会风气。当个人内心追求正直和善良，并将这种追求体现在行为上时，他们会成为其他人仿效的榜样，从而推动整个社会向更加和谐的方向发展。第二，一个良好的社会秩序必须为个人提供一个有利于道德修养和行为规范的环境。只有当社会和政治机构为个人提供了合适的教育、法律和规则等方面的支持时，个人才能更好地实现自己的"正"，只有个人能够自觉地做到"其身正"，才能够在社会中发挥积极的作用。因此，孔子强调个人的修养和正身对于社会政治秩序的维护起着重要作用。同时，个人的正身也会影响到政治的运行，一个正直、有德行的领导者能够更好地履行自己的职责，为民众谋福祉。

张居正感慨说："尝观古之学者，修其言行，而禄自从之，是以世多敬事后食之臣。后之学者，言行不修，而庸心干禄，是以世少先劳后禄之士。然则学术之所系，诚非细故矣。作民君师者，可不以正士习为先务乎！"[①] 为官当政者，须谨言慎行，"敬事后食"。"做民君师者"，是权力的施行者，也应该是道德的示范者。官员个人的道德行为不仅仅是私人的事情，而是与其担任领导者的特点和职责密切相关。一个领导者的道德水平和行为举止是其领导能力的体现，会对其所领导的团体或组织产生重要影响。因此，个人的道德行为必须被视为公共领域的一部分，而不仅仅是私人的事务。政治责任和道德发展是相互关联的，因此，为官须有高度的政治责任感，有如临深渊、如履薄冰的谨慎，而不仅仅是着意于一份个人俸禄。

---

① （明）张居正撰：《四书直解》，九州出版社2010年版，第74页。

《论语》本章强调了学习、言行的慎重与审慎，以避免错误和过失，达到寡尤寡悔的境界。这也是儒家教育的核心思想之一，即通过格物致知、诚意正心，达到修齐治平，实现人的全面发展和社会的和谐稳定。同时，这也提示我们要注重实践和体验，不断积累知识和经验，才能真正做到多闻多见，做出明智的选择。人是有限的存在，必须通过不断的学习和积累，才能接近真理和福祉。这也体现了儒家教育的本体论思想，即强调人的本质和价值，注重人的全面发展，追求道德、智慧和美德的统一。强调多闻、多见、多思考，以增强认识的深度和广度。同时，也强调慎重思考和审慎行动，以避免错误和过失。这也是儒家教育认识论的核心思想，即通过实践和体验，不断提高自身认识和智慧，实现人的自我完善和社会的和谐发展。"言寡尤，行寡悔"，即言行要符合道德规范和社会价值观念。这也是儒家教育价值论的核心思想，即强调道德和社会价值观念的重要性，注重人的品德修养和社会责任感。

《论语》本章的教育学原理主要有：第一，多闻多见。学习是人类认识世界和改变世界的基本途径之一，只有不断地接受新知识、新思想，才能够拓展自己的认识和视野。第二，慎言慎行。言行是人类社会交往和沟通的基本方式，只有言行慎重，才能够减少过错和错误，维护良好的人际关系和社会秩序。第三，寡尤寡悔。这一原则主要强调要避免过错和错误，即"寡尤"，同时还应该具备勇于承担责任和改正错误的勇气，即"寡悔"。实践和经验。实践和经验是知识和能力的源泉，只有通过实践和体验，才能够巩固和深化自己的认识和技能。道德和价值观念。道德和价值观念是人类文明和社会秩序的基石，只有具备正确的道德和价值观念，才能够做出正确的言行和选择，实现自身价值和社会进步。

《论语》本章显示了孔子的政治哲学观，对拥有行政权力的人，及拥有学术话语权的人，是一个提醒，也是一种警示。"多闻""多见""慎言""慎行"，是对这类职业和身份的基本要求，然而，权力恰恰又能让人忘乎所以，自作聪明而缺乏自省，自认高明而缺乏自律。个人意愿放大的结果是权力的滥用，种种折腾和危害都源于自我冲动，权力失去节制而让个人意愿取代客观规律。因此,"多闻""多见"能让人有丰富的知识,对客观世界有真实的了解。"慎言""慎行"是一种谦逊的个人作风,能提醒自己按客观规律办事。反之,某些官员的颐指气使,某些专家的异想天开,某些校长教师的固执己见,都与缺乏一种自省和自律有关,因而造成对事业的损害和对学生的伤害。孔子的这段话,或可成为从政或从教者的座右铭。

35

何为则民服

哀公曰:"何为则民服?"孔子对曰:"举直错诸枉,则民服;举枉错诸直,则民不服。"

鲁哀公问:"怎样做,才能使老百姓信服呢?"孔子对答:"把正直贤能的人提拔起来,放在邪枉小人之上,老百姓就会信服;把邪枉小人提拔起来,放在正直贤能的人之上,老百姓就不信服。"

"举直错诸枉",有两种说法,一种认为举用正直之人,废置邪枉之人。《集解》说:"错,置也。举正直之人用之,废置邪枉之人,则民服其上。"一种认为直者居于上,而枉者置之下位。清刘宝楠《论语正义》说:"春秋时世卿持禄,多不称职,贤者隐处,虽有仕者,亦在下位,故此告哀公以举措之道,直者居于上,而枉者置之下位,使贤者得尽其才,而不肖者有所受治,亦且畀之以位,未甚决绝,俾知所感奋而犹可以大用。"

孔子所处春秋时期,那时官职都是世袭的,因此,出身贫寒的人很难冒出来。官员尽管不称职和不负责任,但事实上不可能把他们都罢免掉,所以孔子提议,让真正的德才兼备者获得提拔,给他们安排较高的职务,那些不肖者安排较低的职务,让他们由贤能的人管着,这样他们有可能会变得好起来。比较这两种说法,第二种说法较为合理。如萧瑀,在隋炀帝时,以姊为王妃,恃宠阿谀。至唐太宗时,变成善言进谏之臣。唐太宗赐诗:"疾风知劲草,板荡识诚臣。"可见不肖者也因制度环境而有所转变。

本章主题，乃是从君主的角度讲，为政要任用贤臣而控制小人。诚如李泽厚所言："在近代民主制度之前，总有这个所谓'用人当否'的问题。"① 如何"举直措枉"，的确关乎政权的稳固，乃至自身的安危。诸葛亮《出师表》说："亲贤臣，远小人，此先汉之所以兴隆也！近小人，远贤臣，此后汉之所以倾颓也。"《周易》对君子、小人多有论及，对举贤用能也很重视：一方面，它对"天地闭，贤人隐"和"贤人在下位而无辅"表示深切担心；另一方面，又在不少地方明确提出"养贤""尚贤"的重要思想。比如，大畜卦《象传》说："大畜，刚健笃实辉光，日新其德，刚上而尚贤。"

　　我国古代，实行人治，进贤退不肖是治国的根本。原始儒家对政治制度的设计，乃是基于人性本善、天下为公、选贤与能的基本信仰，"尔所不知，人其舍诸？"② 隐含着对执政者分辨直与枉之能力的基本信任。《颜渊篇》樊迟问仁，子曰"爱人"；问知，子曰"知人"。樊迟未达。子又曰："举直错诸枉，能使枉者直。""举直错诸枉"便是"知人"之智，"能使枉者直"便是"爱人"之仁。孔子回答哀公的话言简意赅，是历史经验的总结。禹有天下，进皋陶，不仁者远矣；汤有天下，任伊尹，不仁者远矣。纣用佞臣费仲、恶来，杀比干，以致覆亡。

　　但要举贤才而用之，亦难，首先要求为政者能辨别贤与不肖。如果为政者缺乏知人之明，以枉为直、以直为枉的事是经常会发生的。对于一个国君来说，治国安民之道，就在于正确地用人。这个道理国君未必不懂。问题在于：正直的人往往喜欢直言，所谓忠言逆耳，国君听了不舒服，甚至产生反感；而邪枉之人往往是投你所好，专讲你喜欢听的，久而久之，你就离不开他了。历代很多帝王（包括鲁哀公在内）在用人时，往往会把区别正直与邪枉的标准给忘了，让位于对自己亲不亲及听不听话了，不知不觉中把任人唯贤变成了任人唯亲。

---

① 李泽厚著：《论语今读》，生活·读书·新知三联书店2008年版，第78页。
② 《论语·子路》。

古今中外，国君用人不当的例子比比皆是，说明了任人唯贤的道理看起来简单，做起来并不容易。当然，完全靠国君个人的仁德和智慧来辨别忠奸实在是太难了。李泽厚说："如无制度保障，'举直错枉'亦又何益；如有制度保证，'有治人'当更有意义。诚如黄梨洲所言，'有治法而后有治人'。"① 所以，在当代，主要是通过一种机制和制度安排，以便公正、公开、公平地选拔人，真正做到任人唯贤。即便是这样，主政者本人的道德修养和任人唯贤的意识仍然是至关重要的。

春秋时代，"人"与"民"有严格区别，前者是上层贵族，后者是普通百姓，维持好二者之间的关系，是巩固统治的头等大事。《说文》把"民"定义为"众萌"，"萌"表示精神上的黑暗和无知。"萌"另有"发芽"的意思，董仲舒把"民"视为可以唤醒的沉睡着的人。《论语》中"民"，常常和"上"形成对比。例如："上好礼，则民易使也。""民"往往是被动的。如何使民服？"举直错诸枉，则民服。"如何使民敬？"临之以庄，则敬。"如何让民感恩？"其养民也惠。"即让老百姓得到实惠。"民"依赖上层人物的文化，以作为生活的意义模式："上失其道，民散久矣。"孔子认为，"民"可以发展到"人"，进而有发展到"仁"的可能："君子笃于亲，则民兴于仁；故旧不遗，则民不偷。"

在孔子看来，"仁"的可能性从最充分的意义上说，就是人生的可能性。"民"虽然没有教养，却是潜在的"人"。《尚书》说："民可敬，不可下。民为邦本，本固邦宁。""民"把上层人物作为仿效的楷模，上层人物则把"民"看作是统治基础，社会和国家在这个基础上发展。《论语》在列举国家大事时，把"民"放在首位，其次才是丧、祭："所重：民、食、丧、祭。"② 对待"民"，要像在祭祀时一样虔诚和小心，因为恰当地对待"民"，才会带来社会的和谐稳定："出门如见大宾，使民所承大祭。"③ 在孔子的思想中，"上天"的"天"，常常和"民"在一起出现。《尚书·泰

---

① 李泽厚著：《论语今读》，生活·读书·新知三联书店2008年版，第78页。
② 《论语·尧曰》。
③ 《论语·颜渊》。

誓》中说:"天矜于民,民之所欲,天必纵之。"《孟子·万章上》也有:"天视自我民视,天听自我民听。"这是很有代表性的民本思想。正唯如此,孔子为政的思想特别重视民"服"。民信服,并心悦诚服,这是和谐社会的理想情景。

举用正直的人而压制邪曲的人,百姓就会服从;若是举用邪曲的人而压制正直的人,百姓就会不服从。如果正直之士得不到任用而邪曲者当道,政治必然黑暗。在黑暗的统治下,不见天日的民众怎能心悦诚服?"民不服",统治者遭到反对,因失去民众信任而丧失统治地位,即所谓"民无信不立"。因此,《大学》认为:"见贤而不能举,举而不能先,命(怠)也。见不善而不能退,退而不能远,过也。好人之所恶,恶人之所好,是谓拂人之性,灾必逮夫身。"可见,能否"举直错诸枉",不仅关系到事业的兴衰,也决定政权的存废。

"举直错诸枉",另有一个维度,即"好贤恶恶"。子曰:"好贤如《缁衣》,恶恶如《巷伯》,则爵不渎而民作愿,刑不试而民咸服。《大雅》曰:'仪刑文王,万国作理孚。'"[①]《缁衣》是《诗·国风·郑风》的首篇,以赠朝服赞美郑武公好贤;《巷伯》是《诗·小雅》中的一篇,是作者因被谗受害而作的怨诗,表达了对谮人之恶的憎恨。孔子认为,如果我们像《缁衣》《巷伯》所讲的一样,喜爱贤人,憎恶恶人,那么爵位就不会滥授,民众也会养成谨慎的风气。此外,刑罚也不需要频繁使用,因为民众会自觉遵守。这种作用不仅限于政府,还会扩展到民间风气中。孔子还指出,如果执政者不亲近贤人,而相信卑鄙的小人,民众就会失去亲近的对象,同时教化也会变得混乱。

"举直错诸枉"是治理手段,而使人民服从才是治理的目的。这里的"服从"不仅仅是单纯的顺从,更是一种责任感的体现。它包括了个体自愿接受困难和付出努力,为了一个远大的目标或者更高的幸福而承担重任。因此,"服从"在本质上是主体自觉自愿并欣然接受的。在国家层面

---

① 《礼记·缁衣》。

上，人民之所以愿意服从国家的意志，响应国家的号召，是因为国家的治理清明、法制健全，能够充分保障人民的自由和幸福。国家成为了人民意志的体现，人民将国家视为自己的一部分。因此，人民对国家产生了一种维护和保护的责任感，他们愿意热爱国家并为国家付出。真正的服从是源于人民对国家的热爱，以及由这种热爱激发出的责任感。

"举直错诸枉"的原则，是指在治理国家的过程中，要遵循正确的政治原则，坚持正义和公正，不让个人的私利和偏见左右政策。郝大维和安乐哲认为，在"天"和"民"的联系中，在实现的可能性的意义上，它们是一致的。"民"和"天"一样，可以看作是一种可能性，从中能产生出有教养的人。孔子对有教养的"人"和无教养的"民"作出了区分，但对产生这种差异的根源在于教育的态度应一视同仁（"有教无类"）。孔子非常赞赏他的学生颜回，因为颜回尽管很穷但好学。孔子接受学生和教育他们的基本标准是看这个学生对学习的态度。孔子认为，在"民"和"人"的差异上，教育很重要。教育使"民"过渡到"人"，最终发展到"仁"。

学校作为最为重要的教育场所，要充分体现公平正义的价值导向，注重对学生的道德品质教育，引导学生明辨是非，自觉地长善救失，有理想、有激情，勇于坚持正义、追求真理。学校管理应该注重选拔正直贤能的人才。良好的道德品质和专业能力，以及他们的以身作则，能成为学生的榜样。通过提拔这样的人才，能够在学校树立起良好的道德风尚和学术氛围，使学生成为道德和知识双重的受益者。学校管理应该建立公正、透明的选拔机制，确保人才的公平竞争，避免不正当的提拔和任命。透明的选拔机制能够使所有参与者都能够了解选拔的过程和标准，增加其公信力和可信度。通过建立公正、透明的选拔机制，可以确保学校管理者能够提拔合适的人才，为学校的发展注入新鲜血液。

36

使民敬、忠以劝

季康子问:"使民敬、忠以劝,如之何?"子曰:"临之以庄,则敬;孝慈,则忠;举善而教不能,则劝。"

季康子问:"让老百姓知道尊敬、效忠和互相劝勉,怎么才能做到呢?"孔子说:"你对待老百姓严肃认真,他们就会尊敬你;你孝顺父母,慈爱幼小,他们就会效忠你;你举用善人并施教于那些能力差的人,他们就会互相劝勉了。"

本章是鲁哀公的权臣季康子向孔子问政。季康子在《论语》中一共出现过6次,和孔子的问答都很重要;他还是最后将孔子迎回鲁国的人,是当时的一个明白事理的人。此处的"临"字很值得关注。《周易》第十九卦为临卦。连斗山说:"临字当作来临解。《周礼》注:'以尊降卑曰临。'故君之御曰临御,幸曰临幸,即吊亦曰临哭,皆以尊降卑之义。"《彖传》曰:"临,刚浸而长。"程颐说:"浸,渐也。"俞琰说:"浸犹水之浸物,以渐而浸进也。"此处的"临",绝非通常所说的"居高临下""高不可攀"的意思,而是尊贵者,主动降低身份,深入百姓中间。君主临民,绝不能以上骄下,而应以身作则,率先垂范,那样老百姓自然会尊敬你,效忠你,社会风气也会慢慢变得好起来。

孔子认为,为政者要首先端正自己,才能教育人民,提高人民的道德水平。孔子分三个层次回答季康子如何使民敬、忠、劝善三事,有针对性地教育他要以身作则，遵守礼制。如何能使人民敬重呢？孔子主张"临之以庄"。《集解》说："庄，严也。君临民以严则民敬其上。"上能端庄，下便尊敬。如何使民忠呢？孔子说："孝慈则忠。"包咸说："君能上孝于亲，下慈于民，则民忠矣。"从家庭来说，子女对父母要孝，父母对子女要慈。从国家来说，为了使人民忠诚于国家，领导者应该孝敬父母、慈爱人民，并施行恩惠于他们。

如何劝善呢？孔子认为"举善而教不能则劝"。朱熹说："善者举之而不能者教之，则民有所劝而乐于为善。"[①]"圣人但告之以己所当为，而民自应者。方其端庄孝慈，举善教不能，不是要民如此而后为，做得自己工夫，则民不期然而然者。"[②] 这段话是孔子对季康子传授的治国之道。首先，他告诉季康子要"使民敬、忠以劝"，意味着要通过教育和榜样来引导人民，让他们对国家和君主充满敬意和忠诚。这就要求领导者要与人民保持亲近的距离，了解他们的需求和困难，真心实意地爱护人民。在与人民接近的过程中，领导者需要有庄严的情操，有高尚的道德标准和行为做榜样，以身作则引导人民向善。孔子还认为，领导者应该关注那些能力较差的人，通过教育和培养，使他们得以转变和提高。这种关怀和教育能够让人民感受到领导者的关心和帮助，进而激发他们的自信和积极性。最后，孔子提出了以君、师、长者之心对待人民的观点，这意味着领导者要尊重人民的权益和尊严，真诚对待他们，不以权力压迫或者傲慢态度对待人民。只有以尊重和关爱的态度对待人民，才能赢得他们的敬服和支持。

张居正讲解说：

敬，是恭敬。忠，是尽心不欺的意思。劝，是劝勉。季康子问于孔子说："为人上者要使百姓每敬事于我而不敢慢，尽忠于我而不敢欺，相劝于为善而不敢为恶，果何道以使之乎？"孔子答说："为民上者，不可要诸在人，只当尽其在我。诚能于临民之时，容貌端庄，而无有惰慢，则有威

---

① （宋）朱熹著：《四书章句集注·论语集注》，中华书局2011年版，第58—59页。

② 《朱子语类》。

可畏，有仪可象，民之得于瞻仰者，自然敬畏而不敢怠慢矣！孝以事亲而无有悖违；慈以使众而无有残刻。则其德既足以为民之表，而其恩又足以结民之心。民之得观感者，自能尽忠于我，而不敢欺悖矣。于那为善的，举而用之，使他得行其志。不能的，教诲他使之为善，不要轻弃绝之。如此，则善者益进于善，而不怠、不能者亦将勉强企及，而无有不劝者矣。"是则季康子之问，专求诸民。孔子之答，专求诸己。盖人同此理，吾能自尽其理，而人岂有不感化者哉！①

本章承接上章，再谈为政之道。季康子所问似不关己身，孔子偏要其以身作则，率先垂范。"临之以庄，则敬"，便是"君子不重则不威"；"孝慈则忠"，便是"君使臣以礼，臣事君以忠"；"举善而教不能"实亦呼应上章"举直错诸枉"，如此不仅"民服"，而且"民劝"。朱熹云："孝于亲，慈于众，则民忠于己。善者举之而不能者教之，则民有所劝而乐于为善。"② 执政者欲向外求治理，夫子偏教其向内求仁义；执政者欲把民众当工具，夫子偏教其君臣之道以义合。在夫子看来，君臣关系非绝对宰制关系，应君行君道，臣自行臣道；反之，君若不君，则臣必不臣矣。

"仁之法在爱人，不在爱我。义之法在正我，不在正人。"③ 董仲舒强调实施教化者的价值观念和行为对社会风气的巨大影响。他认为，建立良好的社会风尚的关键，在于当权者正视自己的行为，实施"正我"，追求仁义的实践，且注意不被利欲所驱使，做到"正其谊（义）不谋其利，明其道不计其功"。董仲舒指出，实施教化是上行下效的过程，如果当权者价值引导错误，社会风气将败坏。身教重于言教，如果当权者口是心非，不能以身作则，民众将不会心服口服，也无法营造良好的社会风尚。董仲舒的观点抓住了社会风气败坏的关键，强调了道德教化的必要性。人性具有可塑性，人的品性的优劣和善恶都是实施教化者逐渐从上而下培育的结

---

① （明）张居正撰：《四书直解》，九州出版社2010年版，第75页。
② （宋）朱熹著：《四书章句集注·论语集注》，中华书局2011年版，第58—59页。
③ 《春秋繁露·仁义法》。

果。因此，实施教化者自身的仁义行为对于塑造社会风气至关重要。

董仲舒认为，人的性格是与生俱来的特质，而情则是人的欲望和情感。人或早逝或长寿，或善良或卑鄙，这是由于人受陶冶过程不同，无法达到完美的境界，所以人们的品质不一致。孔子曾说，君子的品德如风，小人的品德如草，风吹草必倒。这句话说明了品德的差异对人的命运产生的影响。尧、舜行善则人民仁慈而寿命长，而桀、纣行暴则人民卑鄙无德。董仲舒运用了"陶冶"这个比喻来描述教化的过程。陶冶这个词源自制陶和冶金工艺，意味着根据某种模式进行塑造和加工，使之在火中定型。在制陶工艺中，泥土在形成之前是无形的，它的形状完全依赖于陶瓷师傅的技艺和模具的设计。同样的，冶金工艺中的铁水也需要经过熔炼和铸造才能成为有用的金属。上位者对下位者的影响就像陶瓷师傅对泥土的塑造，只有经过精心教育和引导的人才能成为优秀的个体，就像冶金工匠对铁水的熔炼和铸造。君主通过自上而下的教化过程，就像是对人性进行陶冶，它又如清风吹拂草地，小草随风而化。许慎《说文解字》也说："教，上所施，下所效也。"统治者施行政教伦理措施，百姓则仿效之，以移风易俗，建立一种清明稳定的社会秩序。

无论是"风教"还是"陶冶"，教化的作用都是外在的，它旨在通过外在的努力来完成人的精神的改变，完成个别性状态向普遍性状态的跃迁，从而获得一种普遍性的本质。可以说，注重外在教化和陶冶以塑造完美的人性构成了董仲舒人性教化思想的主旨。董仲舒反复强调："今万民之性，待外教然后能善。"[①] "善如米，性如禾，禾虽出米，而禾未可谓米也。性虽出善，而性未可谓善也。米与善，人之继天而成于外也，非在天所为之内也。天所为，有所至而止。止之内谓之天，止之外谓之王教，王教在性外。"[②]

"举善而教不能，则劝。" "举"与"教"，是当权者的责任，逻辑先

---

① 《春秋繁露·深察名号》。
② 《春秋繁露·实性》。

在。"劝"是民众勉力行事，为"举"与"教"的结果。"举"意味榜样示范，同样有"教"的含义。当权者不能言传身教，循循善诱，民众也就不会勉力行事。二者各有各的责任，这是一种对等的关系，孔子的这一思想对后儒影响很大。"君使臣以礼，臣事君以忠。"① 君对臣有礼，臣才有忠。朱熹说这是"两尽其道"，即君以君道，臣以臣道，各尽其道。孔子的重点还在规范或约束当权者。

董仲舒的人性及教化思想，主要围绕着大多数普通人，他强调了教化的重要，并提出了"任德教而不任刑罚"的政治主张。他认为人性本身是天然纯朴的，具有可能为善或恶的潜力。为了消除潜在的恶，实现善的可能性，需要依靠后天的教化培养。通过这样的培养，人们可以成就圣人之性，达到"天人合一"的理想状态。这正是儒家教化成性学说的最终目标。

以身作则，修身固本，"为政以德"，具有浓厚的理想主义的色彩。"为政以德"是治理国家的重要条件，但不是充分必要条件。将"为政以德"的作用夸大至万能，必定陷入道德乌托邦主义；如果不讲"为政以德"，完全依靠所谓以契约精神为基础的社会公德，那么这种社会公德就会变成空洞而僵硬的外壳，最终失去合法性。以德为本，以法治国，二者构成辩证的张力。但立法在人，执法也在人，当权者的道德水平和责任意识，直接影响法治效果和社会风气。

政治制度应当具备权利，但并非唯一合法的政治形式，服务性观念也是一种重要的权威正当性理论。在《明夷待访录》中，黄宗羲将"恻隐爱人"视为更基础的道德要求，古圣王由于怀有恻隐爱人之心，才能以公而不私的态度任劳任怨。只有以此为指导，才能制定适用于天下的法律，而非一家之法。孟子明确开启了这一民本主义传统，黄宗羲将此传统发扬光大，提出了"天下之治乱，不在于一姓之兴亡，而在于万民之忧乐"② 的

---

① 《论语·八佾》。
② （明）黄宗羲著：《明夷待访录》，载《黄宗羲全集（第一册）》，浙江古籍出版社2012年版，第4页。

观点，即政府的正当性在于为被统治者服务。黄宗羲还设计了一套分权制度，并结合学校的议政和监督职能，以实现权力制约的效果。他的法律正当性理论明显体现了儒家的政治哲学，即权威的服务性观念，而且将学校教育的作用提到前所未有的高度。在"教"与"劝"的关系上，先要提供必要的教育与培训，民众才能有相应的工作能力，进而勉力工作，而这正是君主或政府的职责，不能单方面要求民众勤奋苦干。孔子这一教育思想，与现代义务教育制度有高度的一致性。

37

子奚不为政

或谓孔子曰："子奚不为政？"子曰："《书》云：'孝乎惟孝，友于兄弟，施于有政。'是亦为政，奚其为为政？"

有人对孔子说："你怎么不从政呢？"孔子回答说："《尚书》上说，'孝啊，只有孝顺父母，友爱兄弟，且让这孝悌的风气延伸到政事。'也就是从政了，为什么一定要做官才算是从政呢？"

《书》即《尚书》，是"上古之书"的意思。《尚书》据说为孔子删订而成，共有一百篇。秦始皇焚书坑儒时，《尚书》被毁，所幸博士济南伏胜于墙壁中偷藏一部，得以流传。秦末战争纷起，伏胜藏书散佚，后只收集到二十九篇。

《古文尚书·君陈篇》云："惟孝，友于兄弟，克施有政。"有人以为这是孔子所引之句的出处。殊不知，《古文尚书》为东晋梅赜伪造，而《君陈篇》中这句话，其实是作伪者将《论语》中句子改编而成。君陈乃周公次子，分封于周，能孝于亲，友于兄弟，又能推广孝悌之道，以为一家一国之政。故朱熹说："孔子引之，言如此，则是亦为政矣，何必居位乃为为政乎？"[①]

孔子的政治思想以"仁"为重点，而"仁政"的基础就在于"孝"。

[①] （宋）朱熹著：《四书章句集注·论语集注》，中华书局2011年版，第59页。

如果人民都能遵从"孝道",则社会自然安定,政治自然清明。正如在《学而篇》第二章所说的:"其为人也孝弟,而好犯上者,鲜矣;不好犯上,而好作乱者,未之有也。君子务本,本立而道生。孝弟也者,其为仁之本与!"所以,孔子引用《尚书》的目的,就是要说明:只要做到"孝友"就已经是"为政"了,不必去实际做官、参与政治生活才算"为政"。

钱穆说:"孔子论政,常以政治为人道中一端,故处家亦可谓有家政。孔门虽重政治,然更重人道。苟失为人之道,又何为政可言?此乃孔子在当时不愿从政之微意,而言之和婉,亦极斩截,此所以为圣人之言。"[①]

治家之道,即治国之道;家治好了,国也能治好。治国是治家的扩大,其中的道理是一样的。有人认为孔子多才多艺,又能讲出不少为政的道理,应该出仕为官。孔子便引用《尚书》的话来回答,说明为政不一定要出仕做官,在家孝父母,友兄弟,治家也就是治国。

所谓"家齐而后国治,国治而后天下平"。东汉包咸说:"或人以为居位乃是为政。""施,行也。所行有政道,与为政同。"清人刘宝楠同意包咸的看法,说:"夫子定五经以张治本,而首重孝友。孝友者,齐家之要,政之莫先焉者也。"

此章还涉及孔子对政治的看法。夫子尝言:"政者,正也。子帅以正,孰敢不正?"又说:"苟正其身矣,于从政乎何有?不能正其身,如正人何?"孔子以为,为政者必须德才兼备,为民表率,如此方可确保长治久安。若为政者不能行孝行仁,与尸位素餐有何区别呢?换言之,若能像君陈那样行孝行仁,自然能移风易俗,导民向善,即使没有爵位俸禄,岂不也算是"间接为政"了吗?

《大学》说:"一家仁,一国兴仁,一家让,一国兴让。"又说:"所谓治国必先齐其家者,其家不可教而能教人者,无之。故君子不出家,而成教于国;孝者,所以事君也;悌者,所以事长也;慈者,所以使众也。"朱熹说:"事亲孝,则忠可移于君,顺可移于长。身正,则家齐、国治、

[①] 钱穆著:《论语新解》,生活·读书·新知三联书店2012年版,第42页。

而天下平。"① 后世"以孝治天下"的治国思想，盖肇端于孔子的这段话。

对于孔子的回答，有人认为是言不由衷的。朱熹说："盖孔子之不仕，有难以语或人者，故托此以告之。"② 他们认为，朱熹的看法揭示了孔子内心世界，孔子的本意是想出仕施展才能治国平天下的，但限于条件，虽风尘仆仆周游列国，但各国君都不愿任用他，所以他回答别人的话，是违心的强辩，带有苦涩的滋味。

孔子回到鲁国，顾问国政，但不出仕做官，自有他的原因，并非言不由衷。朱熹所言，是指孔子不方便明说，而非想当官而不成。康有为解释说："盖定公初年，孔子不仕，以昭公不正终，定公不正始，孝友之道缺也，但未便明言，故托于家也有政，引《书》讽喻之。"③ 孔子奔走于途，终究不能施展政治抱负，这也是事实。但康有为说："然人之生世，入则父子兄弟，出则君臣民庶，皆有法度礼义，其为政实一也。"④ 他认为，求仁得仁，没有什么遗憾的。

有现代学者认为，从政治角度看，这是典型的泛道德主义，即政治伦理化；从伦理的角度看，也可以说是伦理政治化，家庭成了小社会，家长成了君主，家庭秩序建立在政治规则之上。政治和伦理相互渗透、相互界定，公域私域边界不清，难以区隔。对这种泛道德主义政治学，赵汀阳在《儒家政治的伦理学转向》一文中批评道："当政治问题收缩为伦理问题，也就缩小了政治的问题域，削弱了政治问题的复杂性和严重性，忽视了政治问题中的许多变量，甚至回避了政治问题的根本方面。……儒家很少认真地分析过天下政治治理的实质性问题，却幻想从修身齐家的伦理行为能够推出治国平天下的政治结果。……伦理和政治要处理的问题毕竟非常不

---

① （宋）朱熹著：《四书章句集注·孟子集注》，中华书局2011年版，第285页。
② 同上，第59页。
③ （清）康有为著：《论语注（一）》，广西师范大学出版社2016年影印版，第72页。
④ 同上。

同，伦理可能有助于政治，却不能代替政治。"① 樊浩也认为，传统伦理政治强调人格平等，而不是与政治平等，因而必然导致对个体权利的抹杀；它有一种强烈的道德使命感，关心的是如何建立一个合乎人性、使人成其为人的社会，而不能从政治的角度鼓励人们关心政治，从而改变自己的命运。

儒家理想与现实之间的差距是巨大的，儒学伦理提倡内圣外王，但事实上不可能做到。正如刘述先所言，孔子回故乡授课的命运就注定了，而他教的恰恰正是与现实相反的理想。儒家思想显然有很强烈的理想化的成分，而它的力量源泉恰恰来自于对理想的坚持。"正因为它的理想对反于现实，才对于现实产生巨大的冲击，这就是历史的吊诡。"② 儒家伦理的代表人物的命运都体现了这种历史的悖反。汉武帝采纳了董仲舒的对策，但董仲舒在朝廷并不得志。王阳明建立心学，且率兵平叛，建功立业，但一直受排挤，受人诽谤。"理想与现实的对反乃构成传统儒家悲剧的根源。"因为，"真儒必须维护超越儒家理想纯粹性，对反于政治现实，才能对之产生一种冲击制卫作用"。于是，便有一个现实，"即真正的儒者在传统的构架之下，根本不能用世的事实"。因此，不能在传统伦理与封建统治之间简单地画一等号，毋宁说儒家伦理与现实政治之间的矛盾冲突，更能体现传统儒家伦理的本性。③

刘宝楠《论语正义》说："为政之道，不外明伦，故但能明孝弟之义，即有政道，与居位为政无异。故曰：'天下之无道也久矣，天将以夫子为木铎。'""天将以夫子为木铎"意味着天命将孔子视为钟磬一样的重要器物。在古代，木铎是晓谕大众的礼器，常用以比喻教师，此处隐喻孔子地位的崇高和作用的重要，而孔子正是师表的典范。从现代学校教育的角度来看，教师在教育过程中扮演着重要的角色，他们不仅是知识的传播者，

---

① 赵汀阳：《儒家政治的伦理学转向》，载《中国社会科学》（内刊版），2007年第3期。
② 景海峰编：《儒家思想与现代化》，中国广播电视出版社1992年版，第225页。
③ 参见樊浩著：《中国伦理精神的现代建构》，江苏人民出版社1997年版。

更是学生的引路人和榜样。与木铎相比，教师应该具备类似的尊贵和权威地位，被学生和社会所敬仰和推崇。然而，这也提醒着教师们要时刻谦虚和自省。孔子被比喻为木铎，但他自己却常常强调自己的不足和学识的不够。教师应该保持谦逊的态度，不断提升自己的专业素养和教育水平，以更好地履行自己的职责。

"有政道，与居位为政无异。""政者，正也。"不管处于怎样的地位，在怎样的形势下，人都要有凛然正气，有强烈的家国情怀和责任意识，有人格的独立和道德自律。"不以物喜，不以己悲。""居庙堂之高，则忧其民；处江湖之远，则忧其君。""先天下之忧而忧，后天下之乐而乐。"范仲淹的这些名言警句，正是家国情怀和责任意识的具体表现，也是对孔子思想的继承和发扬光大。现代学校教育中，培养师生的家国情怀和责任意识，有助于塑造他们的身份认同，丰富他们的精神世界，也有助于培养他们的公民素养和社会责任感。优秀教师未必都去从政，但不能没有政治意识，不能没有坚定正确的政治方向。孔子引用《书》中的话，强调了孝、友、政等多个方面的重要性，这是个人道德最为基础的修养，启迪我们的学校教育应循序渐进，培根铸魂，而且需要融合家庭教育、社会教育和学校教育，既各司其职，又合作共育。关注学生的身心健康和道德成长，让学生在德智体美劳诸方面得到全面而协调的发展。

38

人而无信，不知其可也

子曰："人而无信，不知其可也。大车无輗，小车无軏，其何以行之哉？"

孔子说："作为一个人，却不讲信用，不知那怎么可以。譬如大车子没有安横木的輗，小车子没有安横木的軏，如何能行走呢？"

此章，钱穆有甚为具体的解读：

大车无輗：大车，牛车也。乃笨重载货之车。车两旁有两长杠，古称辕。一横木缚两辕端，古称衡。一曲木缚横木下，古称轭。牛头套曲木下，可使较舒适。輗则是联结辕与衡之小榫头。先于两辕端凿圆孔，横木两头亦各凿圆孔，与辕孔相对。輗，木制，外裹铁皮，竖串于辕与衡之两孔中，使辕与衡可以灵活转动，不滞固。

小车无軏：小车乃轻车，驾四马，古之猎车战车及平常乘车，皆轻车。轻车惟于车前中央有一辕，辕头曲向上，与横木凿孔相对，軏贯其中。横木下左右缚轭以驾马。内两马称骖，外两马称服。若车行遇拐弯，服马在外，转折改向，因轭与衡间有活动，可以不损辕端，亦使车身安稳，不左右摇侧。[①]

此章言车之行动，在车本身既有轮，又驾牛马，有辕与衡轭束缚之，

[①] 钱穆著：《论语新解》，生活·读书·新知三联书店2012年版，第43页。

但无锐与轨，仍不能灵活行动。正如人类社会，有法律契约，有道德礼俗，所以为指导与约束者纵甚备，然使相互间无信心，一切人事仍将无法推进。信者，贯通于心与心之间，既将双方之心紧密联系，而又使有活动之余地，正如车之有锐轨。

张居正的讲解是：

信，是诚实。大车，是平地任载的车。锐，是辕前的横木，缚辄以驾牛者。小车，是田车、兵车、乘车。轨，是辕上的曲木，钩衡以驾马者。孔子说："立心诚实，乃万事的根本，人若无了信实，便事事都是虚妄，吾不知其如何而可也。何也，人必有信而后可行，譬如车必有锐轨，而后可行也。若大车无锐，则无以驾牛。小车无轨，则无以驾马。轮辕虽具，一步也运动不得，其何以行之哉？若存心不诚，言语无实，则人皆贱恶之。在家则不可行于家，在国则不可行于国，盖无所往而不见阻矣，与车无锐轨者，何以异哉！"孔子此言，只是要人言行相顾，事事着实，不可少有虚妄的意思。然信之一字，尤为人君之大宝，是以为治者，必使政教号令之出，皆信如四时，无或朝更而夕改，然后民信从，而天下治也。孔子之言，岂非万世之明训哉！[①]

孔子在此将"无信"之人，比作"无锐大车"和"无轨小车"，而"锐"和"轨"是车的关键部位，所以"信"也就是为人的关键之处。人如果"无信"，就如同没有"锐""轨"连接的车一样，虽然有牛、马等动力来源，但还是寸步难行、一事无成。"信"在儒家思想体系中占有重要地位，诚实守信是维系人类社会的基本法则。"信"与"敬"一样，是人类总体的理性选择，也是人类历史实践的产物。汉孔安国说："言人而无信，其余终无可。"清刘宝楠《论语正义》说："人有五常，仁、义、礼、智皆须信以成之。若人而无信，其余四德终无可行。"

《韩非子·外储说左上篇》载：曾子的妻子到街上去，她的儿子哭着要跟去，她劝阻儿子说："你在家，别哭，我回来后，杀猪给你吃。"她从

[①] （明）张居正撰：《四书直解》，九州出版社2010年版，第75—76页。

街上回来，只见曾子正在捉猪想杀掉它。他的妻子连忙阻止说："我不过是跟孩子开开玩笑罢了，何必当真呢？"曾子说："孩子是不可以同他开玩笑的，孩子还没有知识，依靠父母给他教育，现在你欺骗他，是教孩子说谎话。母亲对儿子说谎话，使儿子不相信母亲，这不是好的教育。"于是就杀猪、烧猪肉给孩子吃。

讲信用，履行承诺，父母要做孩子的榜样，教师要做学生的榜样，官员更要诚实守信，取信于民。孔子教人要讲信用，失去信用，就像车子没有重要的部件而不能行动一样。做人也好，处世也好，为政也好，信是很重要的，说话算数，讲信用，才能取信于人。特别是为政者，如果言而无信，朝令夕改，老百姓就会无所适从而不信任你和拥戴你。之所以用牛车和马车比喻人的守信，着眼点在行为，即言行的一致性，这是"信"的本质规定。

《论语》本章，谈信的重要性。前一章，言在家行孝友之道即是为政，涉及父子、兄弟二伦；此章则谈"人而无信不知其可"，涉及君臣、朋友二伦。事实上，君臣、朋友二伦正是父子、兄弟二伦的推广与扩充。《说文》："信，诚也。"君臣、朋友皆无血缘，不可诉诸亲情，故言行必须合于道义和诚信。故曾子说"与朋友交而不信乎"；子夏说"与朋友交言而有信"；孔子说"主忠信""谨而信""民无信不立"，凡此种种，足见社会生活中，诚信之重要。

孔门四教：文、行、忠、信，夫子屡言之。在孔学中"信"不仅关乎言，而且关乎行，是贯穿于人的思想言行诸多方面的。《周易》也屡次讲到"信"，且经常提到一个专门的字"孚"，讲的其实也是"信"。许慎《说文解字》解"孚"云："卵孚也。从爪从子。一曰信也。"徐锴说："鸟之孚卵皆如其期，不失信也。"故"孚"之本义或为"孵"。段玉裁说："鸡卵之必为鸡，鸭卵之必为鸭，人言之信如是矣。"《曹刿论战》有"小信未孚，神弗福也"，强调信誉的重要性。

"信"是儒家思想中的重要概念。孔子说："信近于义，言可复也。"又言："人而无信，不知其可也。""民无信不立。"孔子言"信"，多将

"信"作为道德修身的范畴，主张与人交友要讲信用，守信义。"信"是个人安身立命、为人处世的根本，孔子认为，一个人如果不讲信用，在社会上就无立足之地，事业寸步难行，更遑论交友了。而"朋友有信"是维持朋友关系的基本伦理准则。孟子继承了孔子的说法，将"信"理解为人的"天爵"和"五伦"之一。他还将"信"与"诚"结合，诚即信，反身不诚，即无以言信，故云"有诸己之谓信"，从而赋予作为德行规范的"信"内在的心性学的意义。

孔子认为守信之人应该"慎言"。守信源于自己所做出的承诺，而承诺必然与言语有关。孔子一向厌恶巧言口舌之人，真正有信用的人不是花言巧语的，而是以行动来表达。在守信方面，对于慎言的要求大体可分为两个层次：第一，言而有信，说到做到，不说空话，"君子耻其言而过其行"。第二，"先行其言而后从之"，在说话之前就应考虑说出去的话能不能实现，言语要谨慎，不能信口开河。

孔子非常重视反省的作用，每天都要进行常规的自我反省。孔子的弟子曾参曾谈论过，每天要从三个方面反省自己："为人谋而不忠乎？与朋友交而不信乎？传不习乎？"与人交往时也要善于自我反省，以人为镜，"见贤思齐焉，见不贤而内自省也"。试想，一个人若能像这样不断地自我反省，必能促进自我革新，实现信用及其他道德品质的提升。

然而，无条件地遵守一切承诺，孔子并不认为是真正的"信"。在《论语·子路》中，孔子将士分为三个等级，最低一级的士被称为"言必信，行必果，硁硁然小人哉"。孔子认为，"信"应该符合"义"。在《论语》中，孔子经常以"义"作为行为的道德标准。他的弟子有若说："信近于义，言可复也。"这句话表明，如果守信的诺言符合于义，那么就应该兑现承诺，见诸自己的行动。那么，什么是合于义的"信"呢？在最初的意义上，"义"指的是"宜"，指符合公众利益或更高道德准则。

既然守信的标准是"义"，想要明白什么是"义"，就必须通过学习以明辨是非，了解什么是合适的守信方式。如果缺乏学习，那就无法真正理解守信的道理，甚至可能危害信用本身，即"好信不好学，其蔽也贼"。

在学习的过程中，要做到"知之为知之，不知为不知"，这正是学业上的诚信。

《礼记·儒行》中将"信"视为儒者交友的基本道德规范，强调了志同道合、学问相投、行为合乎正义等方面的要求。友谊的基础建立在正直和道义之上，只有言行一致的人才能成为真正的朋友，做到同舟共济、肝胆相照。这种交友观念体现了儒者对于真诚、信任和道德的重视，以及对于友谊的高度珍视。

在朋友之间，信任是建立在诚信之上的，只有互相信任才能建立稳固的友谊。同样的，在君主与臣民之间，君主必须以诚信来对待臣民，才能赢得臣民的信任和忠诚。只有建立了稳固的信任关系，君主才能够更好地领导和治理国家。君主做到诚信，不仅是为了赢得臣民的信任，更是为了提升自身的道德修养。只有君主具备了诚信的品质，才能在领导民众时更具权威性和示范作用。

现代社会，取信于人，关键在言行一致；失信于人，事业上将寸步难行。言行一致是建立信任和取得他人信任的关键。如果一个人说一套做一套，不履行承诺，缺乏诚信，那么无论在个人生活还是职业发展中，都会面临很大的困难和挑战。在个人生活方面，一个人的诚信和契约精神直接影响着与家人、朋友和社会的关系。如果一个人失信于人，常常违背承诺，那么别人就很难对他产生信任和依赖。这会导致人际关系疏远，甚至失去重要的支持和帮助。在职场上，诚信是一个人的职业道德和职业操守的体现。

在学校教育中，培养学生的诚信品格和契约精神在现代社会具有重要的意义，对学生的终身发展也有深远的影响。诚信品格和契约精神是建立良好声誉和信任的基础，有助于增强人际关系和形成团队合作能力。通过诚信品格和契约精神的培养，学生会更加注重自己的行为和承诺，自觉遵守规则和约定，从而培养出自律、自我约束和自我管理的能力。培养学生的诚信品格和契约精神有助于提升个人的道德水平，可以培养学生的正义感、责任感和理想信仰，使其成为有良好道德素养的未来公民。

39

虽百世可知也

子张问:"十世可知也?"子曰:"殷因于夏礼,所损益可知也。周因于殷礼,所损益可知也。其或继周者,虽百世可知也。"

子张问:"十世以后的事,可预知吗?"孔子说:"殷代因袭于夏礼,有些损益的,现在仍可考而知。周代因袭于殷礼,有些损益的,现在亦可考而知。将来有继周而起的,纵使一百世之久,我们也该可以预知呀。"

世:有多种含义:古代以三十年为一世;父子相承为一世;人的一辈子为一世;王朝改朝换代为一世,又叫一代。此处实指最后一种含义。十世,极言其久远,非实指十个朝代。

殷:朝代名。商朝的第十位君王盘庚从奄(今山东省曲阜市)迁都到殷,史称殷商。至纣王亡国,共历八世,十二个王,计二百七十三年。整个商代亦称殷商。因:沿袭和继承。夏:朝代名。相传为禹的儿子启所创立的一个奴隶制国家,都安邑(今山西省夏县北)。

周:朝代名。公元前十一世纪,周武王灭商建国,都镐京(今西安市),史称西周。公元前七七一年,犬戎攻破镐京,周幽王被杀。次年,周平王迁都洛邑(今洛阳市),史称东周。公元前二五六年被秦国翦灭。共历三十四王,计八百多年。

子张问,可否预知将来,孔子告诉他说,以参考已往,看看哪些沿袭,哪些变革,哪些不变,哪些当变,通观历史,就可预测将来。孔子曰："好古敏以求之"。钱穆说："《论语》所陈，多属古今通义，所谓百世可知。"①

此章孔子历陈夏、殷、周三代之因革，而特提一礼字。礼，兼指一切政治制度、社会风俗、人心的内在，以及日常生活的外在表现，而且为当时大群体所共遵共守的。钱穆说："故只提一礼字，而历史演变之种种重要事项，都可综括无遗，且已并成一体。必具此眼光治史，乃可以鉴往而知来，而把握到人类文化进程之大趋。"②

子张的提问没有明讲沿革这一概念，实际是直指这个问题："今后一些朝代的礼仪制度的沿革可以预见吗？"孔子根据"观今宜鉴古，无古不成今"的历史规律，作了肯定性的答复。

孔子历数夏、商、周三代的礼仪制度的沿革，殷商继承和沿袭了夏代的礼仪制度，废除和增补哪些东西，根据历史记载是可知的；周朝继承了殷商时代的礼仪制度，所损所益是可知的。那个继承周代的某个朝代，其礼仪制度是可以料得到的，即使以后千秋百代也是可以得知的。

一般认为，不变的内容是指"三纲五常"，变化的内容是指"文质三统"。所谓"三纲"，即君为臣纲、父为子纲、夫为妻纲。所谓"五常"，即仁、义、礼、智、信。所谓"文质"，是指夏朝尚忠、商朝尚质、周朝尚文。所谓"三统"，是指夏朝为人统、商朝为地统、周朝为天统。"三纲五常"是礼制总体的价值核心，所以历经夏、商、周三朝而沿袭不变。"文质三统"是就夏、商、周三朝各自的具体特点而言，所以需要因时因地进行调整变化。

康有为说："观三代之变，则百世之变可知也。盖民俗相承，故后王之起，不能不因于前朝，弊化宜革，故一代之兴，不能不损益为新制。"③他认为："人道进化皆有定位，自族制而为部落，而成国家，由国家而成

---

① 钱穆著：《论语新解》，生活·读书·新知三联书店2012年版，第44页。
② 同上。
③ （清）康有为著：《论语注（一）》，广西师范大学出版社2016年影印版，第74页。

大统。由独人而渐立酋长，由酋长渐正君臣，由君主而渐为立宪，由立宪而渐为共和。"① 康有为说："观婴儿可以知壮夫及老人，观萌芽可以知合抱至参天，观夏商周三统之损益，亦可推百世之变革矣。"②

本章孔子和子张讨论三代礼制之沿革，不同于前面几章，多从个人道德修养来谈"为政"，故康有为盛赞之。这里的"礼"，不单纯是指"礼仪"，而是兼指一切社会制度和风俗习惯在内的政治体制性的东西，这就将"为政"的内容从单纯个人道德修养的角度拓展开来了。李泽厚说："子张关注的是社会、政治的体制问题，而非个体道德修养，确乎不同于颜、曾。"③ 这充分说明，孔学虽然非常强调"修身""成己"等"内圣"功夫，但因其"外王"需要而对社会制度及其沿革也是非常关注的。

孔子以其对三代礼制之"损益"的强调，又一次表明了他作为"圣之时者"的巨大开放意识。《周易》有著名的损、益二卦，并在损卦《象传》中明确提出了"损益盈虚，与时偕行"的口号，对包括社会制度在内的一切改革都是持肯定态度的。

《淮南子》《说苑》和《孔子家语》三书，都曾记载了孔子读《易》至于损、益二卦喟然而叹的故事。《淮南子》这样记载："孔子读《易》至损、益，未尝不愤然而叹曰：'损益者，其王者之事与？事或以利之，适足以害之。或欲害之，乃反以利之。利害之反，祸福之门户，不可不察也。'"孔子阐述了损、益之间的互相转变，有时自损其身反而是有利的，而一味地自益其身反而是有害的。

新制度中包含着旧制度的痕迹，旧制度中孕育着新的因素。孔子用夏、商、周三代的承袭和损益说明这一点。不管承袭也好，损益也好，总是由前面的历史文化演进而来，迎合现实的需要才进行变革。孔子的话足以启示人们：应从观察历史发展的轨迹中，去总结过往，从而预知未来。

---

① （清）康有为著：《论语注（一）》，广西师范大学出版社2016年影印版，第74页。

② 同上，第75页。

③ 李泽厚著：《论语今读》，生活·读书·新知三联书店2008年版，第82页。

本章看似谈礼,实则论政。百世可知,看似夸张,实则立足历史,由近及远,深切而著明。

任何民族都不能没有构成他们的信仰基础和行为原则的共同哲学及共同价值观。孔子的伟大思想提供了一种精神资源,他所建构的价值体系和行为准则成为人们共享的宝贵财富。这一体系包括了关于道德、教育、政治和人际关系的智慧,是实现个人安身立命和社会发展所必需的。孔子的思想激励人们去追求真理、追求道德,以及追求与他人和谐相处的方式,这些思想和价值观的传承和实践,对于建构美好的社会秩序和精神秩序具有非同一般重要的意义。通过学习继承孔子所代表的中华民族的传统文化,自觉实践孔子所倡导的价值观和人生观,我们能够在个人和社会层面上获得更加美好和有意义的生活。

儒家深厚的历史文化意识,指的是儒家学说对于历史的重视和对传统文化的传承。儒家强调对历史的研究与尊重,认为历史是对人类经验和智慧的总结,是人们认识自身和世界的重要途径。儒家学者对于先贤的敬仰和学习,使儒家文化具有深厚的历史积淀和传承。儒家思想将历史文化意识内化于个体生命中,并表现为文化生命与历史文化的高度统一。这意味着儒家思想不仅仅停留在理论层面,更重要的是将其应用于日常生活中。个体通过学习、实践和修身养性,将儒家思想融入到自己的生命中,形成对自身道德和行为的规范。儒家强调格物致知诚意正心,通过自我完善和对他人的关爱来实现社会和谐与进步。个体的文化生命与历史文化的高度统一,意味着个体的生命与儒家思想和价值观的契合,使其成为具有儒家精神的人格典范。

儒家文化与历史文化的高度统一体现了儒家思想对社会的影响力,塑造了中国人的价值观、道德观和行为准则。儒家的尊师重道、仁爱亲和、和谐共处等观念,成为中国社会的核心价值。这种儒家文化与历史文化的高度统一,促使儒家思想在中国社会中产生广泛而深远的影响,影响着人们的思维方式、行为模式和社会规范。《中庸》的"道不远人","道也者,不可须臾离也,可离非道也",表达的正是人类历史文化与自身生命的内在一致性。孔孟都把文化生命的发展归宿视为"道",孔子说:"君子学以致其道。"孟子也说:"君子深造之以道。"到了荀子那里,道与生命结合得更加紧密,荀子认为:"圣人者,道之极也。"

人是文化发展演化的主体,意味着人类是历史文化的创造者和传承者。人类通过创造物质文化和精神文化,推动了历史文化的不断演进。人的生命始终贯穿在整个历史文化的发展进程之中,意味着个体的生命与历史文化的发展密不可分。个体通过接受和传承历史文化,不仅被历史文化所塑造,同时也对历史文化产生着反馈和影响,这使得历史文化不再是一个抽象的概念,而成为个体生活经验的一部分。个体通过学习、实践和体验,逐渐形成自己的文化生命,表现为对社会价值观念、道德规范和文化传统的认同和延续。个体的文化生命的发展演变反映了历史文化的发展趋势和变迁。正是基于人的文化生命与历史文化的高度统一这一理论前提,有学者认为,孔子提出了文化发展的"文质史观",它实质上是对汉儒以"文质三统"相互更替的理念解读孔子文化损益观的现代解读。

孔子强调文与质的和谐统一,将其视为人的文化理想和文化建设的理想。文指的是人类在思想、知识、艺术等方面的精神文化追求,是人类文明的体现。质则指的是人的品质、人格、道德修养等方面的实质性内涵。孔子认为,人的文化理想不仅仅在于追求知识和技能的提升,更重要的是要注重道德品质的培养和修养,而只有文与质相互融合,才能使人达到全面的发展和完善。文化生命指的是人的思想观念、价值观念和行为方式的形成和发展,是人在特定历史和文化环境中的文化自觉和文化实践。道德生命则指的是人的道德品质和道德行为的培养和实践,文质统一意味着个体的道德生命与文化传承的相辅相成。历史文化精神是社会和民族历史经验的积淀和传承,是人类文明发展的精神支柱。道德精神则是人类在实践中形成的关于善恶、正义和道德准则的思考和追求,文质统一要求历史文化精神与道德精神相互融合,使道德价值观念和行为准则得以借鉴和发展,同时也使历史文化精神在道德引导下得到深化和提升。

《论语》本章体现了孔子的历史观和教育观。首先,孔子认为历史是有规律可循的，他通过分析不同朝代的礼仪制度的演变，总结出"所损益可知"的结论，即每个朝代在继承前朝的礼仪制度时，都会有所删减和增加，这种演变的规律是可以被预测和了解的。其次，孔子认为教育的目的在于传承和发扬前代的文化遗产，他认为，人们通过学习前代的经验和智慧，才能够更好地理解和继承历史文化，发展和创新出新的文化成果。最后，孔子强调了教育的长远性和持久性，他认为，即使是经历了百世的时间，也可以看出历史的规律和传承文化的重要性。"前事不忘，后事之师。"教育不仅要注重当下的效果，更要注重对未来的影响和长远的效果。

40

见义不为，无勇也

子曰："非其鬼而祭之，谄也。见义不为，无勇也。"

孔子说："不该祭祀的鬼神却去祭祀，这是谄媚。见到义所当为的事却不为，这是没有勇气。"

本章两句，似乎互不相关，其实不然。前一句"非其鬼而祭之，谄也"，是谈礼；后一句"见义不为，无勇也"，则是谈义。前一句讲祭祀，后一句讲见义勇为，二者的关联在"义"。"非其鬼而祭之"是不当为而为，而"见义不为"是当为而不为，这两种情况均为不"义"。

《说文》："鬼者，归也。"这里指祖先。《礼记·祭法》："大凡生于天地之间者皆曰命。其万物死皆曰折，人死曰鬼。"《礼记·祭统》："夫祭者，非物自外至者也，自中出，生于心也。"《礼器》："祭则受福。"可知祭祀祖先须有发自内心的诚意。又，"鬼"亦可引申为鬼神。不该祭祀之鬼神，偏要去祭祀，这不仅是谄媚，而且属非礼。按照传统说法，非礼的祭祀属于"淫祀"，鬼神不会降福。《礼记·曲礼下》："非其所祭而祭之，名曰淫祀，淫祀无福。"

《左传·僖公十年》："神不歆非类，民不祀非族。"大意是说，民众不应该祭祀本族之外的鬼神，祭了也没用，因为神也不接受异族的供奉，不会赐福或保佑外族子孙。

《左传·僖公三十一年》讲了一个故事："卫成公梦康叔曰：'相夺予享。'公命祀相。宁武子不可，曰：'鬼神非其族类，不歆其祀。杞、郑何事？相之不享于此久矣，非卫之罪也，不可以间成王、周公之命祀。请改祀命。'"

这个故事表达了"神不歆非类"的原理，即神灵只会接受自己族类的祭祀。在故事中，卫成公梦到康叔（相）要求为他举行祭祀。卫成公遵从梦境的指示，命令祭祀相。然而，宁武子不同意，并指出鬼神只会接受自己族类的祭祀。他提到相是夏人的祖先，而杞国和郑国是夏族的诸侯国，所以应该由他们来进行相的祭祀。宁武子认为作为周成王和周公的后代，卫国没有祭祀相的责任，这样的祭祀没有意义。

这个故事反映了古代社会对于祭祀的认识和规范。人们认为神灵只会接受自己族类的祭祀，因为神灵与自己族类有着紧密的联系和共同的历史背景。如果祭祀不符合自己族类的祖先，那么神灵不会接受这样的祭祀。这种观念体现了古代人们对于祭祀的重视和对祖先的敬仰。

祭则受福，求福非可谓谄也。《礼记·曲礼》云："天子祭天地，祭四方，祭山川，祭五祀，岁遍。诸侯方祀，祭山川，祭五祀，岁遍。大夫祭五祀，岁遍。士祭其先。凡祭，有其废之，莫敢举也；有其举之，莫敢废也。非其所祭而祭之，名曰淫祀。淫祀无福。"

不是自家的先人而去祭祀，是谄媚之举。此言孔子反对淫祀（不合礼制的祭祀）。康有为云："盖上古淫祀之鬼甚多，孔子乃一扫而空之。观印度淫鬼之多，即知孔子扫除中国淫祀之力矣。"[①]

"见义不为，无勇也。"义者，宜也。合乎仁义之事，如改过、迁善之类，往往需要勇气才能做，所谓知易行难，故孔子说："过则无惮改。"世上正义之事，往往伴随风险。道家主张守雌抱阴、全身保命。儒家虽也赞同明哲保身，但更强调"行义以达其道"。孔子说："志士仁人，无求生以

---

① （清）康有为著：《论语注（一）》，广西师范大学出版社2016年影印版，第76页。

害仁，有杀身以成仁。"又说："当仁不让于师。""勇者不惧。"这种刚猛自强的精神，是中华民族最可宝贵的民族精神。

孔子说："知耻近乎勇。"人之所以有勇气蹈仁行义，当与心灵深处的羞恶廉耻之心有关。不知礼义，甚至越礼非义，实则是羞恶廉耻之心的淡漠。良知人皆有之，不虑而得；然良能未必人人有之，如何将良知转化为良能，是人一生之功课。东汉郑玄说："人神曰鬼。非其祖考而祭之者，是谄求福。"孔安国说："义所宜为而不能为，是无勇。"

孔子并不反对祭祀，但反对淫祀，"非其鬼而祭之"。宋邢昺说："或为季氏旅泰山，是祭非其鬼。"季氏是鲁国大夫，居然去祭只有天子、诸侯才能祭祀的泰山，这是违礼、僭越，所以孔子坚决反对。孔子的学生冉有为季氏宰，季氏要去祭泰山，明明是非礼之事，但冉有不能谏阻。宋邢昺说："冉有仕季氏，弗能救，是见义不为也。"所以孔子说："见义不为，无勇也。"孔子教育为政者，一定要正直守礼，见义勇为。这是为政的基本要求，也是为政的基本精神。

钱穆说："祭有当祭不当祭。崇德报恩，皆所当祭。求福惧祸，皆所不当祭。祭非其鬼，乃指所不当祭，此则必有谄媚之心。谄媚则非人道。"[①] 孔子并不否认鬼神的存在，但主张对其"存而不论"，这是一种理性主义的态度。在祭祀方面，孔学强调对祖先的祭拜，而反对对其他"鬼神"的祭拜，这就是"慎终追远"的本义。因为，毕竟我们死去的祖先是和我们直接关联的，因而这种祭拜自然是符合"人道"和"孝道"的，也是最真诚的。

此章前边讲"非鬼而祭"问题，后边讲"见义不为"问题。《论语注义问答通释》认为，"一则不当为而为，一则当为而不为"，孔子是绾合二者，见义勇为。《说文解字》释"勇"云："气也，从力甬声。"段玉裁注曰："气之所至，力亦至焉。心之所至，气乃至焉。故古文勇从心。"所以，"见义勇为"之勇，并非单纯是气力之勇，而是心力之勇，实为大勇

---

① 钱穆著：《论语新解》，生活·读书·新知三联书店2012年版，第45页。

也。根据这样的理解，或许本章的深层涵义就是："不是自己的祖先而去祭祀，是谄媚；该自己做出牺牲时不敢挺身而出，是无勇。"

"风萧萧兮易水寒，壮士一去兮不复返"，诚见义勇为。"路见不平一声吼，该出手时就出手"，此亦见义勇为者。《礼记·聘义》曰："有行之谓有义；有义之谓勇敢。故所贵于勇敢者，贵其能以立义也；所贵于立义者，贵其有行也；所贵于有行者，贵其行礼也。故所贵于勇敢者，贵其敢行礼义也。"

孟子以阐明和详述孔子的教诲为己任，一再强调了"义"的"内在"性。在同告子的几次辩论中，"义"也是孟子的主要论题。告子把"义"看作是人性的"外在"产物，而孟子则认为，"义"是"良能"和"良知"。孟子把"义"内在化，认为它本来就居于人的本性中。

"君子所性，仁义理智根于心。"① "至于心，独无所同然乎？心之所同然者何也？谓理也，义也。"②

荀子明确地把"义"定义为人类的特有禀性："水火有气而无生，草木有生而无知，禽兽有知而无义；人有气有生有知亦且有义。"③

董仲舒在讨论"仁"和"义"的关系时，认为"义"是人对自己适宜行为的关心："仁之于人，义之于我者，不可不察也。众人不察，乃反以仁自裕而以义设……义之法在正我，不在正人。我不自正，虽能正人，弗予为义。"④

"义"是人所独有的，它起源于并规定了最高的"达到极至的"或者"实现着的"自我，它为人的行为提供了正面的、规范的榜样。从这最根本的意义上说，"义"就是把美学的、道德的和理性的意义引入世界上人的生活之中，于是，"义"就包含了"意义"的含义。⑤

---

① 《孟子·尽心上》。
② 《孟子·告子上》。
③ 《荀子·王制》。
④ 《春秋繁露·仁义法》。
⑤ （美）郝大维、安乐哲著，蒋戈为等译：《孔子哲学思微》，江苏人民出版社2018年版，第66页。

在社会化的过程中，各人对"义"的表达，就被织进了较为稳固而又不断变化的"礼"的社会的、政治的和文化的结构之网中了。这些"礼"是前人赋予这个世界的"义"的载体。①

《论语》本章主题是礼义关系，《左传》中有对传统礼义关系的刻画："诗、书，义之府也；礼、乐，德之则也；德、义，利之本也。"作为文化精华的"礼"，有教育、启发的功能。学"礼"以及对"礼"加以思考的人，在"礼"中能找到前人所贡献的"义"。不仅在一个人行"礼"的意义上，而且就"礼"唤起某种反应而论，我们都可以把"礼"称作能"完成"人或者"造就人"。"礼"是智慧的积淀，就它们能指导现实人的活动而言，它们又是规范。但它们又是以经验为根据去判断什么是适当的"礼"。

祭拜不应该是为了讨好某个鬼神或者是为了取得某种好处而虚伪地进行的行为，否则就是谄媚。这表明孔子对于鬼神的存在形式和属性是持怀疑态度的，他强调的是人与人之间的真实和正直的关系，即人与人之间的关系是最重要的，而不是与鬼神之间的关系。

孔子认为，见义不为就是缺乏勇气，这种缺乏勇气的人是没有能力领导和改变社会的。他认为真正的认知必须伴随着实际的行动，只有通过实际行动，才能够真正地认识和理解世界。这种思想对于教育哲学的认识论有着深刻的启示，即教育应该注重实践和行动，让学生通过实际行动来认识和理解世界。孔子认为，祭拜不应该是虚伪的行为，见义不为就是缺乏勇气。孔子强调诚实和勇气的重要性，这些品质是评价一个人品德和道德水平的重要标准。

学校教育中需要培养见义勇为的精神。见义勇为是一种积极参与社会的行为，培养学生的见义勇为精神可以增强他们对社会的责任感和公民意识，这有助于培养学生主动关心他人、关注社会问题并积极参与社会事务

---

① （美）郝大维、安乐哲著，蒋戈为等译：《孔子哲学思微》，江苏人民出版社2018年版，第66页。

的能力。见义勇为需要对不公正和不道德行为有敏锐的感知，培养学生的见义勇为精神可以加强他们的正义感和道德观念，从小树立正确的价值观念，让学生明白什么是对的，什么是错的，有助于他们在面对困难和决策时做出正确的选择。通过培养学生的见义勇为精神，可以帮助他们树立起面对挑战和困难时的勇敢和自信心，增强他们的逆境应对能力。见义勇为往往需要与他人合作，共同应对困难和危险。培养学生的见义勇为精神可以促进他们与他人合作、协调和沟通的能力，培养团队合作精神和社交能力。培养学生的见义勇为精神，有助于塑造积极向上的学校文化，营造一个互助、奉献、和谐的学习环境。